文學引渡者

林海音及其 出版事業

◎汪淑珍 著

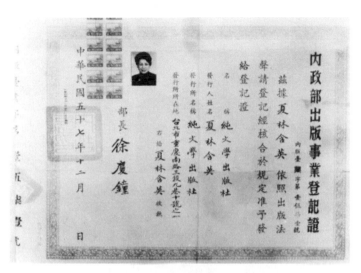

「純文學出版社」申請內政部出版事業登記證

拍攝時間：1968 年 12 月

純文學出版社成員聚餐：（由左至右）

第一排：不詳、呂淑芬、林海音、何凡、劉慧葵
第二排：金梅英、施素秋
拍攝時間：1987 年
拍攝地點：台北東區一家日本餐廳

純文學出版社招牌

純文學出版社正面

拍攝時間：1980 年　　　　　　　　　拍攝時間：1980 年
拍攝地點：台北市重慶南路 3 段 30 號　拍攝地點：台北市重慶南路 3 段 30 號

林海音與純文學出版社　　　　　林海音與純文學出版社

拍攝時間：1990 年初　　　　　拍攝時間：1990 年初
拍攝地點：台北市重慶南路 3 段 30 號　拍攝地點：台北市重慶南路 3 段 30 號

林海音（右一）與馬各（左一）於純文學出版社辦公室工作情形

拍攝時間：1969 年
拍攝地點：台北市重慶南路 3 段 14 巷 1 號夏宅後院加蓋的小屋內

純文學出版社配合金石堂書展所安排之演講活動

琦君（右一）與金石堂書店副總經理　陳斌（左一）
拍攝時間：1985 年 12 月 2 日
拍攝地點：金石堂書店（公館店）

純文學出版社書展

拍攝時間：1984 年
拍攝地點　金石堂書店（台大店）

純文學出版社響應國際學社舉辦書展

林海音（中間）夏祖葳（右一）
拍攝時間：1980 年
拍攝地點：台北國際學社

林海音與純文學出版書籍書影

拍攝時間：1988 年 2 月 26 日
拍攝地點：台北市重慶南路 3 段 30 號

出版同業聚會：由左至右

林海音（純文學）、葉步榮（洪範）、陳遠建（戶外生活）、蔡文甫（九歌）、
隱地（爾雅）、王榮文（遠流）、姚宜瑛（大地）
拍攝時間：1990 年初
拍攝地點：台北市

想念林海音先生

李瑞騰

　　1989 年 2 月，《文訊》改版，走比較大眾化路線，我心情上頗受影響，因此和蕭蕭兄另合辦《台灣文學觀察雜誌》，與《文訊》相呼應。

　　在 1990 年 6 月出版的創刊號裡，我請和我共事的好友封德屏小姐整理一篇〈林海音研究資料〉。刊物上市以後，我接到政大中文系一位研究生陳姿夙的電話，問我「林海音」值不值得研究。當時台灣文學研究的風氣未開，我告訴陳小姐說，當然值得，建議他和指導老師李豐楙教授商量，我說豐楙老師一定會同意的。沒多久，她果真完成了碩士論文《林海音及其作品研究》（1993）。我覺得我間接促成林海音研究的啟動，特感欣慰。

　　研究林海音的第二本論文是東吳大學中文系碩士生汪淑珍的《林海音小說敘事技巧研究》（1998 年 7 月），由彭小妍教授指導。2000 年 12 月，《文訊》刊出汪小姐對於北京舉辦林海音研討會的報導，我才注意到研究林海音有成的這位年輕學者；2002 年 11 月，中央大學中文系策畫執行「林海音及其同輩女作家學術研討會」在台北召開，汪小姐發表一篇〈林海音出版事業——《純文學》月刊與「純文學」出版社初探〉，我首度見到她，還沒機會多認識。一直要到 2004 年她考取中大中文系博士班，才算結了緣。

　　淑珍還是想研究林海音。我起初有點猶豫，深怕她受到格局太小的譏評，但經審慎評估，也就同意了。我的想法是，林海音整個

人文活動,除小說、散文、兒童文學方面的寫作以外,她主編《聯合報》副刊 10 年、辦《純文學》月刊、經營「純文學」出版社,報紙、雜誌和圖書是平面印刷媒介的鐵三角,林海音在諸媒介的表現皆可圈可點,惟一定要有副刊學、文學雜誌學、文學出版學的理論基礎,從文化人的角度,整體宏觀,才能見其全貌。此外,林海音的人文活動有半世紀之久,對應著 1950 年以降的台灣文壇及文學發展,非常豐富,卻也極其複雜,淑珍既然願意接受這樣的挑戰,我樂觀其成,且願從旁協助。

淑珍是行動派,讀書和做事的速度都很快,耐性和毅力俱足,雖帶職進修,卻能在學分修完的一兩年間就完成博士論文《林海音出版事業研究》,獲得口考委員一致好評。這部論著在寫作之初即得國立台灣文學館的獎助,現在又蒙蔡登山先生的青睞,得以出版,對於淑珍往後求索知識的漫漫長路,應有一定程度的激勵。

我經常想念林海音先生,淑珍以「文學引渡者」顏其新著,我覺得很貼切;重讀校稿,彷彿又聞見林先生的音容,想起去年在《人間福報》寫「五五小集」專欄,曾有〈過海音宅〉(3 月 5 日)一文,錄下以供讀淑珍新書的朋友參考:

> 逸仙路是我在台北進出東區必經之地。
>
> 路很短,在國父紀念館東側,就只從忠孝東路到仁愛路。開車往大安、城中等區的方向,過國父紀念館後全線不能左轉,因此就只能從逸仙路轉仁愛路行去;晨運時,更是每天報到。不只如此,離家最方便的郵局在這裡,巷口邊上一家咖啡館則是我晨運後常吃早餐的地方。
>
> 咖啡館原叫「真鍋」,後改名「咖啡館」,在「翠亨村名廈」一樓邊間。大樓有一個雅致的拱形門面,裡頭有一個小庭園,

我進去過，上二樓的林海音先生府上，那裡被稱為台北半個文壇。

那一次是何凡和林海音伉儷在附近的法德吉餐廳宴請張光直先生，我和錦郁應邀出席，餐後去了林府，盤桓甚久。後來又去了一兩次，來去匆匆。我迄今印象仍然深刻的是，那滿壁櫥收納整齊的相本，以及那本「來客留言簿」。眾人皆知海音先生喜愛攝影，到任何地方都帶著她的傻瓜相機，拍完洗出來後，在後面蓋上特有的章，就寄給入鏡的朋友留存，她自己則依時依事匯整；至於來客留言，筆迹、文意、署名、日期等，皆成珍貴文壇史料。我在那裡也留下一段文字，被她二女兒夏祖麗錄存在《從城南走來—林海音傳》裡頭：「海音先生，您拿相機是記者本色；您整理書信、照片，是一流編輯能力；您親切、自然地接待賓客，是上等的公關；您的生活，便是一篇又一篇的散文佳作了。謝謝您，林先生。」如果我能重寫，我會加上「說一則一則好聽的故事」、「出版一本一本好讀的書」兩件事。加總起來，也只說了她作為一位傑出文化人的多重角色與特色而已，此外，千萬別忘記，她費心經營了一個優質的家，為人女、為人妻、為人母，她沒有一樣沒做好。

純文學出版社結束營業的時候，她把所有書籍版權還給了作者，這是何等寬闊的胸襟！這證明她經營出版，完全是文化考量。在她辭世一週年之際，我為她編紀念文集、辦研討會，即是受她的人格感召，也是被祖麗的孝心和鄧佩瑜小姐的熱心所感動。

那次也是在「咖啡館」和她們兩位商議有關週年紀念之事，祖麗從澳洲回來就住在樓上；但這一次，她回來整理母親遺

物，準備捐贈給國立台灣文學館，逸仙路的房子已然易主，
她只能另找地方暫住及工作。

我仍然行經逸仙路，過海音宅，想到文壇之沉寂與乎整個社
會人文之傾頹，我愈加懷念散發著光和熱的林先生。

自序

當面對博士論文的題目仍躊躇無法定案時，指導教授李瑞騰老師提點了我「出版」對於文學的發展也是相當重要的。畢竟「出版」為現代文學提供了存在、展示的物質基礎，使作家內心的情感思惟得以幻化為媒介，擴增影響力。

筆者長久以來，對探討「林海音」抱持濃厚興趣，也不斷對「林海音」相關議題投注關心。因老師的提醒進而思及林海音所主持的純文學出版社，當年帶領「文學五小」的成立，促使純文學時代的降臨，在出版史上極具象徵意義。而林海音創辦的《純文學》月刊，除規劃多個特殊專欄，刊載具水準的作品外，更匯聚了多位海內外作家。更甚者，它是純文學出版社藉以發展的基礎。

林海音的出版事業在台灣文學發展與傳播的影響力，並不亞於她的創作。林海音歷史位置的形成，亦無法迴避這些曾聯係著她生命的文化因素。然而，對於林海音做為一位出版人的論述，相對於討論其創作表現的篇章，明顯缺乏。

因而筆者嘗試由文學而進入出版，將林海音的研究，由創作領域延伸至文學傳播，希望能發現林海音另一種成就，進而肯定林海音及其出版事業對台灣文壇培育、推展、繁榮文學上的重要貢獻。

本書對林海音及其出版事業作了整體觀察探討。不僅論及林海音傳播行為本身，也關注到傳播主體所衍生出來的相關項目，更將出版過程向前追溯作家文本離開作家後的流通過程，包括編輯與發行，甚至探究媒介發揮的影響，研究文學與文化生產、社會時代交錯層疊的關係，勾勒純文學出版社與《純文學》月刊在文學發展中的表現，檢視其在出版史的意義，進而凸顯林海音出版事業與戰後

文壇生態的關係。本書可說是出版學,也是文學社會學及文學出版史的研究。

　　本書的完成要感謝指導教授李瑞騰老師在百忙之中對拙作修正方向、調整架構,甚而不憚厭煩逐篇斟酌損益,他的精準點撥指正令我讚佩,他的耐心指導令我銘感於心。

　　更要感謝林海音的親屬:夏烈先生、夏祖麗小姐,給予我大力的協助,慷慨提供許多寶貴的一手資料,由碩士論文撰寫《林海音小說敘事技巧》直至今日之《林海音及其出版事業研究》,在此亦伸謝忱。家人及外子給予的無盡支持,是我毅力的最大來源。當然若無蔡登山先生的厚愛,承其不棄,我的論文則沒有今日得以變裝而成書籍出版面市的機會,在此也致上我誠摯的謝意。

追尋城南舊事的傳奇

王岫

　　從家中書房出來，走到巷口，就是重慶南路三段的通衢大道。斜對面，三段 30 號，現在看來是極普通的騎樓店面，但在我國近代文學或出版史上，這卻是一個具有意義的地方。

　　這是上世紀 50-80 年代中，引領文壇風潮之林海音女士創立純文學出版社的舊址，若按照重視文學或文化保存的先進國家，可能都會將其列為歷史遺址了。

　　雖然我們政府沒有這樣做，但林海音的影響力還是隱然存在。這一區是台北城的城南，恰好對照了林海音早期名著《城南舊事》的書名，這一區也因林海音幾十年來的居住和對文學事業的耕耘，而在國內文壇創造了文學沙龍的傳奇。

　　林海音的好客和藉刊登/出版作為文人間交際手段之一，並屢屢號召國內外文壇精英投入純文學創作的陣營，她以自家客廳、餐廳，聯繫文壇族群，累積社群能量，形成純文學的小場域，進行一種集團的整合，無形的傳播、凝聚文學的風氣和文化的認同，早已是文壇人士公認的文學傳奇故事。也由於林海音之故，早年城南文風鼎盛，文人也頗多居住於此，像林良就住於重慶南路上的巷內、余光中也曾住於附近的廈門街、隱地的爾雅出版社和另一家文學五小之一的洪範出版社更曾在廈門街發光發熱。

　　如今，城南的純文學出版社已灰飛煙滅，城南的一代文壇慧星—林海音女士也仙逝六年，（她逝於 2001 年 12 月日）但她文學事業的身影，似乎仍然存在於城南地區，現在，台北市文化局已計

劃與城南水岸文化協會聯合，以新店溪畔水岸為腹地，開闢包括市民文學館、老樹公園在內的「台北文學森林」，希望將此地豐厚的文學遺產予以活化再利用。或許，我們可以在這裡，繼續看到林海音女士熱愛文學的精神罷！

論及林海音的傳記，當然以其女兒夏祖麗女士在海音女士晚年的生前即已完成的《從城南走來——林海音傳》（2000 年 10 月出版）最為翔實和豐富，但由於海音女士一生集編、寫文學作品於一身，並致力於文學出版工作三十多年，她對文學事業的影響範疇實在太寬廣，以致於國內許多文學研究所學生，還是不斷的以她的創作或文學事業為主題，來做為研究或論文的主題，可說是繼張愛玲之後，又一位深受重視的現代作家了。

我在國家圖書館時的好同事汪淑珍小姐就是一位海音迷，她從唸大一時進來我們國圖參考組工讀，因為接觸了參考組負責的一套「當代文學史料全文影像」系統的建置工作，對文學作家和史料的蒐集、整理皆有濃厚的興趣和熱情。考上東吳中文研究所後，她仍被聘為本組「當代文學史料全文影像」系統的專案助理，在工作之餘，她也發現林海音女士在生前就是海內外文學人士最為懷念、歌頌和研究的作家，因此激發了她對海音女士的興趣，並想研究她的熱情。1999 年，她的碩士論文寫的就是《林海音小說敘事技巧研究》，我想她真是幸運，她撰寫論文時，海音女士尚未罹患失智症，她還能拜訪她，親炙海音女士的風采和熱情呢！

研究所畢業後，淑珍進入苗栗親民技術學院擔任通識中心藝文學術組講師，但她對海音女士的志業，仍覺研究不足，因此乃又投考中央大學中文研究所博士班，這次她決定以海音女士的出版事業為主題，作為博士論文的研究範圍。

　　歷經四年焚膏繼晷的苦讀，她的博士論文《林海音及其出版事業》終於在 2007 中完成了。她在這本論文中，著重在從林海音的成長環境和教育背景所形塑的文化人格，以後如何影響到她編聯合報副刊、純文學月刊，以及最重要的，後來創辦「純文學出版社」的風格和事業。純文學出版社出版品的特色、編輯表現和經營行銷策略，以及海音女士個人的媒介表現，淑珍小姐也多有著墨，特別是海音女士如何引領文學人經營出版風潮，凝聚出版業力量，建立出版人的風範，相信更是論文的核心所在，也是海音女士創造出台北城南文學傳奇的主因所在。林海音女士對作家、朋友的真誠相待，以及好客的性情，雖然在這本學術著作中較不易顯現出來，但淑珍女士還是以「敬重作家的創作尊嚴」、「維護作家著作權益」、「維繫文學生存空間」等篇節，彰顯海音女士為何她家的客廳，曾有「台灣半個文壇」雅稱的前因後果。

　　在閱讀這本論文期間，恰好也接到小魯出版社副總編鄭如瑤小姐寄來她們新出版的《請到我的家鄉來》的童書繪本，這是林海音女士二十多年前的作品，也是台灣兒童文學知識類寫作的典範。海音女士的作品，（也不只是兒童文學啦），就是這樣，經常被人懷念，也就經常被出版社重新改版再印行了。其實，更不僅是海音女士的作品，純文學出版過的書，在結束營業後，也經常被其他出版社重印。這一方面顯示，林海音女士生前的豁達和對待作家的真誠，她在結束出版社時，就通知作家可以把版權拿回，甚至於庫存的餘書都可免費帶回家呢！另一方面，當然也顯示純文學出版的書，許多都是亙久可存的優好文學書籍，怪不得其他出版社在文學風氣不振的現代，仍然肯繼續出版印行呢！

　　純文學出版社的確是台灣文學出版事業史上的一個重要里程碑，在讀淑珍小姐的論文中，書中不時躍出我三十多年前讀大學時

熟悉的書名，像《人生的光明面》、《京都一年》、《城南舊事》、《小太陽》、《望鄉的牧神》、《滾滾遼河》……等等，都是當時大、中學生幾乎人手一本的課外讀物，可見純文學出版社在那時的地位和影響力。我個人是讀圖書館學的，當時有關圖書館學的中文書籍稀少，感謝純學出版社還能由彭歌先生撰寫或翻譯一些與圖書館學有關的書，如《知識的水庫》、《愛書的人》、《改變歷史的書》、《改變美國的書》……等等，甚至於還有洪兆鉞先生的《圖書分類與管理》等，讓我們也能開展一些課外的圖書目錄學知識。

　　淑珍小姐的博士論文，深入淺出的勾勒出海音女士在出版事業方面的經營和貢獻，海音女士的理想和作為，事實上也足堪為出版人的楷模。這本論文獲得出版社的青睞，將得以在市面上發行和流傳，不僅顯示文壇和出版界人士對海音女士的懷念和對其志業的重視，相信出出版後，也會帶給出版業者許多啟發才是。

王岫　序於　重南書房

民國 96 年 11 月 27 日

附記：

本論文之部分章節乃由已發表之論文改寫而成，特此誌明，並向原各出版物表示謝意。原發表處如下：

1、〈文人雅集——「純文學出版社」作者群分析〉，「清華大學中文系 2005 年全國研究生論文發表會」，新竹，清華大學中文所主辦，2005.11.5。

2、〈《純文學》月刊考察〉，「台灣大學中文所《中國文學研究》第十五屆論文發表會」，台北，台灣大學中文所主辦，2006.2.26。

3、〈林海音成功經營「純文學出版社」策略解析〉，《出版與管理研究》，第二期，頁 85-102，2006.6。

4、〈林海音的編輯表現探討〉（《親民學報》，第 12 期，頁 69-79，2006.7。

5、〈林海音出版事業影響試論〉，「故鄉與他鄉：第四屆苗栗縣文學研討會」，苗栗，苗栗縣政府主辦。2006.9.28。

6、〈純文學出版社出版品階段化特色分析〉（《國立台中技術學院人文社會學報》，第 5 期，頁 49-67）2006.12。

＊本論文之寫作承「台灣文學研究論文獎助」謹致謝忱

目錄

圖目錄

表目錄

第一章　緒論

　　文學史是作家、編者、出版者、論述者、閱讀者共同參與運作的結果。文學欲彰顯其價值必須以商品形式進入文藝消費市場。文稿便以報刊或書籍作為載體，通過出版機制供讀者消費。文學書籍的出版對現代文學自有推進之功。即如封德屏所說：「台灣出版和文學互動的關係，是促進台灣文學和文化最重要的一環，如果沒有這些出版社和雜誌社，所有的文學創作將變成空談。」（註1）

　　集作家、編輯、出版人於一身的林海音，在振興文學事業所展現的熱忱及貢獻有口皆碑。她在台灣文壇的重要性，除其個人文學創作外，則是以編輯人的身分形塑《聯副》的文學性格；以出版人的角色，創辦《純文學》月刊、成立純文學出版社，積極參與文化傳播事業。

　　出版是文學傳播的一種方式，連接了文學生產與消費，亦是文學發展重要檢驗指標之一。出版不僅是商業活動，更是一種傳衍文化的事業。出版社為現代文學提供了存在、展示的物質基礎，使文學的社會功能、審美理念得以落實。林海音成立純文學出版社（1968.12~1995.12），以其敏銳新聞眼、熾熱文學心、創意編輯腦，加上與作家群濃厚情感交流，持續出版一系列有內容具品味的好書，更帶動「五小」的成立（註2），也為日後文學書市的飛躍騰昇打前鋒。無怪乎蔡文甫先生說：「若沒有林海音的純文學出版社帶領五小，當年那種文學時代的盛況也不可能產生。」（註3）

　　文學出版將導引一個特定時期文學生態呈現的面貌。純文學出版社展現一種文人經營的模式——以文學書籍為主，要求文學品

味、堅持出版責任、強調編輯高雅。當年純文學出版社即象徵純文學時代的降臨，與林海音名字相連的，是一段台灣屬於文學最美好的年代，甚至有論者認為，林海音的逝世代表台灣一個文學時代的落幕。

林海音一生為台灣文壇犧牲奉獻，1994 年榮獲「世界華文作家協會」及「亞華作家文藝基金會」頒贈「向資深華文作家致敬獎」、1998年獲「世界華文作家協會」頒「終身成就獎」、1999年獲頒第二屆五四獎「文學貢獻獎」，及中國文藝協會的「榮譽文藝獎章」，去世後總統更特別明令褒揚。

第一節　研究動機與目的

本人長久以來，對探討「林海音」抱持濃厚興趣，也不斷對「林海音」相關議題投注關心，密切掌握相關資料。黎湘萍說：「文學可以被各種人文社會學科所關注，並用其方法來研究。」（註 4）人們對於現代文學的認識偏重於觀念、型態方面，對於它的生產機制非常忽略。事實證明林海音除文學創作上的優異表現外，在出版領域中，藉由《純文學》月刊、純文學出版社的經營，也建造了屬於她的出版江山。

林海音的出版事業在台灣文學發展與傳播的影響力，並不亞於她的創作。林海音歷史位置的形成，亦無法迴避這些曾聯係著她生命的文化因素。然而，對於林海音做為一位出版人的論述，相對於討論其創作表現的篇章，明顯缺乏。

在台灣新文學史上，林海音的成就應有多面向解讀方式。如果將林海音的研究，由創作領域轉由文學傳播研究中，守門人的角度

切入──以林海音的編輯出版生涯為個案研究，將可擴大研究視野，發現林海音另一種成就。長期以來，研究林海音者少措意於此。

本人試圖以異於昔往的角度，重新解讀「林海音」。突破對作家作品直線式的研究，對出版與文學關係進行考察，試圖在既有論述之外，與「出版」作連結發展出不同的對話聲音，拓展林海音研究。

選擇林海音成立的純文學出版社作為論述中心，因純文學出版社營業長達 27 年，歷經台灣文學出版蓬勃發展的過程，同時也由文人出版過渡到企業化經營導向。此外，純文學出版社的創辦宗旨與出版物內容頗具代表性，經營方式很能代表早期文人作風，出版物對國人也產生了一定的影響，更有甚者，純文學出版社是文學書市風起雲湧的前導者。

而林海音於稍早創辦的《純文學》月刊（1967 年），至 1972 年 2 月停刊為止，前後發行了 62 期，歷時五年兩個月，給當時文壇帶來了文學的希望。發行期間規劃多個特殊專欄，刊載作品皆有一定水準，體裁兼容並蓄，文學中西兼備，更匯聚了多位海內外作家。更重要者，它是純文學出版社藉以發展的基礎，純文學出版社經營起始的出版書籍便是將月刊上連載篇章結集出版。

是故本論文《林海音及其出版事業研究》的「出版事業」將以小出版範疇定義之，鎖定純文學出版社兼論及《純文學》月刊。

「林海音及其出版事業」的探討，既是出版學，也是文學社會學及文學史的研究。本論文欲走出單一視角的研究趨向，從個案出發，以文學、社會學、編輯學、出版學、傳播學的角度來探索，將林海音及其出版事業──純文學出版社與《純文學》月刊，放在歷史脈絡進行觀察。由文學活動著手，作全面性的分析，除論及純文學出版社出版書籍與《純文學》月刊中所刊登作品外，更將出版過

程向前追溯作家文本離開作家後的流通過程，包括編輯與發行，甚至探究媒介發揮的影響，研究文學與文化生產、社會時代交錯層疊的關係，勾勒純文學出版社與《純文學》月刊在文學發展中的表現，檢視其在出版史的意義，凸顯林海音出版事業與戰後文壇生態的關係。

第二節　文獻考察

大陸方面自 1983 年起開始研究林海音，但大多傾向於文學創作方面──追究其創作思維、詮釋其創作技巧、解析其創作指涉、探究其創作意涵。然對其文學事業較無論及。北京市中國現代文學館、兩岸經濟科技文化交流協會和台海出版社於 2001 年 1 月 5 日共同主辦一場林海音學術研討會，會後台海出版社亦將研討會相關論文編輯出版，由傅光明、舒乙主編為《林海音研究論文集》，書中囊括林海音的人、文。但對其出版事業的論述僅有概略式的綜論。此外大陸地區亦出版多本林海音作品集，如傅光明選編《林海音作品精編》（2004.5 漓江出版社）、劉紹棠編《往事悠悠》（1997.8 燕山出版社）等，內容大同小異，甚而有互相拼貼的痕跡。然對其出版事業的專書論述十分缺乏。

文學史的撰寫象徵書寫權力的運用，可以決定何人何作得以取得進入「經典」的機會，「Guillory 認為，個別讀者對一部作品的反應和評估對作品是否能長久流傳並無決定性的影響，只有當作品的評估，被納入某一套社會文化再製的機制（如學校課程書單）、閱讀脈絡裡（如文學史、書寫傳統）的時候，作品才有長期存活的可能性（Guillory 1993:28）。」（註 5）緣此，大陸地區相當熱衷文學史的撰寫，甚至藉由文學史的撰寫在文化面上鞏固政治社會力。

在其撰寫的台灣文學史中論及林海音的有白少帆、王玉斌、張恆春等著／《現代台灣史》（1987：遼寧出版社）。徐國倫、王春榮等編／《二十世紀中國兩岸文學史》（1988.8：遼寧大學出版社）。古繼堂／《台灣小說發展史》（1989：文史哲出版社）以單獨一章——〈奠定台灣女性小說第一塊基石的林海音〉內容著重於林海音的成長背景，並論及其寫作特色。劉登翰等編著／《台灣文學史》（上、下）（1991.6、1993.1：海峽文藝出版社）。黃重添、闕豐齡、徐學、朱雙一等台海合作編著／《台灣新文學概觀》（1992.3：稻和出版社）於第三章〈50 年代小說創造〉中，分析林海音的婚姻小說。工晉民著／《台灣當代文學史》（1994.2：廣西人民出版社）。曹惠民主編／《台港澳文學教程》（2000.10：漢語大辭典出版社）。汪景壽《台灣小說作家論》（1984：北京大學出版社）。古繼堂／《簡明台灣文學史》（2003.7：人間出版社）以一章述說林海音小說中的兩岸情結與小說影響。樊洛平編／《當代台灣女性小說史論》（2006.4：台灣商務印書館）

　　以中國史為名的書籍中，提及林海音的有：喬福生、謝洪杰主編的《二十世紀中國文學》（1992.12：杭州大學出版社）。金漢、馮云青、李新宇主編／《新編中國當代文學發展史》（1997.5：浙江大學出版社）。於可訓／《中國當代文學概論》（1998.6：武漢大學出版社）。綜觀大陸地區出版的台灣文學史、中國文學史中對林海音的論述，大多圍繞在其創作面的探討。尤其針對其反封建、懷鄉主題大肆誇張渲染，甚至以一整個章節鋪寫其《城南舊事》一書的懷鄉意識。將其單純心境的創作扣上政治的意識形態，忽略了林海音所強調自己的創作並無任何政治理念的用意。林海音說：

　　　　中共對於《城南舊事》的故事，總是強調作者是為了「表現
　　　　普通勞動人民的不幸遭遇」啦！「北洋軍閥時代人民的苦況」

　　啦！其實我不是寫這些的，我寫東西從不「政治掛帥」，也
　　不高喊「革命」，這部小說我是以童驗童心的眼光寫些記憶
　　深刻的人物和故事……我是女人嘛，當然喜歡寫這些，也有
　　能力寫這些，可別把偏差的想法投在我的作品上。（註6）

至於林海音於出版方面的表現，常僅是聊備一格簡單篇幅的提及。

　　大陸評論方面已有余之、蔡美琴、伊明、張默芸、韋體文、黨
鴻樞、林煙生、李浚平、鄧寒梅採藝術手法的視角，進行林海音小
說創作技巧分析。彭燕彬、宋家宏則以主題方式，探討林海音的文
學創作。整體而言，大陸方面對林海音文學創作表現的探究已相當
可觀，但對於林海音出版方面的表現則明顯不足。

　　歐美地區與林海音相關的學術論文有兩本，一為 1994 年 9 月
西德北萊茵河畔魯爾大學碩士論文《一位在中國與台灣的作家──
林海音》（《Lin Haiyin-Eine Schriftsteller in Zwischen China und
Taiwan》）還有 2004 年新加坡國立大學中文系李婉迎（Lee Wan Yin）
的碩士論文《林海音小說中的女性關懷》（The Concern for Women in
Lin Hai Yin's Fiction）。由其論文題目即知此二本碩士論文仍不脫以
林海音的文學創作為主線的窠臼。

　　台灣地區 2002 年中央大學、行政院文化建設委員會與國立文
化資產保存研究中心籌備處合辦了一場「林海音及其同輩女作家學
術研討會」，會中欲呈現對林海音研究的多樣性，針對三大議題進
行論文發表：（1）林海音及其時代（2）林海音及其文學（3）林海
音同輩女作家。其中對林海音創作領域進行分析，亦有論及其歷史
定位問題的大敘述──閻純德〈林海音的歷史地位──文學史的考
察〉甚至討論大陸方面對林海音的研究概況──梁竣瓘〈試論中國
大陸林海音小說研究〉。而述及其編籍出版活動者有應鳳凰〈林海
音與六十年代台灣文壇（1960-1969）──從文友往來書信探討其

編輯理念及文壇位置〉、傅光明〈試論林海音的文學編輯與出版理念〉及拙作〈林海音出版「純文學」初探〉。此三篇論文注意到林海音出版人的身分，無疑將林海音的研究開啟另一門窗。

　　會後於 2003 年 5 月亦出版了《霜後的燦爛——林海音及其同輩女作家學術研討會論文集》對林海音的研究做了一次彙整並豎立新的里程碑。為了紀念林海音逝世周年，於 2002 年 12 月國立文化資產保存研究中心籌備處更出版《一座文學的橋——林海音先生紀念文集》文中分 1、念他（追憶與懷念）由林海音友人回憶林海音的點滴印象。2、讀她（作品與評論）對林海音作品的評介篇章；3、說她（生活與風格）由親友述說林海音的為人格調。綜上所論對林海音的研究仍側重於其創作部份，較少論及其編輯人扮演、出版人角色。

　　夏祖麗以俐落平實的文筆所撰之《從城南走來——林海音傳》，2000 年 10 月由天下文化出版社出版。以近 23 萬字的篇幅，對林海音一生形跡作了一次詳細掃瞄。書中除具報導文章言之有物外，凡引文錄言，必循所據，附註於後。瘂弦稱讚此書具有好傳記文學所具備的五項要件：正確無誤的史事、如數家珍的豐富史料、獨特的史觀（找出一位作家、文化人的歷史位置，並在個人位置中展現時代的風格）、豐富的史情。此書對本論文相關論述，提供諸多可資參考的背景資料。另由遊目族文化事業公司於 2000 年出版《林海音作品集》共 12 本，將林海音所有出版過的作品做了聚集工作。

　　國內碩博士論文方面，針對「林海音」為主題者共有 12 本（註7）碩士論文，這些論文對林海音學術性研究方面奠定了一定的根基。其中僅有三本片段地論及林海音的出版事業。

　　1993 年政治大學中文系陳姿夙的碩士論文：《林海音及其作品研究》論文中以一章節概述林海音文化事業活動，文中論及林海音擔任《聯副》主編時期的革新措施與鼓勵創作、培育新秀方面的貢獻，並述說《純文學》月刊發行始末與成就、純文學出版社的概況與特色。總體而言此章已將林海音出版事業做一概論式流覽，可謂對林海音出版事業方面的研究奠定基礎，惟「出版事業」非其論文中心所在，因此也顯得不夠深入，幾乎皆是點到為止。然此篇論文卻為本論文的研究提供可資參考根基。

　　2003 年靜宜大學中國文學系施英美的碩士論文《「聯合報」副刊時期（1953-1963）的林海音研究》文中以林海音在《聯副》擔任主編時期的編輯理念為主軸，觀察林海音在 1950 年代政治體系強力運作下，如何藉由主編副刊版面的機會，培植另一股超越主流體制外，充滿自由主義的人文脈流。並以文學創作，實踐「自由主義」理念。對於林海音編輯方面的貢獻予以肯定。2003 年台灣師範大學國文系在職進修碩士班王明月的碩士論文《林海音小說研究》以一節的份量論述林海音的文化經營，可惜僅為簡略式介紹，未見深入分析。

　　綜觀此三本論文與本論文「林海音及其出版事業研究」較相關，「林海音出版事業」方面論述，畢竟非其論文重心所在。故文中多為淺論，並無深入探析，遑論史料印證，亦缺乏理論架構。而梁竣瓘：《中國大陸學者論台灣小說：以小說為例》（中央大學中國文學系博士論文，2005 年 6 月）其中第四章〈林海音小說研究〉顧名思義其偏重於林海音於小說創作上的表現。

　　台灣出版的文學史中提及林海音的，有葉石濤的《台灣文學史綱》僅是將其囊括在 50 年代女作家的論述中，寥寥數語提及。而單篇論文中，即使論及林海音出版事業者如顧邦猷、傅光明等也僅

是介紹性質居多，惟應鳳凰嘗試以學術論文的角度深探其出版事業內裡。整體而言台灣並沒有完整、全面的林海音出版社事業介紹，雖然有一些零星的個人自傳式、文學式的歷史討論，甚至一些報導性質的論述、軼文性的介紹，但總覺不足。對於「林海音出版事業」方面的研究明顯闕漏。整體言，對於林海音的研究累積成果實已頗為可觀，然少了出版這部份則覺遺憾不完整。因此若能將林海音出版事業方面的表現予以補足，林海音的研究將具完整體系。

第三節　研究方法與論述架構

「出版」屬總體學術領域，羅貝爾・埃斯卡皮（Robert Escarpit）對社會型態與文學現象間的獨特見解，在研究方法上無疑能提供筆者頗多借鏡之處。是故本文將以羅貝爾・埃斯卡皮文學社會學（註8）為理論主線，以社會學實證面向切入文學研究領域。將文學視為一種社會活動，放在社會學範疇來看。針對林海音出版事業——純文學出版社與《純文學》月刊，進行外緣與內緣的研究。剖析具體文學事實，即文學創作生產、出版發行。沿著作者到讀者的通路（圖1‧1），本論文將逐次開展一一解析。

外緣性研究部分，著重研究純文學出版社與整個社會環境、文化運行機制的關係，作出具有相當深度的闡述印證。內緣研究則探討純文學出版社與《純文學》月刊出版物的文本內涵與作者群。甚至出版書籍內容與社會的關連性。除運用文學社會學之調查法、個案研究法，更輔以「文學雜誌學」。

李瑞騰在〈什麼是文學雜誌學？〉一文中說：

對於個別雜誌的某一期，或某個階段數期，或全部刊物進行評析，處理編輯理念、策略與實際發表的作品之間的關係，

甚至於分析論斷一份雜誌或雜誌群的存在意義和在文學史上
的價值。這應該屬於文學雜誌實際批評的範疇。（註9）

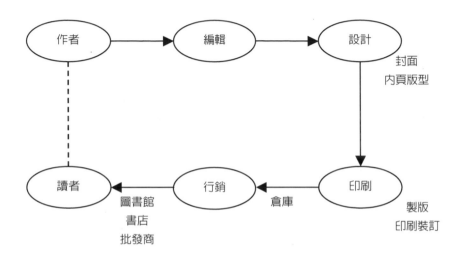

圖 1‧1：從作者到讀者的通路（註 10）

本論文將以「文學雜誌學」探討《純文學》月刊，並利用統計
法進行定性定量論析，將一些資料予以數量化，如作者身分、背景、
學歷、年齡作一歸納，並從數據中找出一些現象加以分析探討。更
參考布爾迪厄（Bourdieu）（註 11）文化資本建構理念，亦藉由文
獻研究法（註 12），經由文獻蒐集、整理純文學出版社相關資料。
將已尋得的資料為基礎，作為詮釋分析時的依據。重視史料層面的
整理與挖掘，以史料支撐論點。論述過程配合表格數據歸納統計，
以客觀且全面性角度探究純文學出版社之成敗得失，以尋得其歷史
價值及貢獻。

　　本論文將借用其他學科原理和方法相互引發，參照運用。囊括企業管理、視訊傳達、大眾傳播等領域。在不同學域搭起橋樑，進行跨畛域文學思考。

　　加上實地訪談（尋找相關人士，提供第一手材料以供研判），本論文將訪談林海音親友夏烈、夏祖美、夏祖葳、夏祖麗、友人鄧佩瑜。同行劉國瑞、隱地等。希望本研究可在堅實史料基礎上予以深化，試圖填補文學史中對於文學出版領域的闕漏，也為林海音的研究開一新視窗。更替未來研究者提供一個異於往昔的視野與架構。

　　本論文將利用第二、三、四章作為本論文前導性研究。第五章針對純文學出版社出版品內容觀察。第六章以後則進入出版社產銷結構體系。第六章說明稿源的來源，以作者分析為切入點。第七章討論純文學出版物的編輯手法。第八章論及純文學出版社行銷策略。第九章綜論林海音的媒介表現。論文篇章架構如下：

第一章　緒論

　　說明本論文之研究動機與目的、前人研究成果、研究方法，並勾勒論文組織架構。

第二章　林海音文化人格的形成

　　人的文化思維、行動理念形成過程相當複雜，是在多種因素相互交合、共同作用而成型的。且在表現過程中又不可避免地受家庭、社會環境的不斷影響、薰染而改變、型塑、成長。此章筆者將探討林海音走向出版的內在成因、外在背景為何？探究林海音如何成為出版人的準備階段。畢竟沒有林海音，則無純文學出版社的存在，本章為背景原因探討。

第三章　《純文學》月刊考察

　　純文學出版社乃承繼純文學月刊的人脈資源與風格調性,是故本章擬以《純文學》月刊的全部發行期間為研究範疇。除論述《純文學》月刊的創刊與發展歷程外,更輔以文獻資料分析法,探討其特色,檢視其成果。

第四章　純文學出版社的創立與發展

　　「出版」在歷史發展進程中,各階段的狀況和特點對文學影響具根本意義,它決定了文學存在的基本物化形態。台灣文學出版,更與台灣社會變遷相互作用。

　　純文學出版社原屬文學性出版社,所以它的發展歷程,正可作為鑑照台灣文學出版的一面鏡子。其時間跨度長不容消解、忽視,其整體發展是我們討論出版史的史料來源。本章將對傳播媒介社會角色進行關注,回溯純文學出版社建置歷史,論及純文學出版社創立背景、出版社屬性。並以純文學出版社發展過程為經,所以落地生根的時空為緯、為輔,藉其發展史探析出版界變化情形。

第五章　純文學出版社的出版品特色

　　文學的物化型態就是供人閱讀的書籍,書籍是出版活動中的具體表現。文學圖書的社會價值,是文學作品和社會文化背景間最深刻的內部聯繫。創作、歷史二者不可分割,二者常相互對話並補充。因此,藉由觀察純文學出版物內容,可以反照社會現實性。

　　本章將以純文學出版社出版書籍作為觀察進路,視「文學」為一種社會產物來研究。檢測書籍內容所呈現的面貌、特色、進而呈現時代變遷痕跡。

第六章　純文學出版社的作者群

　　社會地位能夠給予行動者擁有一定社會權利，林海音擔任《聯副》主編 10 年，經營《純文學》月刊 3 年，期間皆與作家們維持良好關係，並得到眾人尊敬。在經營純文學出版社時，林海音調動、運用其人力資源關係網絡，建構以純文學出版社為中心的出版社文人圈。

　　「純文學出版社」其在出版場域的位置，正因其集結了許多純文學創作者，形成自身獨特優勢，建立自己專屬版圖。雖然「純文學出版社作者群」並無嚴密組織，然其成員的表現，顯現了團體特徵性。筆者姑且將純文學出版社，出版書籍的作家們視為社群成員，以作者群為切入點，運用羅貝爾・埃斯卡皮理論中的「世代（generation）「班底」（group）、與「文人圈」（literati group）、輔以布爾迪厄場域（field）的概念，將純文學出版社視為一個文學場，研究文學場內部成員如何凝聚成形？此社群組成特性？在社會變遷下此一社群如何消長？

第七章　純文學出版社的編輯表現

　　「編輯」是一種文化傳播、策劃組織的工作，更是生產流程中一個重要的階段。編者對作品的構成方式，使承載作品的場域不僅是符號的載體，更成為編者展現其思維的一項藝術品。

　　成品字裡行間，整體風格皆有編者的心血及調性。其選擇的立場、觀點、視野、方向，都會影響媒介內容。甚至其傳播行為亦將對社會產生一定影響。林海音作為一個出版家和文化人的功力，具體呈現在選書、編輯上。鑒於此，本章嘗試放棄以文本為中心的文學觀，改用媒介分析的眼光，考察純文學出版社編輯體制的運作，並藉其實物展現作印證。

第八章　純文學出版社的營銷策略

　　文化性和商業性是出版業的雙重屬性。在講求時效、商機的出版業，一個出版社要成功，必須具備有效的出版策略。使消費者對產品產生印象，進而刺激購買。出版策略反映了出版社為實現經營目標，而採用的經營方法。

　　在不同時空環境下，出版人的思維必然也會有所不同，經營模式亦殊。純文學出版社因是文人（林海音）所主持經營的，其出版物走向、經營方式與商人經營方式自有其相異處。

　　本章想藉純文學出版社進行觀察，探討林海音如何利用個人優勢及規劃能力，提供優良出版物。加以行銷通路、廣告宣傳等產銷關鍵配合，營造一出版社。此一觀察，除可重建昔日文人出版社的經營情況外，也提供了建立有效出版事業的參考模式。

第九章　林海音的媒介表現

　　文化產業的經營不容忽視其中的社會效益。余光中肯定林海音對台灣文壇的貢獻，他說：「林海音在『純文學出版社』的編務及業務上投注了多年的心血，對台灣文壇甚至早期的新文學貢獻很大。」（註13）作為出版人，林海音不僅加速台灣文學出版界的活絡，也為台灣文學界培養了新一代創作者，更極力維持文學空間的存在，帶動戰後台灣文壇的活躍，成為出版人仿效典範。

　　筆者希冀藉此章，探勘林海音如何藉由純文學出版社、《純文學》月刊的運作與整個文化脈絡產生關係。對出版界、文學面產生何種影響。

第十章　結論

　　本章總結前文，敘說林海音及其出版事業對台灣文壇培育、推展、繁榮文學上的重要貢獻，及所代表的時代意義、論文可進一步拓展之方向。

　　這樣的大綱，使本論文能涵蓋當代媒介研究領域所涉及的一系列重要核心思想和視角。以便對林海音出版事業的研究更全面。

【附註】

1. 封德屏：〈林海音出版事業初探——特約討論〉，《霜後的燦爛——林海音及其同輩女作家學術研討會論文集》（台北：國立文化資產保存研究中心籌備處，2003 年 5 月），頁 132。

2. 純文學出版社成立後，接著大地、爾雅、洪範、九歌陸續創辦，當時合稱此五家出版社為「五小」。

3. 蔡文甫先生於 2002 年 12 月 1 日「林海音及其同輩女作家學術研討會」中所言。

4. 黎湘萍：〈「理論」是否重要？〉，《文訊》第 243 期（2006 年 1 月），頁 59。

5. 轉引邱貴芬：〈殖民經驗與台灣（女性）小說史學方法初探〉，《第一屆台灣文學學術研討會論文集——殖民地經驗與台灣文學》（台北：遠流出版社，2000 年 2 月），頁 89。

6. 林海音：〈童心愚騃——回憶寫《城南舊事》〉，《城南舊事》（台北：遊目族文化公司，2000 年 5 月），頁 197-198。

7. 陳姿夙，1993 年政治大學中國文學系碩士論文：《林海音及其作品研究》、汪淑珍，1999 年東吳大學中國文學系碩士論文：《林海音小說敘事技巧研究》、楊絢，1999 年台東師範學院兒童文學系碩士論文：《林海音與兒童文學》、施英美，2003 年靜宜大學中國文學系碩士論文：《「聯合報」副刊時期（1953-1963）的林海音研究》、趙惠芬，2003 年銘傳大學應用中國文學系碩士論文：《林海音小說中的美學研究》、王明月，2003 年台灣師範大學國文系碩士論文：《林海音小說研究》、黃怡文，2003 年台北市立師範學院應用語言文學研究所碩士論文：《林海音及其散文研究》、張嘉惠，2003 年中山大學中國語文學系碩士論文：《林海音小說中的五四接受及影響研究》、詹玉成，2004 年玄奘大學中國語文學系碩士論文：《林海音小說人物論》、施家雯，2004 年國立清華大學中國文學系碩士論文：《賢良之路：林海音婚戀小說研究》、張秀絹，2004 年國立彰化師範大學國文學系碩士論文：《林海音小說創作研究——以人物刻畫為主》、林韋伶，2007 年明道管理學院國學研究所碩士論文：《林海音文學風格研究》。

8. 「文學社會學是一些採取社會學的角度，運用社會學的方法來研究、探討、考察整體的文學現象的文學、美學批評理論和方法論。」包括文學作品與產生作品的社會、文化背景之間的關係。參何金蘭：《文學社會學》（台北：桂冠圖書公司，1989 年 8 月），頁 1。

9. 李瑞騰：〈什麼是文學雜誌學〉，《文化理想的追尋》（南投：南投縣立文化中心，1995 年 6 月），頁 121-122。

10.此表出自李瑞騰老師於中央大學 93 學年度下學期於大學部開設「中文圖書出版學」課程之講義。

11.布爾迪厄：1930 年生於法國貝爾倫區，曾任社會科學高等研究院教授。1981 年起兼任法蘭西學院社會學講座教授，並主持歐洲社會學中心。布爾迪厄從社會空間及社會場域出發，提供我們分析團體位置及相互關係，了解社會秩序再生產的走勢。他首先分析教育系統，及教育機構在組織與傳承所謂合法的知識與溝通形式中，所扮演的重要角色。助於我們了解社會內部的權力與權威有所貢獻。

12.文獻研究法即根據一定的目的和課題，透過蒐集和分析書面或是聲像資料而進行探討。

13.余光中：〈另一段城南舊事〉，李瑞騰、夏祖麗主編：《一座文學的橋──林海音先生紀念文集》（台北：國立文化資產保存研究中心籌備處，2002 年 12 月），頁 12。

第二章　林海音文化人格的形成

　　在小型出版社中，出版人佔有居中厥偉的地位，出版的具體行為，其實只是實踐出版人個人特質的象徵意義。出版社的市場定位，更是出版人出版理念的實際反映。林海音主導純文學出版社，是故其因多種因素聚合而成的人格特質將影響純文學出版社的總總表現。

　　林海音與「文學」始終有著密不可分的因緣牽繫，她擔任過記者、編輯、出版者，通過對文學生產過程的介入，間接在文學價值評判和價值導向上起了評準作用。林海音兼具文學人與文化人的身分，但她文化人的角色常為人們所輕忽。

　　林海音曾說寫作是她的愛好，出版是她的理想。理想實踐乃是個人內在精神的體現，它是由長期文化教養所培植，又通過外在環境薰染，進而衍生的一種思維表現。林海音在特定社會、文化環境相互作用下，逐漸內化形成其從事文化事業所展現的文化人格特質，包括儒俠情操的兼具、純文學理念的堅持倡導，中庸和諧的態度表現、自由主義信念的秉持。

　　林海音由一個文學創作者進而成為出版人的緣由何在？這樣的理念其淵源為何？緣此，筆者欲藉本章尋索其從事出版的根源，闡釋其走入出版業背後文化人格形成因素。

第一節　成長環境

　　家庭是每個人最初啟蒙之所。家庭累積的文化特質與能量，往往對個人具關鍵性影響。所謂「身教重於言教」，孩童們在父母行為表現下，耳濡目染，無形中型塑了他們人格特質、思想理念。家庭所給予兒童性格、思維的影響，甚至決定著其一生行為理念的發展。布爾迪厄在個體的實踐行動、場域關係、家庭背景等社會關係中研究文化資本，其分析文化資本乃由三種形式所組成：身體化狀態、客體化狀態和制度化形成。其中身體化的狀態是兒童在社會化過程中從家庭繼承而來的，包括文化理念、文化素養，甚至價值觀。這種身體化狀態的文化資本無法藉由交換或販賣而取得。

一、家庭

　　「文化資本具有世代相傳的特性」（註 1）林海音出身於書香世家，曾祖父是前清貢生。祖父林台，能詩擅文。在科舉時代曾中過秀才，二十一歲起即執教鞭，1916 至 1920 年出任頭份鎮第三任區長，在頭份鎮享有文名，平日即協助調解地方上紛爭。父親林煥文畢業於日據時期「台灣總督府國語學校師範部」（今台北市立師院前身），擔任過小學教師，是日據時期名作家吳濁流（註 2）的老師。教師的職責即為賡續傳統文化，人文主義理念很自然進入受儒家薰陶的林煥文視域中。因此對中國文學自有一份熱誠之心。
　　阿德勒（註 3）認為一個人的生活型態、個性養成，在 5 歲時即已具備雛形。童年的許多經驗會影響到他們對人、對事物的看法。甚至會影響到他們的生活態度、處事原則、生活型態。林海音的人格理念受父親影響甚鉅。

　　父親的早逝，使身為長女的林海音，擔起了照顧寡母弟妹的重責，林海音說：「在別人還需要照管的年齡，我已經負起許多父親的責任，我們努力渡過難關……父親的死給我造成這一串倔強，細細想來，這些性格又何嘗不是承受我那好強的父親呢！」（註4）更說：「寫到〈遲到〉時，好像看到坐在雨中人力車上的女孩──就是我，撩起褲腿看爸爸抽打的鞭痕。這是我不會忘記的一件童年往事，因為由於這件事我從此做一個守時守信的人。」（註5）父親的嚴格教育及早逝，造就林海音獨立、堅強性格。

　　林煥文特別喜愛書法藝術，一有閒暇即揮毫寫字，極力發揚此技藝；更愛閱讀書籍，也鼓勵孩子閱讀。林海音曾為文記載：「在台灣當過幾年小學老師的爸爸平日嚴得很，惟獨看書，他不管，只要英子開口，要買什麼書，訂什麼雜誌，爸爸沒有不答應的。」（註6）因此童年的林海音即與「書籍」密切接觸。透過父親的影響，她深具文學教養。此外，林煥文亦曾在日本人辦的日文報紙《京津日日新聞》工作，與文學關係緊密，他熱愛文學的意識與情懷，不僅影響其女，甚至學生也披其薰陶、受其感染。林海音指陳：「吳濁流先生在創辦《台灣文藝》的時候，不住的跟我說：『是做了你爸爸的學生，才有這樣的傻勁啊。』」（註7）

　　林海音稟承父親興致，孺慕中國文學，愛好國粹藝術。因此日後經營出版社時即大量運用中國書法藝術於書籍裝幀上，更致力出版「中國」為題之書籍。

　　林煥文更具強烈民族意識與自由思想，是位熱心助人、勇於救人於急難的人。1923年他在郵局工作，台灣學生寄錢回家，都得經他之手。「又因為人熱心、人緣好，在他家開台灣同鄉會，台灣學生遇上紛爭或困難，也經常由他出面調解或義助。」（註8）林海音追憶往昔說：

北伐成功的前夕，好像曾有那麼一陣緊張的日子，黃昏的虎坊橋大街上，忽然騷動起來了，聽說在逮學生，而好客的爸爸，也常把家裡多餘的房子借給年輕的學生住。（註 9）

甚至在《城南舊事》一書中，亦有父親的影子（註 10）。在〈蘭姨娘〉一篇中，林海音描述父親充滿正義感，最常掛在嘴邊的一句話即「驚麼該！」他收留了鬧革命的學生，也收留了人家下堂妻「蘭姨娘」。

林海音說：「父親的脾氣儘管有時暴燥，他卻有更多的優點，他負責任的工作，努力求生存，熱心助人，不吝金錢。」（註 11）父親的熱心，不怕麻煩，有責任感。這些行徑都一一烙印在林海音幼小心靈中。

生物學派認為遺傳與生理機制是解釋性格差異的最大利器。「行為遺傳學的研究已廣為學術界所接受。研究者已獲知一些可靠的資料，證明遺傳對許多特質有影響。」（註 12）孩童遺傳其父母特質並不僅止於五官，還包括人格特質。艾辛格（Hans J Eysenck）一直支持生物因素影響人格的說法，認為遺傳在人格決定上扮演重要角色。

「篤於友朋之義，是俠士本來的傳統」（註 13），林海音受父親啟發與誘掖，習染父親俠士之風，個性豪放、古道熱腸。俠的意念已根植於其腦海中，往後在行徑中滋長繁衍，形成其輕財結客，有熱忱助人之心。

林海音無論當編輯時幫助年輕學子進入文壇，協助老作家重新出發，甚至成立純文學出版社後，幫助友人出書度過難關、完成出書心願等。充分紹承父親的豪俠之風。季季說：「林先生一向熱心寬厚，凡事總為他人境遇設想。她曾協助我脫離痛苦的婚姻，知道我那時靠稿費養育兩個孩子。」（註 14）因此林海音鼓勵季季除從

事小說創作外，也該試著散文創作，並引介季季一同參與台灣省教育廳兒童讀物創作。幫助琦君出版詞作（註15），更引渡嶺月由家庭主婦晉身為寫作者，在嶺月給林海音的信中充滿感激的說：

> 不知該怎樣謝謝您（林海音）……不是像做夢嗎？能躲在您的保護傘下享受這份榮譽和利益，太幸運了，我常懷疑是不是前世修來的福呢，萬萬沒想到，躲在家裡當了二十年燒飯洗衣婆的我，在短短兩三年間，突然搖身一變，變成一個女作家（？）我怎不感謝您的提拔和給我機會呢？（註16）

為幫助蘇雪林解決舊書囤積的問題，更買下蘇雪林研究屈原、屈賦非常學術性的著作（這些作品與林海音經營的純文學出版社出產物調性不合），一直堆在純文學出版社倉庫裏，後來全數捐給圖書館。當初答應收購蘇雪林書籍的版權，其實僅單純想幫助一位長者而已。楊蔚曾說：「林先生真是個熱心的好人……她真是我的再生母親！」「如果不是林先生，我早就不知死到哪裡去了！……一次又一次的，在絕望的瀕死的時刻，老左派楊蔚，首先想起的，永遠是他的再生母親，林海音」。（註17）余阿勳說：「我感謝鼓勵和熱誠指導我的桑品載兄和林海音女士。其實我寫作途上的成功與失敗，都關係在這兩位點我一把火的人身上。」（註18）彭歌也說：「海音是對我們如他的弟妹，事事樂於主動幫助，但遇到不對的事，她『真會說你』，一派『指揮若定』的氣勢。」（註19）

　　林海音是位能讓文友們信賴、依靠的人，多年來，諸多文人都感受過她的溫暖。在1979年，台灣甫開放觀光的時候，許多人都出國旅遊。林海音拿出5萬元給劉枋去香港遊玩，林海音知道劉枋一直生活在困苦中，因此林海音主動與陳之藩之妻王節如聯繫，安排劉枋至香港旅遊兩週，住在陳之藩家中。劉枋回台後直說：「那兩個禮拜是其一生中最快樂的時光。」（註20）

沉櫻在退休赴美養老後,曾經打電話請林海音替她在生命的最後,出版一本書。林海音為完成她的心願,找來一向注意沉櫻作品的王開平,搜羅沉櫻相關資料。同時請沉櫻的好友們,寫些與沉櫻交往的情誼。並蒐集一些沉櫻的照片,編成《春的聲音》(註21)一書,完成她的心願。

1980年,林海音看到《聯合報》記者黃北朗報導,曾經在1950年以寫〈高山青〉歌詞聞名的詩人鄧禹平,貧病交加住在老人院中。最大的心願是將過去所創作的詩作,結集出版。林海音便至老人院探視他,並幫他完成心願出版了《我存在·因為歌·因為愛》。此書也獲得國家文藝獎,版稅和獎金更改善了鄧禹平的生活。

二、北京(註22)經驗

人們文化思維的形成,扎根於特定的歷史和地理環境。即如王之望所言:「作家在一生中,特別是在童年和少年時期所處的自然地理環境……都會給他幼小純潔的心靈以無形的陶冶和留下深刻的記憶,並在日後自覺不自覺地滲透、影響著他的審美心態和創作活動。」(註23)林海音1918年生於日本,三歲時回台灣,五歲時隨著父母到北京。求學、就業、成家在北京度過了25年(1923-1948)(註24)。北京不啻為林海音從童年走向成熟的橋樑,更是她探索世界的一扇窗。林海音的思維理念與為人處世深受北京環境烙印,她說:

> 每看到有人寫北平的琉璃廠──廠甸──海王村公園時,別提多親切,腦中就會浮起那地方的情景,暖流透過全身,那一帶的街道立刻湧向眼前。我住在這附近多年,從孩提時代到成年。不管在陽光中,在寒風中,也無論到什麼地方──

> 出門或回家，幾乎都要先經過這條自清到民國，續延二百年
> 至今不衰的北平文化名街──琉璃廠。我家曾有三次住在琉
> 璃廠這一帶：椿樹上二條、南柳巷和永光寺街。還有曾住過
> 的虎坊橋和梁家園，也屬大琉璃廠的範圍內。（註25）

琉璃廠大街位於北京和平門外，是北京著名的文化街，明末清初，
當時各地來京城參加科舉考試的舉人大多住在這一帶，因而此地書
肆林立，形成了翰墨香瀰漫的文化場所。林海音說：

> 這條包含了新舊書籍、筆墨紙硯、古玩字畫、碑帖字畫、金
> 石雕刻、文玩古董的文化街，再加上大、中、小學校，更增
> 加古城的文化氣息，我有幸在北平成長的二十五年間，倒有
> 將近二十年是住在這條全國聞名的文化街附近。（註26）

林海音更有一陣子甚至住在報房邊，她說：

> 就在我家斜對面，是名為「永興寺」卻看不出廟樣兒的房子，
> 俗名兒叫南柳巷「報房」。它在北平的報業史上卻是得寫上
> 一筆的，因為永興寺成了北平報紙的派報處，每早四五點，
> 天還沒亮，所有批賣報紙的都集中在此。就在我家牆外，一
> 片吵噪之聲，因為他們就蹲在牆根兒等報。（註27）

長期居住地的潛移默化，能影響一個人的生活和思想方式。林海音
說：「『家住書坊邊』──琉璃廠給我的影響不小。」（註28）求
學時，每學期開學，拿著書單上書目到琉璃廠的中華書局或商務印
書館買書，是她最快樂的事。書城的氛圍使林海音樂於閱讀求知，
也為日後經營出版社與書為伍埋下種子。

　　北京是中國古國故都，多次成為中國政治文化中心城市（註
29），其地理位置，奠定了其在古中國政治、經濟文化方面的地位，
是各民族交流、融合的樞紐。北京更是知識份子的集中地，在北京

的知識份子作為文化菁英的意識，和文化前驅的使命感格外強烈。許多文化行動皆由此地而起，如「康有為號召上千士子公車上書，蔡元培、胡適建造現代大學的根基；李大釗、陳獨秀等人引燃政治與文化革命的燃火。」（註30）

北京城本身即是文化的化身。五四期間全國最多作家和學者匯集的地方即是北京的大學（註31）。甚至新文學的第一代女作家如陳衡哲、冰心、廬隱、林徽音、凌叔華、馮沅君、蘇雪林等人，皆自北京女子高等師範學校（註32）畢業。

深厚人文積澱，遂使北京富文學／文化資源，孕積發酵出濃厚的文化風氣、人文氣息。在這樣充滿書香、人文薈萃的居住環境，林海音的文學觀也逐漸成型。

「北京」所代表的意識形態、散發的文化氣息、風土人情、城市環境甚至透過建立在城市上的文人行徑對長期居住於此的林海音皆產生了浸潤影響。

北京建築空間的四合院、胡同（註33）、城牆的空間結構，正象徵其代表著傳統、中庸和諧的生活方式與精神文化。林海音長期在這樣的空間結構中穿梭。林海音說：「回到椿樹上二條、新簾子胡同、西交民巷、梁家園、南柳巷和永光寺街這些我住過的胡同裡去──在北京的二十六年裡，從五歲到三十一歲，我只住過兩次大街，那就是虎坊橋大街和南長街。在北京一年四季的生活，在胡同裡穿出穿進的。」（註34）也漸鋪衍出其矜持、莊重、中規中矩、講究禮法倫理、追求優雅品味的特殊格調。

北京本身即是一個符碼，具深刻歷史意涵標記，有著豐富歷史與文化傳統底蘊。是傳統家族文化的維護者，更是種種傳統習性堅持不變的最後根基地。林海音嫁入有著四十多人，三代同堂仕宦之家的夏家後（真正落籍於北京的家族），她見識到傳統京城家庭結

構中，根深蒂固的意識壁壘，造成妻妾糾纏難堪處境，與婚姻不能自主的桎梏苦痛。

　　隨著社會變遷，此類舊家庭逐漸崩解轉型。然在京城中仍有許多家庭對舊文化堅持不變，對舊習俗不捨割棄。林海音接觸這樣的家庭，因而繁衍孳乳出許多舊時婚姻故事。林海音說：「因為大家庭的生活，給我帶來許多感觸，成了我一部分寫作靈感的泉源。我要透過小說的方式，把上一代的事事物物記錄下來。」（註35）

　　居住處所對人的影響不囿於街道、城樓等環境因素，更多是人文品質、人民生活型態、人際交往模式。北京熔煉出中國傳統美學的典範，散發和諧美感、平和致靜的氛圍。

文學武揚到京派作家（註36）的特色：

> 內傾的表現就是中庸、和諧、節制的文化心態。京派小說家的文化性格多通達、從容、中和，較少激烈的態度，因而在他們的作品中有不少世俗化的審美傾向，很少反映尖銳的時局衝突，而且作品中的人物往往具有一種雍容、悠然的處世方式。（註37）

林海音浸泳在京城環境中，行為表現維持中庸、和諧，交友往往也不分黨派，終其一生極力維持一種平和狀態。即使文學創作中的人物亦少激烈的態度。在她筆下的人物永遠都是胸懷大愛、默默隱忍所有苦痛的慈悲者，極力維持家庭的虛假和諧。即使寫到不幸的婦女被生活所迫自殺時，也沒有憤怒的控訴；被傳統愚昧的禮俗耽誤一生，也沒有強烈的抗議；面對丈夫的外遇，女人們大都願意退讓，從不要求犯了錯的男人作任何決定。

　　北京繼承了中國古代那種地道的、非商業性的倫理道德。李俊國說：「『京派』作家既不願把新文學攀附到政治鬥爭中去，又不屑於使新文學流於商品化，也不讓新文學過多地表現出藝術上的『現

代性』」。(註38)京派思想中即厭棄商業化文學觀。在北京長大的林海音自然沾染京派之風,她一向將政治與文學區隔,也不願意讓文學點染過多商業氣息,極力想保持文學的純淨。

「天橋、城南游藝園、虎坊橋、琉璃戶,以及提供外地來京游子居住的各省縣『會館』,共同構成別具一格的城南文化:五方雜處、喧攘流動,卻又生趣盎然。林立的會館,多樣的游藝與商業活動,原就容易吸納往來雜沓的各方人馬。」(註39)城南市集、廟會種類繁多、市民階層廣大的居住環境使林海音看盡人生百態、社會眾生相。林海音說:「在那樣大的一個城南遊藝園裡,不光是聽聽戲,社會眾生相,也都可以在這天地裡看到:美麗、享受、欺騙;勢利、罪惡。」(註40)這樣的經歷不但宏大她的視野,也涵養了氣度。更讓她看盡市井小民為求生存的窘境,如賣晚香玉的婦女、唱話匣子的男子、換取燈兒的小販等,這些北京下層百姓,流轉在林海音童年視域中,深深觸動她的心靈,因而她對下層勞動者總悲憫關懷著。

林海音提及:「『家住虎坊橋』,這是一條多姿多采的大街,每天從早到晚所看見的事事物物,使我常常琢磨的人物和事情太多了,……如果說我後來在寫作上有怎樣的方向時,說不定是幼年虎坊橋居住的幾年,給了我最初對現實人生的觀察和體驗吧!」(註41)日後林海音遂以平淺質樸的筆調,刻畫市井小民悲苦的生活,構築篇篇佳作。

王斑說:「經年累月,物質的居所,變成了文化心理的表達意象,成了文學中用來陳述真切經驗、滿足懷舊願望的修飾。」(註42)北京構成林海音創作的重要素材。林海音藉創作文本中的空間、物件回溯昔往個人體驗。在文學創作中不斷以文學文本重展京城昔日容貌、史地風物,以文字將時間定格,為逝去的時代,留下

永恆的註腳。林海音的北京風物散文：《兩地》、《家住書坊邊》、《我的京味兒回憶錄》、《英子的鄉戀》中不乏對京城的描寫，表現了濃郁的京都風韻。

　　齊邦媛讚許林海音所著之《城南舊事》一書說：「作者將英子眼中的城南風光均勻地穿插在敘述之間，給全書一種詩意。讀後的整體印象中，好似那座城和那個時代扮演著比人物更重的角色。不是冷峻的歷史角色，而是一種親切的、包容的角色。」（註43）

　　林海音在文本中，以北平物質喚出舊時居住北平的歲月流光。如《兩地》中提及的西單牌樓街「和蘭號」的炒栗子、京白梨等水果、宣武門的烤肉。《我的京味兒回憶錄》中述及的良鄉栗子、沙營葡萄，甚至象徵北京的學生服飾《藍布褂》還有童玩如「攜子兒」、「彈鐵蠶豆兒」。

　　「北京」這一地點，對林海音而言已不僅僅是一個客體，更成為其個人情感的附著處。林海音說：

　　　　我漫寫北平，是為了多麼想念她，寫一寫我對那地方的情感，
　　　　情感發洩在格子稿紙上，苦思的心情就會好些。（註44）

　　由林海音在文本中，不斷藉由不同角度對北京的描述。可知此地對其生命的意義不凡。林海音無形中已受北京空間環境濡染，以逐步內化過程，形成其適應社會的文化人格——中庸和諧的精神態度、恢弘的氣度、悲憫的情懷。

第二節　教育背景

　　社會學習理論者認為「行為中的個體差異大部分是成長過程中所遇到的學習經驗中的差異造成的。」（註45）行為學派的先驅者約翰・布羅得士・華生（John B Watson1878-1958）亦認為：

> 所謂的人格，是「習慣系統的最終產物」。換言之，人類終其
> 一身，被制約為以多少可預測的方式，對特定刺激產生反
> 應。……由於每個人都被其特有的經驗制約，而以獨特的方式
> 對刺激產生反應，所以每個成人的人格都有些許不同。（註46）

人們生活中有著各式各樣的生活閱歷與體驗，生活經驗也藉此累
積，有些經驗隨著時間流轉而失去現實意義，然而有些經驗則被無
形中吸收轉化為性格理念的成因。

一、五四風潮

　　林海音生長在新舊風潮衝擊的關鍵時刻。林海音說：

> 我和我國五四新文化運動，幾乎同來到這世上，新文化運動
> 發生時（1919），我還是個母親懷抱中的女嬰，是跟隨這個
> 運動長大的，所以那個改變人文的年代，我像一塊海綿似地，
> 吸取著時代的新和舊雙面景象（註47）

　　五四運動（註 48）提倡民主、科學，反對封建專制、迷信盲
從，要求人們提出改革的勇氣，勇敢脫離中國舊式牢籠。五四運動
促使國人認真對固有文化進行省思，是一場看法和觀念上的革命。
啟蒙思想家們在社會上掀起了一股生氣勃勃且具革命思想解放的
潮流。致使人們對民族主義、愛國主義及人道主義的觀念日漸覺
醒。林海音受五四精神浸潤而成長，使其擁有文人的啟蒙任務及個
人自由獨立精神。

（一）文人使命

孔子說：「士志於道」、「士不可以不弘毅，任重而道遠。仁以為己任，不亦重乎？死而後已，不亦遠乎？」（論語・里仁）。知識份子（註 49）通常對社會有較強於一般人的責任意識與使命感。中國知識份子的責任感乃經世致用，認為自己必須對社會現實有所承擔。儒家學說中一向強調「仁澤被天下」。五四時期，胡適提倡個人對社會崇高責任感的理念。輔以五四時期文藝報刊的創辦人，雖有各自政治主張（註 50），但皆懷有救國圖存之志，文以載道之責。

這些言行相信對身處五四時期的林海音產生了影響。林海音由家庭傳承而來的思想縱深，奠基於京城以來的記憶，體現浸染其中的文化陶養，具積極入世精神。在面對台灣逐漸平穩時刻，欲將昔日所習得的媒介理論予以實踐。

林海音熱愛文學，秉持文人對國家社會傳承文化的使命，異常重視知識性書籍的出版與文學史料的保存。林海音說：「讀書能增進生活情趣，提高精神領域，是我主持出版事業的初衷。」（註 51）或許與其呼吸五四氣息成長有很大的關係。

（二）自由理念

五四倡導人道主義，關注人的存在，強調人的自主性。林海音在自由風氣瀰漫的時代成長，承繼五四端緒，因此具自由思想、獨立精神。1950 年代台灣文壇可謂操控在國家文藝體制之下，使文壇相當程度泛政治化。林海音擔任《聯副》主編時（1953 年-1963年），有見識有擔當，將文學與其他不相干事務絕緣。在文藝領域秉持自由主義，承繼沈從文、朱光潛將自由主義、文藝思想作為辦

刊方針的觀念，提倡文藝自由。強調文學的獨立品格，貶抑文學的
政治思想傾向。

　　林海音早年作品即發表在濃厚自由主義傾向的《自由中國》、
《文學雜誌》、《文星》雜誌。《自由中國》發行人胡適在 1958 年中
國文藝作家協會發表演說時，即主張恢復五四文學革命的精神，那
便是「人的文學」和「自由的文學」。簡言之即人道主義為本的文
學。他說：

> 政府，一個自由國家裏面，政府對於文藝應該完全取一個放
> 任的態度，這完全是對的。我們的民眾，作家（文藝作家）
> 應該完全感覺到我們是海闊天空，完全自由；我們的題材，
> 我們的作風，我們用的材料，種種都是自由的。（註 52）

又說：

> 我們希望兩個標準：第一個是，人的文學。人，不是一種非
> 人的文學，要夠得上人味兒的文學。要有點兒人氣，要有點
> 兒人格，要有人味兒，人的文學。……第二，我們希望要有
> 自由的文學。文學這東西不能由政府來輔導，更不能夠由政
> 府來指導。（註 53）

　　自由思想強烈的雷震為《自由中國》實際運作者，殷海光、夏
道平、戴杜衡等自由理念宣揚者為《自由中國》主要論述人。此雜
誌內容不僅對西方自由民主理念譯介，也廣泛討論有關國家政治制
度問題，希望落實真正的自由民主政治。「《自由中國》在政治理念
上由『自由』、『民主』追溯到『人』的價值、尊嚴和人權的肯定，
在文學觀念和創作上，有由『自由』文學的追求擴展到『人』的文
學的追求。」（註 54）對民主自由理念的推廣實具不可磨滅的地位。

《文學雜誌》上的現代詩作者多為藍星詩社成員。藍星詩社一向以容納自由創作觀的理念集結成員，此理念與林海音相合。因而日後林海音以純文學出版社的名義協助藍星詩社出版「藍星叢書」。呂正惠說：「事實上早期的時候，她（林海音）跟《自由中國》、《文星》都有關係，所以她可以算是 50 年代外省開明的系統，也就是想要在台灣宣揚自由主義的系統。」（註 55）《文星》雜誌是1960 年代影響台灣思想界的重要刊物之一，是自由主義精神的代表。

林海音更曾在反日情緒高漲的時代，不理會政治氛圍而採訪了日本作家，因此遭來老師的責備。林海音曾為文記載：

> 在林芙美子已成大名，大約是民國二十五年時，她旅行到北平，我正是一個不到二十歲的少女記者。知道了這消息，本著我的喜愛《放浪記》這部小說，便去訪問了她。記得她是比我還矮小的女人，三十二三歲，和藹可親。這篇訪問記刊出後，正到南京及上海去的吾師成舍我先生，老遠地寫信回北平，對於在反日情緒那樣高的時候，我竟去訪問了一位日本作家，頗不以為然。我受了責備，也沒辦法，反正稿子都已經刊出了。成師當時病牙，本來給日本牙醫看牙，他都因反日而半路不看了，我還能覺得委屈嗎？（註 56）

由此事可見，林海音喜歡一個人僅憑個人認知，不去顧慮政治傾向，對於文學亦如此。林海音將自由觀的心理意識當做推展文藝的手段，發揮五四追求自由、獨立與平等的精神，維護文學獨立地位。日後成立的純文學出版社、創辦的《純文學》月刊亦強調文學的獨立、自主、精純性，極力沖淡文學政治味。

五四運動帶來教育變革，使林海音有了大量接觸西方文學與新文藝、新思潮的機緣（註 57）。林海音回憶幼時求學的物質環境為：

> 教室的另一頭是圖書室，書架上是《小朋友》、《兒童世界》
> 雜誌，居然還有很多商務印書館出版的林紓、魏易用淺近的
> 文言所翻譯的世界名著，像《基督山恩仇記》、《二孤女》、
> 《塊肉餘生記》、《劫後英雄傳》等等，我都囫圇吞棗地讀
> 過，可見得當時我白話文還沒學好的時候，已經先讀文言的
> 世界名著了。（註58）

> 那時候，正是新文學發揚極致的高峰，我們被這新鮮的文學
> 時代迷住了，不斷地閱讀著更多的新書；新的思想、新的筆
> 調，打動了我們的心意，又有不斷來自中國以外，地球每個
> 角落的文學思想和作品，衝擊著我們小小的心眼兒。我們不
> 再是那種傻乎乎只會背書的小女孩子，潔白的心靈上，也知
> 道點綴一點什麼主義、什麼理想了。（註59）

這樣的教育環境，提供了她新觀念的產生。邱天助解讀布爾迪
厄的「再製理論」在其〈再製理論的建構〉一文中認為：

> 屬於兒童周遭環境的所有文化貨物，如繪畫、紀念物、機械，
> 只要其存在就可以發生「境教」的效果，無疑的，以客觀化
> 狀態所累積的文化資本量愈多，經由此文化環境即能自動發
> 生的教育效果愈大。（註60）

林海音在新式教育啟迪下，許多來自異世界文學作品的衝擊，使林
海音孕育出複雜多元的文化思維。往後林海音更藉由翻譯、摹寫、
出版外國文學的過程中，移植域外視野，澆灌台灣文壇。日後經營
出版社亦持續對世界文學抱持一種關注的態度，在作為世界文學仲
介者上，浮現其欲擴大台灣視野的企圖。

二、新聞教育

「文章由學，能在天資。才自內發，學以外成」《文心雕龍‧事類》新聞教育對於林海音成為文化人有不容忽視的助益。林海音自春明女中畢業後，1934 年考入北平新聞專科學校，在學校的專業訓練，奠定她將來從事編寫生涯的根基，而學校中師長的教導，更濡染著林海音的觀念思想、行為表現。無怪乎林海音曾為文說：「我初中畢業投考新專……這樣一來，竟決定了我一生之業。」（註 61）

在學期間遇見了成舍我老師，林海音常言成舍我老師對其影響深遠，為其編輯生涯埋下種子。那時「新文學」方面的課程並沒有課本，成舍我寧可自己講述，卻沒發給學生講義。林海音說：「他口授，讓我們筆記下來，回家之後再把筆記用毛筆謄寫在正式筆記本上。」如此日積月累，「讓我們藉此練習『聽寫』及整理工作，外帶練習毛筆字。」（註 62）這樣的苦練造就日後林海音快速編寫功力。

此外成舍我的理念無形川也影響了林海音。成舍我是位自由主義倡導者。擁有追求理想、公平的想法。成舍我「獨資創辦『世界晚報』；創刊後以『立場堅定、態度公正、不畏強暴、不受津貼、消息靈確』為號召」（註 63）「其最大目的，第一是要說自己想說的話；第二是要說社會大眾想說的話。」（註 64）成舍我多次為新聞自由而奮戰，一生為「人權保障」、「新聞自由」而戰鬥。

當年成舍我帶入許多西方報業觀念，強調新聞報導要客觀、反映真實，對於過份渲染事實的赫斯特報系持不贊同的態度，要求記者必定要親自採訪、遇到事件不能只聽單方說辭，要兩造採訪等等，既是新聞道德，也是社會科學求真的觀念使然。林海音身為成舍我的學生，自然受其陶染，在《純文學》月刊發刊辭中強調：「說

自己的話，做自己的事」即用自己的力量不受任何牽絆，實踐純文學理想，強調文學形式純正，超黨派、超政治的純文學價值。

「舍我師認為要做一個完全的報人，必須對於報館所有的部門，無論印刷、業務、編採都要受訓練，成為一個全能。」（註65）從老師嚴格訓練中，（舉凡採訪、編輯、印刷有關新聞的工作全都學）培養了林海音刻苦耐勞，堅毅的性格。日後林海音無論主持《純文學》月刊，或經營純文學出版社對於每一工作細項皆瞭如指掌，親身體驗，即是達成老師說的「全能」。

在學期間，實習記者的經歷，是林海音踏上文學道路並走向出版的重要關鍵。記者的平民個性、參與精神、對事實的求證、對社會負責，有意無意的影響，改變了林海音的思想與行為。記者的研究精神也培養了林海音多角度觀察事物的能力，更使她有了更寬廣的見識與閱歷。林海音說：

> 採訪的工作，以及做一個採訪記者應有的採訪態度，使我對社會上的許多現象，許多人物，有了更多的認識。（註66）
>
> 記者生涯，使我每天都認識新的人和人生。像坐在行走中的火車窗口望風景，都從眼前過去了。雖說是過眼煙雲，但是那一時的影像，卻也能夠深印在腦子裡，只要碰上有什麼聯想，也會掀開那存在的一頁呢！（註67）

實習記者的身分，不但提供磨練寫作技巧的機會，蘊蓄其書寫能力，更培養了靈敏藝術嗅覺。

北平新聞專科學校的課程教導，為林海音的新聞教育素養紮根。使林海音對於史料的整合極具概念，也熟悉運作手法。日後經營純文學出版社也編輯出版了許多具史料性的書籍如《中國豆

腐》、《中國竹》、《中國兒歌》、《中國近代作家與作品》、《剪影話文壇》、《芸窗夜讀》等，對群眾助益良多。

第三節　編寫經驗

所有經驗都是從實踐中來。創作的經驗，奠定林海音用字遣詞的功力。編輯的經歷，滋長了林海音的文學涵養。而出版則成就了林海音的事業。林海音順利由文學人轉型為文化工作者，乃因其既具深厚文學涵養，又有豐富創作體會，更擁有豐富編輯經驗，水到渠成順利成為一名成功的出版者。

、寫作

林海音在大陸學識素養的積累，來台後，年歲的體悟與創作環境的適當，因此開始積極從事創作。返台初期（1949 年）即展開投稿生涯，1950 年至 1953 年發表近 300 篇文章。早期作品多刊在《公論報》、《自由中國》雜誌，稍後在《中央日報》副刊及該報「婦女與家庭」陸續發表，間有小說創作。

不同區域有不同文化韻味。這些韻味可能蘊積在風俗習性、建築風格、山川形貌之中。尤以貼近民眾的習俗風物最能表現一地之傳統特色。林海音曾說：「回到台灣，理論上是還鄉了，實際上卻等於出了遠門兒。」（註 68）更說：

> 「兩地」是指台灣和北平。台灣是我的故鄉，北平是我長大的地方。我這一輩子沒離開過這兩個地方。……北平是我住了四分之一世紀的地方，讀書、做事、結婚、育兒都在那兒，度過金色的年代，可以和故宮的琉璃瓦互映，因此我的文章

　　　　自然離不開北平。……當年我在北平的時候，常常幻想自小

　　　　遠離的台灣是什麼樣子？（註69）

正因為「常常幻想自小遠離的台灣是什麼樣子？」林海音甫回故鄉

台灣，對一切充滿陌生好奇，於是以書寫台灣風土民情作為認識台

灣的切入點。1948年10月25日至1954年10月林海音任《國語日

報》「周末」周刊編輯。林海音即在此版面開闢了「台灣民俗雜事

輯」專欄，每期自己寫一篇介紹台灣的民俗事物如〈台灣菜〉

（1949.1.13）、〈新竹白粉〉（1949.1.21）、〈台灣的灶君〉（1949.2.11）、

〈學台灣話的歪路〉（1949.12.24）、〈阿里山「天池」〉（1952.5.12）

等，亦藉此提供人們認識台灣的孔道。

　　此外在《台灣新生報》的《台灣婦女》週刊更發表了大量與婦

女相關的短文（註70）。1950年代，台灣許多媒體皆提供婦女書寫

版面，如《台灣新生報》的《台灣婦女》週刊，《中華日報》的《現

代婦女週刊》，《中央日報》的《婦女與家庭》，「婦聯會」出版的《中

華婦女》等。藉由這些版面，使林海音有了持續創作的動力，駕馭

文字的功力也日趨純熟。

　　朱嘉雯指出：「台灣的環境使她們（女作家們）免於被改造和

整肅的命運，而得以專注於創作，並展現其才華。」（註71）因

而林海音來台後以女性視角完成多篇婚戀小說，如〈殉〉、〈燭〉、

〈金鯉魚的百襉裙〉、〈曉雲〉等，更以自己聽聞與經歷，真實反

映人民所受的痛苦哀愁、聚散感情。在靈活自然的文筆中，蘊含深

深的人生哲理。

　　林海音長年的創作實驗，文字掌握能力足夠，對文學產生極強

現場感，日後從事編輯、出版對稿件的篩選有特殊鑑別力，所以純

文學出版社出版的書籍一直能保持一種高雅的格調。

二、編輯

在經營純文學出版社前，林海音長期擔任編輯人角色，1945年擔任北平《世界日報》編輯，1948 年 10 月至 1954 年 10 月擔任《國語日報》「周末」周刊編輯、1953 年至 1963 年任《聯合報》副刊主編。1957 年至 1961 年兼任《文星》雜誌編輯。1967年創辦《純文學》月刊並擔任 1-54 期的編輯。1968 年加入國立編譯館，主編一、二年級國語課本直至 1996 年為止。編輯是她熱愛的工作，其文學生涯與編輯活動緊密結合。長期的編輯生涯養成了她敏銳的藝術觸覺。林海音日後在文壇的影響力也是通過編輯身份逐漸傳播開來的。

(一) 副刊編輯

林海音擔任《世界日報》編輯時，開始接觸多層面的社會生活與時代氣息。而長達 10 年（1953-1963）的《聯副》主編，使其不僅有了掌握稿件的能力，亦對編輯實務有所體認。

林海音自幼浸潤在新文學氛圍中，其思想行為往往無形中受五四觀念牽引，五四時期的報紙副刊因時勢所驅，逐漸偏重文學性，以刊載文學作品為主。如以介紹西方思想的《學燈》（註 72）、翻譯世界文學名著與介紹文學潮流的《晨報》等。陳義芝說：「中文報紙早在 1921 年孫伏園（1894-1966）主編北京《晨報副鐫》時即確立了以刊登文學作品為主的基調，歷半世紀而成傳統。」（註 73）1930 年代大陸報紙副刊即逐漸由綜藝性走向文學性，成為文學專屬園地。

當林海音在台擔任《聯副》主編時。正為台灣戒嚴時期，更是副刊主編得以掌握文化霸權、型塑社會價值的年代。（註 74）誰掌

握了副刊即掌控了半個文壇。林海音當時擁有相當優渥的社會資本。「所謂社會資本，是借助於所佔據的持續的社會關係網路而把握的資源與財富。因此，社會資本是由社會關係所組成的，是實際上或潛在性資源的聚合，關係到有些制度化，而且彼此相互熟識和承認的持久關係網路。在某種條件下，這種資本亦可轉換為經濟資本，而且可以崇高頭銜的形式予以制度化。」（註 75）當時副刊主編不僅提供發表園地，其風格往往正支配了副刊的調性與方向，在文壇中具引導者身份。

　　林海音以報紙副刊作為推行「純文學」的媒介，她利用報紙具強大銷售力和大量涵蓋面、易造成風潮的特質，極力提升副刊文學性，將《聯副》由原先的「綜合的、趣味的」的風格改以文學為主。側重刊載純文學作品。自 1953 年 12 月起大量刊載原創性文學作品。1957 年 7 月 7 日起，每週日更將《聯副》闢為整版的「星期小說」（註 76）（圖 2・1）以專刊方式，一次刊畢小說，喚起各界對小說文類的重視，也使副刊版面機能獲得延伸，迥異於今日副刊多刊登小塊文章，整個版面東一塊西一塊，好似百納衣的拼貼顏容。

　　由於版面限制，林海音發揮了極高計劃籌劃能力。風格穩健平實，以質取勝非以型取勝。對於版面規劃乃以最簡單的手法，運用不同標題裝飾、圖線變化（圖 2・2），將稿件根據特質加以排列拼版使稿件凝聚力更強，顯示文章活力，結構錯落有致、立意深刻，協調局部與整體融洽以達和諧狀態。以版面的對稱與平衡（圖 2・3）帶給人們閱讀的寧靜安定，營造她個人專屬的編輯風格。

圖 2・1:「星期小說」

　　林海音開創《聯副》文藝的格局，格調高雅具大家風範，沒有
桀驁不馴，更不以狂妄與怪誕的方式吸引群眾。異於 1970 年代高
信疆《人間》強調前衛活潑。亦迥異於瘂弦對插圖大量運用的手法。
更不同於 1980 年代編輯副刊偏於輕薄短小、炫奇花俏、拼貼組合
等運用取向。

　　當然林海音也藉由主編之權攏聚創作人才。加上良好人際關
係，因此與許多作家結成莫逆之交，累積了可觀人脈資源。日後從

事編輯出版時，能輕易調動大家的積極性。使支撐有形資產的無形
精神方面資源雄渾壯闊，成為出版人有利條件。

圖2．2：《聯副》標題變化

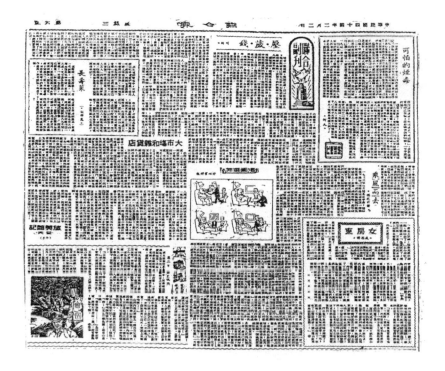

圖 2‧3：《聯副》版面對稱

（二）雜誌編輯

　　林海音於 1957 至 1961 年擔任《文星》雜誌文藝篇幅編輯及校對。在此刊物中，於 1959 年 12 月 1 日（第 5 卷 2 期）發表了〈台籍作家的寫作生活〉介紹了鍾理和、施翠峰、許炳成、鍾肇政、廖清秀、陳火泉、何明亮、鄭清茂、林文月、鄭清文等本省作家，提高本省作家的知名度。日後更陸續刊載省籍作家作品如刊登鍾理和的遺作〈柳陰〉，雖然量不大，但畢竟開始了。應鳳凰指出林海音與何凡聯合編輯《文星》雜誌時「特別將西方的文學觀念和一些較

新的東西編在文星中,對台灣文化的社群有相當的影響。」(註 77)
且在擔任《文星》雜誌編輯過程中,林海音也與許多作家有了密切
的往來,對文壇有所認識並深入雜誌編輯底蘊,獲得獨特編輯體驗。

　　在 1967 年至 1971 年林海音主編《純文學》月刊期間,依據《純
文學》月刊發行主旨,掌握方向、規劃內容、建立雜誌的編輯風格。
更廣刊海外作家作品拓展了台灣文壇的廣度。

　　1950 年代後期,美國軍援、經援台灣,彭懷恩指出:

> 1949 年到 1967 年,美國提供中華民國二十四億美元的軍事援
> 助。同時美國也希望支持一個繁榮的「自由中國」,作為相對
> 「共產中國」的對照。1951 年到 1962 年,美國也提供了十三
> 億美元的經濟援助。同時間,台灣總財政赤字是十一億美元,
> 換言之,美國彌補了台灣這十二年的財政赤字(註 78)。

美國使台灣得以發展經濟,整備國防。台灣漸對美國各方依賴,此
也造成國人對美國的崇拜現象。加上國內仍受戒嚴桎梏,許多知識
青年將美國視為理想國度,一心嚮往至海外深造。

　　僑居海外的華人作家在 1960 年代相當多,其在異邦為異客,
心中感觸良多。林海音與許多海外友人一向保持良好關係,因此在
其主編《純文學》月刊期間,不僅刊登國人文章,更大量採用海外
華人篇章,使海外作家能藉《純文學》月刊抒發所感,並提供國人
居旅海外經驗。此舉不僅為國內文壇注入新血,延展文學寬度,也
藉此將國內文壇觸角延伸至海外。

　　編稿能體現出版者的意志,林海音創辦《純文學》月刊時,即
打算廣登海外作家篇章。林海音說:

> 創辦初,我曾經親筆寫了一百多封信給海內外的作家們,海
> 外像於梨華、孟絲……請他們寫稿,他們不但很快把稿子寄

來，還介紹許多訂戶。國內文壇的朋友們也給予同樣熱烈的
支持。（註79）

　　海外作家較不受台灣體制影響，文學思考空間亦較台灣作家遼
闊，視界也較為不同。其寫作手法多樣，題材豐富，能拓展國人的
閱讀領域，突破地域疆界。《純文學》月刊第 7 卷第 4 期作者幾乎
皆為海外作家。〈流轉〉（韓國──黃美之），〈京都的庭園〉（日本
──林文月），〈白霏霏〉、〈江湖上〉（美國──余光中），〈澳洲耶
誕〉（澳洲──張典姊），〈皮毛篇〉（香港──庸辛），〈羔羊〉（菲
律賓──林弗莎）。林海音曾為文說明為何廣登海外稿件：

> 　　海外的作家們，固然有一些是常為本刊撰稿的作家，如金仲
> 達、林文月、余光中等位，但大部分是讀者所陌生的。他們
> 大都是本刊的讀者。這是本刊一特色，即作者圈不侷限於台
> 灣一處，我們常說要號召學人回國講學，海外作家何嘗不是
> 更願意他們的作品在國內雜誌上發表。而本刊讀者遍及海外
> 各地，所以他們首先考慮的就是把精心的作品寄給純文學。
> （註80）

　　這些作家透過《純文學》月刊也與台灣文壇銜接而上。

（三）圖書編輯

　　「兒童」是林海音長久以來關心的對象，林海音曾經擔任教育
廳國校教師研習會「兒童文學寫作班」講師。亦為中華民國兒童文
學學會會員。1964 年「聯合國教育科學組織」為協助台灣發展國
民教育，與台灣省教育廳擬訂一套五年計劃，其中包括兒童讀物出
版，成立兒童讀物編輯小組，林海音擔任第一任文學讀物主編，直
至 1965 年 4 月止。當時林海音的編輯理念是「強調生活教育，灌

輸現代生活觀念，讓孩子知道所生存的這個世界，所過的眼前的這種日子，該知道些什麼。」（註81）林文寶說當時編輯小組擁有先進的編輯理念：「大膽使用圖片，強調空間留白，以及採用近乎正方形的二十開本和全面彩色印刷的方式，是台灣兒童讀物出版界中所少見的。」（註82）又說：「台灣的兒童讀物，真正有比較大幅度的提升，確實起於省教育廳兒童讀物編輯小組。」（註83）可見林海音在兒童讀物編輯小組中已經開始與小組成員共同發揮編輯功力，勇於創新。

　　1970-1996林海音年更受聘為國立編譯館，國小國語課本的編審委員。在編輯上林海音除要求符合教學目標與學習心理外，並強調正確觀念的灌輸。林海音說：

> 國語教科書的功用是學習語文，編寫課文的用字，也是根據常用字，由簡易入手；而課文的內容也是一樣，是從學童日常熟悉的事物為題材。……國語是學習語文的……我的人格平等觀念非常強烈，所以在《國語》第三冊第六單元「我的爸爸」中的練習，特別安排了二十二種爸爸的工作行業。……就是為了要學童認為，無論他的父親是做什麼的，都是他敬愛的爸爸，沒有工作高尚或低賤之分。這是最要緊的，而且在語文中也學習到了正面的、正確的觀念。（註84）

「我的人格平等觀念非常強烈」林海音希望兒童們也能有人格平等的觀念，但這觀念該如何灌輸給學童呢？林海音以一種最簡單的比喻讓學童了解，即以「職業」這最簡單的比喻。「無論他的父親是做什麼的，都是他敬愛的爸爸，沒有工作高尚或低賤之分。這是最要緊的。」林海音更把兒童文學的趣味引進國語課本，使國語課本呈現活潑生動的文學新氣象。脫離早期教條式死板的調子，使兒童在輕鬆愉快學習中，習得語言表達和文字運用。

　　林良說：「早期的國語課本，編輯態度嚴謹有餘，課文卻相當嚴肅。林先生加入以後，把兒童文學精神引進了課本。給人面目一新的感覺。小學課本裡有〈春天說〉、〈小白鵝問鵝媽媽〉這種富有童話色彩的句子，就從那時開始。」（註85）此外林海音也注重圖片與文字內容的編排、插畫技巧的表現。當然也沒忽略學童知識的增進。

　　林海音曾言：「不用說，小孩喜歡看故事、聽故事，所以『故事』是很重要的，但是光說故事，就不顧到其他嗎？當然不是這樣，要想到小孩子從故事書中能得到什麼，應當得到什麼，這也是很重要的。……在看故事的無意中灌輸常識，這是上乘的寫法，一味的教訓是無趣又無用的。」（註86）是故林海音編輯與出版的許多童書，皆秉持讓孩童在歡欣閱讀文學作品過程中，也吸納些許知識的原則。如林海音著加上旅行畫家梁丹丰畫的《請到我的家鄉來》介紹各國風光、楊明顯著《長白山下的童話》（1987）選刊16篇滿族童話等，讓兒童們了解民族豐富的歷史文化。《艾莎的一生》寫的是獅子的故事，藉由此書除了感受書中充滿情感的真實故事外，對於獅子的習性亦有所認識。

三、出版

　　林海音豐富的社會實踐，始終與文學傳媒關係密切，也熟稔文學的編輯製作，加以知識積澱。培養了敏銳眼光、組織才能，擅於溝通特質，良好文學鑑賞能力，醞塑為優秀出版人。

　　林海音自幼家庭文學風氣加上求學過程、生活歷練、興趣和理想，經過內外濡化過程，在離開《聯副》後，覺得獨立自主的重要性，不希望再受人控管。因而自己當老闆，做自己想做的事──成

立純文學出版社。將閱讀從文學、文化領域推向社會化,此舉既可開拓生涯新局面,又可恣意發揮對文學的展演方式,更可堅守自己文學品味。出版是其實踐文化思維的結果。林海音說:

> 《純文學》月刊創刊半年後,為了使月刊上的文字印成單行
> 本,我申請了純文學出版社,雙管齊下,讓自己的理想實現。
> (註87)

她以出版營造自我表現空間,重新建構個人生命意義,確認個人生命價值。將實踐理念和深摯熱誠洋溢其間,加速文學出版的成長與茁壯,進而創造真正純文學時代的降臨。林海音以「出版」撫育文藝,拓展文化空間,使文學具更強延展性和生成力,完成其淑世懷抱,也帶來人生經濟效益的新場景。

小結

藉由本章得知林海音的文學修養乃襲取「家庭所輸送的文化資本。」(註88)弗洛依德心理分析認為,人類行為的最原始和直接的動力在於人的心理潛意識基質。強調無意識心理因素的重要性,認為無法觀察的動機和內驅力,在很大程度上決定了一個人的行為。

林海音成長過程中,同時培養了文化品味。而熱情熱心,富俠義之氣、寬厚待人的態度,則承繼父親行徑。林海音不僅擁有女性的特質——待人寬厚溫柔,更有男性英偉氣概。文筆雖柔婉,性格卻果斷幹練。剛柔互濟,豪氣、俠情兼備。

社會環境和時代等本質因素,對林海音文化人格的形成不容忽視。林海音其生命歷程,受北京傳統文化生態和文化氛圍延宕。使命感是深厚文化長期培植的結果。中國傳統文化所內涵重義輕利、

文以載道的文學觀，成為林海音思想準則。因而厚重人文，獨鍾文學。加上良師的點撥啟發，輔以寫作能力的蓄積、文學傳媒相關經驗的積累。林海音的生命經歷，為其經營出版社埋下伏筆，使其人生道路逐漸走向「出版」。

　　總言之林海音個人的家庭背景、求學經歷，社會歷練交相濡染堆垛其從事出版的路徑。林海音由文學人走向文化人，乃是時代偶然性，個人生成自然性，兩相交疊水到渠成的展現。

【附註】

1. 周新富：〈布爾迪厄再製理論的基本概念〉，《布爾迪厄論學校教育與文化再製》（台北：心理出版公司，2005 年 6 月），頁 43。

2. 吳濁流於 1964 年 4 月創辦的《台灣文藝》，內容以小說為主，為台灣早期本土文學潮流鋪路。

3. 阿德勒，早期追隨西蒙・佛洛伊德（Sigmund Freud）的精神分析學派，後脫離自成新的學派──「個體心理學派」（Individual Psychology），人們亦稱其為「新佛洛伊德學派」。

4. 林海音：〈後記〉，《城南舊事》（台北：爾雅出版社，1992 年 12 月），頁 237-238。

5. 林海音：〈寫給少年朋友〉，《林海音童話集》（台北：純文學出版社，1987 年 3 月），頁 20。

6. 夏祖麗：〈由大阪揚帆〉，《從城南走來──林海音傳》（台北：天下遠見出版社，2000 年 10 月），頁 36。

7. 林海音：〈一位鄉下老師〉，《我的京味兒回憶錄》（台北：純文學出版社，1987 年 12 月），頁 18。

8. 夏祖麗：〈大阪・頭份・北京──英子最早的生活〉，李瑞騰、夏祖麗主編：《一座文學的橋──林海音先生紀念文集》（台北：國立文化資產保存研究中心籌備處，2002 年 12 月），頁 187。

9. 林海音：〈虎坊橋〉，《兩地》（台北：三民書局，1973 年 3 月），頁 71-72。

10. 雖然小說並不等於真實人生，然而林海音曾說《城南舊事》中的人物皆是其真實生活中所遇見之人，因此筆者於此大膽斷言其文本中父親的形象與真實生活中的父親相差無幾。

11. 林海音：〈後記〉，《城南舊事》（台北：爾雅出版社，1992 年 12 月），頁 237。

12. 黃堅厚：〈人格心理學的理論〉，《人格心理學》（台北：心理出版社，1999 年 9 月），頁 27。

13. 龔鵬程：〈俠骨與柔情：近代知識份子的生命型態〉，《中國文人階級史論》（宜蘭：佛光人文社會學院，2002 年 5 月），頁 463。

14.季季:〈林先生罵我的那句話〉,《寫給你的故事》(台北:印刻出版社,2005 年 9 月),頁 60。

15.對於「詞」琦君有一份熱切情感,礙於詞書的銷路有限,少有出版人願意出版此類書籍。主編先生們督促琦君寫的,總是散文。林海音卻鼓勵琦君發揮其愛好多寫詞論之作。並幫琦君於 1981 年編輯出版了《詞人之舟》。

16.嶺月於 1978 年 11 月 5 日給林海音的信中所言。(夏祖麗提供)

17.1960 年初楊蔚「在新公園自殺。但是小難不死,被路人發現報警,送到台大醫院急救,消息上了《自立晚報》。林先生看到報導,即刻趕去台大醫院急診處找他。給他送醫藥費,留下電話號碼,叫他出院後與他聯絡。柏楊那時在《自立晚報》當採訪主任,林先生打電話向他提起那則楊蔚自殺的新聞,說他文筆很好,請他幫忙介紹楊蔚到《自立晚報》做記者。就那樣,他從《自立晚報》駐桃園記者,開始了他的新聞生涯。」參季季:〈走進林海音的第一個客廳(上)〉,《印刻文學生活誌》第 32 期(2006 年 4 月),頁 202-205。

18.吳榮斌:〈愛的種種──關於余阿勳和他的新書〉,《新書月刊》第 11 期(1984 年 8 月),頁 77。

19.彭歌:〈溫柔敦厚,風華自蘊──琦君與李唐基〉,《文訊》第 257 期(2007 年 3 月),頁 56。

20.此事為夏祖麗 2006 年 2 月 14 日對筆者所言。

21.1986 年純文學出版社出版《春的聲音》一書。

22.「直到 1153 年金中都建成,海陵王下詔遷都,北京方才正式成為一代王朝的首都,並一直延續到元、明、清三代。1403 年明成祖朱棣改北平為北京,此後作為都城的北京發展神速,很快取代南京而成為其時中國乃至世界上首屈一指的大都市。」參陳平原:〈五方雜處說北京〉,陳平原、王德威編:《北京:都市想像與文化記憶》(北京:北京大學出版社,2005 年 5 月),頁 544。1911 年辛亥革命後,中華民國定都南京,1912 年遷都北京,直至 1927 年北洋政府垮台。而此時北京的地方體制仍依清制,仍稱順天府。直至民國三年,改順天府為京兆地方,直轄於北洋政府。

北伐戰爭後，中國的首都遷到南京，北京被改名為北平特別市，同時撤銷京兆地方。1930 年 6 月，北平被降為河北省轄市，同年 12 月復升為院轄市。1937 年七七事變後，北平被日本佔領，並成立傀儡政權「中華民國臨時政府」，將北平改名為北京。1945 年 8 月 21 日，第十一戰區孫連仲部收復北京，並重新更名北平。

1949 年 1 月 31 日，中國共產黨軍隊得到北平控制權。同年 9 月 27 日中國人民政治協商會議第一屆全體會議通過《關於中華人民共和國國都、紀年、國歌、國旗的決議》，北平重新更名為北京。1949 年 10 月 1 日，中華人民共和國在北京天安門廣場宣告成立。

參網站：http://zh.wikipedia.org/wik　2006 年 11 月 11 日查詢。本文統一以「北京」稱之，惟引文則沿用其本。

23.王之望：《文學風格論》（台北：學海出版社，2004 年 5 月），頁 105。

24.林海音說：「民國三十七年底，我帶著母親、小妹和我的三個孩子回到離開二十五年的故鄉來，何凡和我弟弟則隨後也來了。從五歲髫齡小孩到入學、就業、結婚、育兒，這二十五年的成長到成熟，是在我那稱為第二故鄉的北平度過的，有人說我『比北平人還北平』！我不否認。」〈寫在風中──自序〉《寫在風中》，（台北：純文學出版社，1993 年 7 月），頁 V。林海音在北平居住過的地方有：珠市口──椿樹上二條──新簾子胡同──虎坊橋──西交民巷──梁家園──南柳巷──永光寺街──南長街。

25.林海音：〈家住書坊邊─琉璃廠、廠甸、海王村公園〉，《我的京味兒回憶錄》（台北：純文學出版社，1987 年 12 月），頁 33。

26.林海音：〈家住書坊邊─琉璃廠、廠甸、海王村公園〉，《我的京味兒回憶錄》（台北：純文學出版社，1987 年 12 月），頁 35-36。

27.林海音：〈我的京味兒回憶錄〉，《我的京味兒回憶錄》（台北：純文學出版社，1987 年 12 月），頁 38。

28.林海音：〈家住書坊邊─琉璃廠、廠甸、海王村公園〉，《我的京味兒回憶錄》（台北：純文學出版社，1987 年 12 月），頁 42。

29.曾經是五胡十六國中前燕國、五代時期遼國、元朝、明朝、清朝、民國初年的首都地。

30.王德威：〈序二〉，陳平原、王德威編：《北京：都市想像與文化記憶》（北京：北京大學出版社，2005 年 5 月），頁 2。

31.楊東平說：「二十年代初的北京，除了文研會，以北京大學的教授為核心形成另外兩個著名的文學社團。1924 年 11 月創刊的《語絲》，以魯迅為主將，集合了周作人、錢玄同、劉半農、顧頡剛、章衣萍、孫伏園等。另一方面是從英美派教授為主的胡適集團。由陳西瀅、徐志摩、蔣廷黻、陶孟和、梁實秋等人創辦的《現代評論》，以自由主義為標榜。」參楊東平：〈京派和海派：風格的形成〉，《城市季風—北京和上海的文化精神》（北京：東方出版社，1996 年 2 月），頁 93。

32.其前身為北京女子師範，1919 年改為北京女子高等師範，1924 年升格為北京女子師範大學。

33.北平自元代開始，巷稱作胡同。胡同是蒙古話，意思是井。井，對於蒙古人來說，原是人們聚居之處。北平叫小巷作胡同是元代以後才有的。廖何啟君：〈中國歷代京都與北平小史〉，《中國史學入門》（台北：木鐸出版社，1982 年 6 月），頁 178。「胡同」一詞出現在金、元時代。金、元人均屬蒙古語系，蒙古語中稱城鎮為「浩特」。女真人、蒙古人進入城市後，按著自己的風俗習慣把街巷稱作「浩特」，胡同即是「浩特」的變音。參楊明顯：〈城門與胡同〉，《城門與胡同》（台北：純文學出版社，1982 年 1 月），頁 4。

34.林海音：〈在胡同裡長大〉，《我的京味兒回憶錄》（台北：純文學出版社，1987 年 12 月），頁 45。

35.林海音：〈婚姻的故事〉，《婚姻的故事》（台北：純文學出版社，1981 年 12 月），頁 18。

36.嚴家炎說：「京派小說不同於京味小說，它是指新文學中心南移到上海以後，三十年代繼續活動於北平的作家群所形成的一個特定的文學流派。他們處在周作人、沈從文的影響之下，與北方『左聯』同時並存，雖未正式形成文學社團，卻在全國文學界具有一定的號召力。」參嚴家炎：〈京派小說〉，《中國現代小說流派史》（北京：人民文學出版社，1989 年 8 月），頁 205。

37.文學武：〈京派小說家的文化心理結構〉，程光煒主編：《文人集團與中國現當代文學》（北京：人民文學出版社，2005 年 11 月），頁 125。

38. 李俊國:〈30 年代「京派」文學思想辨析〉,程光煒主編:《文人集團與中國現當代文學》(北京:人民文學出版社,2005 年 11 月),頁 111。

39. 梅家玲:〈女性小說的都市想像與文化記憶——林海音與凌淑華的北京故事〉,陳平原、王德威編:《北京:都市想像與文化記憶》(北京:北京大學出版社,2005 年 5 月),頁 394。

40. 林海音:〈北平漫筆〉,《我的京味兒回憶錄》(台北:遊目族文化出版社,2000 年 5 月),頁 96。

41. 林海音:〈虎坊橋〉,《我的京味兒回憶錄》(台北:遊目族文化出版社,2000 年 5 月),頁 183。

42. 王斑:〈呼喚氣韻的歷史:朱天文的現代都市懷舊〉,《歷史與記憶——全球現代性的質疑》(英國:OXFORD 出版社,2004 年),頁 231。

43. 齊邦媛:〈總序——超越悲歡的童年〉,林海音:《我的京味兒回憶錄》(台北:遊目族文化公司,2000 年 5 月),頁 3。

44. 林海音:〈北平漫筆〉,《兩地》(台北:三民書局,1973 年 3 月),頁 17。

45. 希爾加德著,周先庚等譯:〈人格及其評定〉,《心理學導論》(北京:北京大學出版社,1987 年 6 月),頁 614。

46. Jerry M. Burger 著,林宗鴻譯:〈行為／社會學習學派:理論、應用與衡鑑〉,《人格心理學》(台北:揚智文化公司,1999 年 3 月),頁 521。

47. 林海音:〈為時代女性裁衣——我的寫作歷程〉《林海音作品集 8:寫在風中》,(台北:遊目族文化公司,2000 年 5 月),頁 206。

48. 一般來說,「五四事件」指 1919 年 5 月 4 日,中國學生在北京遊行示威,抗議中國政府對日本的屈辱政策。由此引發一連串的罷課、罷工及其他事件,最後造成整個社會的變動和思想界的革命。之後對此事件的陳述往往結合整個事件的前因後果,指由 1917 年到 1921 年之間的相關事件。「五四運動」的涵意也隨時間擴大,一般而言包括學生、知識份子的社會、政治運動,同時也有學者認為五四運動應包括學生運動和新文化運動。詳周策縱著,楊默夫編譯:〈導言〉,《五四運動史》(台北:麥田出版社,1981),頁 1-7。茶陵指出:「五四運動可以被定義為一種複雜現象,它包括新思潮、文學革命、學生運動、商人罷市和工人罷工、抵制日貨以及新知識份子其他的社會和政治活動。」茶

陵：〈周著「五四運動史」述要〉，《書評書目》第 61 期（1978 年 5 月 1 日），頁 24。

49.根據西方學者的一般理解，所謂的「知識份子」除了受過相當程度的教育並且獻身於專業工作以外，還必須具有超越於個人及其所屬團體的私利之上，深切關懷國家、社會乃至全人類利益的品格。馬永強：〈人的解放：現代知識份子的形成〉，《文化傳播與現代中國文學》（合肥：安徽大學出版社，2003 年 1 月），頁 99。

50.如有維新思想傾向的李伯元、吳趼人，民族革命傾向的陳去病、曾樸等。

51.程榕寧：〈林海音談寫作與出版〉《大華晚報》，1979 年 10 月 7 日。

52.穆穆執筆整理：〈中國文藝復興‧人的文學‧自由的文學——胡適五月四日在中國文藝協會會員大會講演全文〉，《文壇季刊》第 2 期（1958 年 6 月 1），頁 6。

53.穆穆執筆整理：〈中國文藝復興‧人的文學‧自由的文學——胡適五月四日在中國文藝協會會員大會講演全文〉，《文壇季刊》第 2 期（1958 年 6 月 1），頁 10。

54.朱雙一：〈《自由中國》與台灣自由人文主義文學脈流〉，何寄澎主編：《文化、認同、社會變遷——戰後五十年台灣文學國際學術研討會論文集》（台北：行政院文化建設委員會，2000 年 6 月），頁 83。

55.呂正惠：〈論林海音在《文學雜誌》上的創作——特約討論〉，李瑞騰主編：《霜後的燦爛——林海音及其同輩女作家學術研討會論文集》（台北：國立文化資產保存研究中心籌備處，2003 年 5 月），頁 79。

56.林海音：〈林芙美子和「放浪記」〉，《家住書坊邊》（台北：純文學出版社，1987 年 12 月），頁 179-180。

57.林海音就讀北京師大第一附小。當時的北京師大第一附小，在重視學童課外讀物的新教育體系下，提供學童適合他們閱讀的西方翻譯作品，林海音因而接觸了大量西方文學。林海音說：「我們是中國新文化開始後第一代接受西洋式的新教育，音樂、體育、美術，都是新的」。參林海音：〈訪母校憶兒時〉，《林海音作品集 7：我的京味兒回憶錄》（台北：遊目族文化公司，2000 年 5 月），頁 229。

58. 林海音：〈訪母校憶兒時〉，《林海音作品集 7：我的京味兒回憶錄》（台北：遊目族文化公司，2000 年 5 月），頁 229。

59. 夏祖麗：〈文格與風格〉，《從城南走來—林海音傳》（台北：天下遠見出版社，2000 年 10 月），頁 402。

60. 邱天助：〈再製理論的建構〉，《布爾迪厄文化再製理論》（台北：桂冠圖書公司，2004 年 5 月），頁 134。

61. 林海音：〈一生的老師〉，《春聲已遠》（台北：遊目族文化出版社，2000 年 5 月），頁 77。

62. 《傳記文學》編輯委員會：〈民國人物小傳〉，《傳記文學》第 18 卷第 2 期（2002 年 2 月），頁 141。

63. 馬之驌：〈引言〉，《新聞界三老兵——曾虛白、成舍我、馬星野奮鬥歷程》（台北：經世書局，1986 年 10 月），頁 3。

64. 馬之驌：〈世界晚報〉，《新聞界三老兵——曾虛白、成舍我、馬星野奮鬥歷程》（台北：經世書局，1986 年 10 月），頁 151。

65. 林海音：〈我的採訪學及其他〉，《我的京味兒回憶錄》（台北：遊目族文化出版社，2000 年 5 月），頁 183。

66. 林海音：〈我的採訪學及其他〉，《我的京味兒回憶錄》（台北：遊目族文化出版社，2000 年 5 月），頁 186。

67. 林海音：〈模特兒「二姑娘」訪問記〉，《家住書坊邊》（台北：純文學出版社，1987 年 12 月），頁 156。

68. 林海音：〈友情〉，《寫在風中》（台北：純文學出版社，1993 年 7 月），頁 182。

69. 林海音：〈「兩地」的自序〉，《兩地》（台北：三民書局，1973 年 3 月），頁 1。

70. 「《婦週》第 4 期（1949.4.3），林海音以《跛足的女兒》一文，開始了她與《婦週》的文字因緣。總計林海音是所有女作家在《婦週》寫稿總量的第二位，僅次於鍾梅音，她總計寫了 48 篇文章……林海音以一個女性的身份，關心主婦的廚房，也描繪家鄉的美食，但她更關心婦女問題。」參封德屏：〈遷台初期文學女性的聲音——以武月卿主編《中央日報·婦女與家庭周刊》為研究場域〉，李瑞騰主編：《永恆的溫柔：

琦君及其同輩女作家學術研討會》（中壢：國立中央大學中文系琦君研究中心，2006 年 7 月），頁 19。

71.「林海音及其同輩女作家如：孟瑤、沉櫻、張秀亞、琦君、徐鍾珮等人均深受五四作家的啟蒙與影響。她們生於五四前後，文學創作的道路與後五四並行，因而具有新文學的思想與根基，卻未及在大陸有所發揮，就來到台灣。反觀大陸，自從文人陸續遭遇改革與整肅後，或就此停筆，或相繼去逝，遂使此一文學傳統形成斷裂，雖有新時期創作以文革、尋根、傷痕等主題陸續登上文學舞台，卻與五四基調相去遠矣。而台灣的林海音等人事實上是承續了冰心、凌叔華、黃盧隱等三〇年代女作家的書寫軌跡。台灣的環境使她們免於被改造和整肅的命運，而得以專注於創作，並展現其才華。」參朱嘉雯：〈推開一座牢固的城門林海音及同時代女作家的五四傳承〉，李瑞騰主編：《霜後的燦爛——林海音及其同輩女作家學術研討會論文集》（台北：國立文化資產保存研究中心籌備處，2003 年 5 月），頁 209。

72. 上海時事新報的「學燈」副刊。

73. 陳義芝：〈副刊轉型之思考——以 70 年代末《聯副》與《人間》為例〉，《世界報紙副刊學縱論》（台北：行政院文化建設委員會，1997 年 11 月），頁 157。

74. 1987 年解嚴、報禁解除，副刊曾擁有的文化霸權已被各式消費系統所消融，傳播威力不復當年，不再對文壇具呼風喚雨的力量。蔡源煌在：〈文化趨勢的變遷〉，《海峽兩岸小說的風貌——文化研究的方法》（台北：雅典出版社，1989 年 4 月），頁 36。說：「現在，即使你掌握那個大報的文化副刊，而想要像 1970 年代一樣登高一呼捧出那一個作家教海峽兩岸大家都眾目睽睽地看著他，如今是辦不到的。」

75. 邱天助：〈再製理論的建構〉，《布爾迪厄文化再製理論》（台北：桂冠圖書公司，2004 年 5 月），頁 131。

76. 1957 年 7 月起每星期日將《聯副》闢為整版的一篇星期小說，由林海音發稿，而周一至周六的《聯副》，則由焦家駒先生主編，篇幅增為十三欄，但 9 月時《聯副》又改回林海音主編了。

77. 應鳳凰：〈閱讀林海音：林先生的編輯、寫作生涯與台灣文壇〉，《國立成功大學圖書館館刊》第 11 期（2003 年 4 月），頁 89。

78.彭懷恩：〈從上而下的改革 1950-1962〉，《台灣政治變遷 40 年》（台北：自立晚報社，1988 年 5 月），頁 80。

79.本刊編輯小組：〈訪高信疆先生談文藝雜誌、報紙副刊和讀者的三角習題〉，《幼獅文藝》第 437 期（1990 年 5 月），頁 61。

80.林海音：〈讀者・作者・編者〉，《純文學》月刊第 7 卷第 4 期（1970 年 4 月），頁 165。

81.林武憲：〈給孩子一個親切的世界——林海音與兒童文學〉，李瑞騰、夏祖麗主編：《一座文學的橋——林海音先生紀念文集》（台北：國立文化資產保存研究中心籌備處，2002 年 12 月），頁 171。

82.林文寶：〈台灣的兒童文學〉，林文寶等人合著：《台灣文學》（台北：萬卷樓圖書公司，2001 年 8 月），頁 272-273。

83.林文寶：〈台灣的兒童文學〉，林文寶等人合著：《台灣文學》（台北：萬卷樓圖書公司，2001 年 8 月），頁 273。

84.張柔慧、黃也瑜專訪：〈教科書中也有「女權運動？——從另一個角度談男女平等」〉，《國立編譯館通訊》第 1 期 2 期（1988 年 4 月），39 頁。

85.林良：〈林海音和小學國語課本〉，《國語日報》（追思特刊）（2001 年 12 月 21 日）。

86.林海音：〈我喜歡「小人兒書」〉，《寫在風中》（台北：純文學出版社，1993 年 7 月），頁 204-205

87.林海音口述，碩石記錄整理：〈記「純文學」的誕生〉，《幼獅文藝》第 437 期（1990 年 5 月），頁 37。

88.周新富：〈布爾迪厄再製理論的基本概念〉，《布爾迪厄論學校教育與文化再製》（台北：心理出版公司，2005 年 6 月），頁 43。

第三章　《純文學》月刊考察

　　雜誌是文字印刷、傳播媒介中，相當重要的一部份。一份文學雜誌，所負載的不光是傳播文學作品、凝聚作家共識、記錄文學轉變面貌，同時更是扮演實驗、先鋒的角色，推動文化遞嬗、帶動思潮演變的力量。如民國初年《新青年》帶動白話文書寫、《禮拜六》鼓舞鴛鴦蝴蝶派創作；台灣《文友通訊》聚合本土作家、《自由中國》承祧自由主義、《文學雜誌》催生台灣現代主義文學、《現代文學》主導台灣文學西化、《台灣文藝》鼓吹寫實主義。《文季》（註1）更為鄉土文學的源頭。甚至《人間》所引導的環保寫作風潮。

　　1949 年後，台灣新文學的發展與轉變，甚至許多論題質詰辯析大多以報刊、雜誌為論爭發聲場域。每一個時代皆有隸屬其時代的雜誌作為當時的印記。林海音於 1967 年創辦的《純文學》月刊，至 1972 年 2 月停刊為止，前後發行了 62 期，歷時五年兩個月。雖然《純文學》月刊沒有《文學雜誌》、《現代文學》、《文季》這些刊物先行者的明顯地位，然而在其刊行期間，開闢獨具特色的專欄、搜羅眾多文學史料、選刊諸國文學佳篇、刊登國人創作篇章、包羅當時文壇許多優良寫手，對文壇實有所貢獻，更受當時各界人士的重視和好評。1960 年代並和《現代文學》、《文學季刊》鼎足而三，被公認是國內民營刊物中，最好的刊物之一。

　　沈謙更將《純文學》月刊與同時代的《現代文學》、《文學季刊》同列為代表當時台灣文學批評的主流，認為「《現代文學》重在引介西洋文學理論和方法，《文學季刊》多為刊登樸質實在的批評，《純文學》月刊則折衷二者，圈子較為寬廣。」（註2）即使《純文學》

月刊停刊多年，仍有人不時提起它、懷念它，它的影響力並不侷限於發行期間，甚而改裝為書籍形式，藉純文學出版社再度展現它的影響力。日後林海音亦藉《純文學》月刊的力量強化純文學出版社的根基。

本章擬以《純文學》月刊的全部發行期間為研究範疇。將雜誌作為一個完整且獨立的文本來閱讀分析，除論述《純文學》月刊的創刊與發展歷程外，更輔以文獻資料分析法，探討其特點，檢視其成果。

第一節　純文學月刊歷史

1960 年代，物價穩定，民生基本物質供給正常。出版事業發達，雜誌也有了發展的機會。文學刊物風起雲湧（註 3），「在數量上，從民國五十一年（1962）到民國六十年（1971）這十年間，台灣的雜誌已經增加到一千四百七十八種。」（註 4）是雜誌活力鼓動之時刻。《純文學》月刊也趁勢於 1967 年創辦。

《純文學》月刊成立宗旨是集結一批志同道合、興趣相近的朋友，經常性的接觸，互相砥礪切磋，共同創作、譯介、批評。林海音本著「可以說自己的話，也可以讓許多喜歡寫作的朋友有一個園地可以發表他們的作品」（註 5）之信念創辦了《純文學》月刊。由發刊辭中可見《純文學》月刊刊名訂定的來由：

> 刊名起先擬稱「文學」，後來發現已有先手，於是加上一個「純」字。這不是說旁人不純或是比旁人更純。而是由於規章所限，必須避免雷同。也許這使人想起「純喫茶」來。「純喫茶」者，飲茶坐談而外，不作他想。「純文學」也是一樣，文學以外，不予考慮。……又據《辭海》上說：「近世所謂

　　文學（literature）有廣狹二義：廣義泛指一切思想之表現，
而以文字記敘之者；狹義則專指偏重想像及感情的藝術作
品，故又稱純文學，詩歌、小說、戲劇等屬之。（註6）

　　由發刊詞中可知，《純文學》月刊的編輯理念「文學以外，不
予考慮。」緊扣林海音「純文學」的信念。林海音擔任《純文學》
月刊發行人及主編（1967.1-1971.6）；馬各任執行編輯，經理則由
提供經費並負責發行的台灣學生書局，派當時兼任學生書局經理的
劉國瑞擔任。同時成立一個社務委員會，定期聚會，商討社務及編
務。不過對外事務完全由林海音負責，「創刊後的兩年多，包括代
表月刊社對外負責約稿、看稿、校對、設計版面、跑印刷廠等，林
海音幾乎全部參與。」（註7）其他社務委員居於幕後。

　　在決定辦雜誌的第二天，林海音便劍及履及，个僅親手寫了一
百多封信向海內外約稿，更奔走各方，透過其廣闊的社交圈，糾合
群力，許多文友如羅淑、毛一波、孫福熙、陳克環、張健皆齊聚於
此園地。

　　文友們也因喜愛《純文學》月刊不但寫稿支持，還幫忙宣傳拉
訂戶。尤其是海外的作家們，如於梨華、夏志清、吉錚等。林海
音說：

　　　其實《純文學》是她（吉錚）最後投稿的刊物，只是從創辦
　　　一開始她就關心這個刊物，不但為《純文學》撰稿，也替我
　　　們在海外做些宣傳或拉訂戶的工作，這都是她自發自願的。
　　　（註8）

　　當時《純文學》月刊在海外留學生及華人寫作圈裏很有名。《純
文學》月刊承襲朱光潛《文學雜誌》的作風，封面的設計、內文版
面的編排，皆以簡單樸實的高雅格調為主。

　　《純文學》月刊對於排版、印刷和紙張運用上，都合乎當時精美原則，林海音認為過去因陋就簡的辦雜誌態度，既不尊重作者，且不能滿足讀者需要，故寧可冒險增加成本，以達精益求精，求拋磚引玉之效。林海音說：

> 《純文學》月刊的排版、印刷，將儘量求其精美，紙張適當的提高。雖然這是增加成本的冒險行為。但是鑒於「低姿勢」辦雜誌的時代該當過去，因陋就簡已經不能滿足讀者的需要，同時也不是尊重作者之道，因此願意把水準「升高」，以鼓起求精的風氣。（註9）

　　林海音創造了《純文學》月刊的獨特風格。當年國內是她首先採用二十五開形式的雜誌，並使它成為高水準刊物。後來的期刊，如「1972 年台大外文系朱立民、顏元叔、胡耀恆等創辦的《中外文學》，及同年由隱地主編的《書評書目》在內容和編排方式上，也都還可以看到當年《純文學》雜誌的面貌。」（註 10）《純文學》月刊每期選刊文章約 15 篇上下，若以每期 15 篇計，則 62 期共刊登了 930 篇文學作品。隱然呈現了 1960 年代台灣文壇的縮影。

　　《純文學》月刊大抵可分兩階段。第一階段，從創刊號（1967年 1 月）到第 9 卷第 6 期（1971 年 6 月）止，由林海音任發行人兼主編，執行編輯為馬各，而馬各在編了一年後，即由隱地接編，隱地編了一年後，因結婚也離開了。林海音即請鍾鐵民來幫忙。

　　由於《純文學》月刊標榜「純文學」，因此文學性濃，銷路受侷限，每個月包括供應國內外的訂戶在內，只印三千本，即不敷成本。到了後期，更由林海音一人撐起所有事務，實在心力交瘁。林海音說：「到編輯純文學月刊的後期，我已經疲乏得『力不從心』了。」（註 11）她和原始出資人學生書局幾經磋商後，由學生書局接辦《純文學》月刊，她則專心辦純文學出版社。因而自第 10

卷第 1 期（1971 年 7 月）起，《純文學》月刊改由劉守宜擔任主編，發行人也改為劉國瑞。

此後八期的風格與林海音截然不同，林海音所創的專欄至此大部分皆停止，僅剩「讀者、作者、編者」專欄，且此後八期大多以專號的方式呈現，如第 10 卷第 1 期（1971 年 7 月）的小說專號，第 10 卷第 4 期（1971 年 10 月）的文學批評專號，且封面也由簡單圖案改以胡永所設計的作家面容為主，如第 10 卷第 3 期的龐德、第 10 卷第 4 期的川端康成、第 10 卷第 5 期的卡夫卡、第 10 卷第 6 期的亨利・密勒、第 11 卷第 1 期的巴莎姆。

劉守宜強力引介西方文學，因而在其主編的 8 期中不乏「小說專號」引介福克納、司蒂芬・克瑞恩的西方作品。「超現實小說之頁」更傾全力刊登美國超現實小說家巴莎姆作品，並邀學者撰文分析巴莎姆作品，如朱立民〈歌劇院幽靈的朋友就是「我」〉、王文興〈玻璃山分析〉、胡耀恆〈「都市狂想曲」夜譚〉。此舉與林海音致力推廣國人的小說創作傾向迥異。

隨著社會風氣轉變，其他娛樂層面快速發展，純文學方面大眾購買力逐漸降低。劉守宜苦撐八期後，還是不堪賠累，在第 11 卷第 2 期痛苦地宣佈暫時休刊。

文學雜誌是傳承文化的重要媒介。對創辦者而言，「文學雜誌」是一種需要投入許多資金、耗費許多心血，卻回收緩慢的事業，所以文學雜誌必須仰賴公權力的扶持與經費挹注，有效地引領文學愛好者從事。否則若僅靠個人單薄的財力支撐，實難長久。

1998 年 5 月 31 日香港地區由正文出版社企劃發行了《純文學》月刊復刊號，共出版 31 期，至 2000 年 11 月 30 日止。主事者為王敬羲，雖然在創刊號編者的話中王敬羲說：「我（王敬羲）和她（林海音）見面後很快便達成協議，由我負責出版香港版。」（註 12）

雖名為《純文學》月刊復刊號，然刊物之性質已非純文學了。整體
風格、寫作群體與《純文學》月刊截然不同，每一期封面選刊 2
位作家照片，並附上精簡介紹。（圖3‧1）、（圖3‧2）、（圖3‧3）
如第一期的錢鍾書、張愛玲，第二期的冼玉清、梁實秋，第三期的
劉斯奮、金庸。刊物中有一系列由林以亮負責主持訪問的名家專
訪，並開闢「文壇掌故」專欄、「未能塵封」專欄與「他山攻玉學
翻譯」專欄並常刊登藝術畫作。因為是由香港發行，故撰寫者囊括
兩岸三地的健筆。此月刊與林海音實無任何關係。

圖3‧1：《純文學》月刊封面

圖3・2：《純文學》月刊（香港版）封面之一

圖3・3：《純文學》月刊（香港版）封面之二

第二節　純文學月刊特色

　　鄭明娳說：「56 年《純文學》月刊創刊，它雖不為校園文學而設，但卻是校園作者衷心嚮往的園地，成為很有向心力的純文學刊物。」（註 13）《純文學》月刊強調創作者的原創力，留下頗為可觀的文學創作成績。綜觀其特色為：

一、獨具特色的專欄（註 14）

　　林海音曾指出文藝雜誌的特點為：

> 文藝雜誌訴求單純，是一群具有共同理念和趣味的人所組合，企圖心大，因此在內容處理和形式表達上，都比較準確、整齊而執著，又能夠前後一貫、長期用心用力於它的主題、方向上，故而焦距清晰、明確。讀者群也穩定、積極，它們的關係可久可大，也可以互相回饋，是往「深度」去發展的。（註 15）

　　是故林海音透過系統、主題式的編輯，於《純文學》月刊規劃多個專欄（表 2‧1：純文學月刊專欄目錄），呈現雜誌資料的豐富和多元性。「專欄」在版面中，往往自成格局，是最能顯現雜誌之主題、方向。專欄通常有固定的版型，並有專屬自己的刊頭設計，不同的刊頭設計成為各專欄的明顯標誌。然而《純文學》月刊的專欄並沒有明顯的刊頭設計，僅以特殊字體為別，所以容易與刊登文章混淆。但《純文學》月刊專欄內容的多樣規劃，使月刊內涵增高。

表 2・1：純文學月刊專欄目錄

專欄名稱	起迄卷期	起迄時間
近代中國作家與作品	1：2～7：5	1967.02～1970.05
包可華秘密文件	2：4～2：5	1967.10～1967.11
包可華專欄	3：3～9：6	1968.03～1971.06
文思集	3：5～9：6	1968.03～1971.06
學生老師	4：1～4：3	1968.07～1968.09
純文學作家專欄	7：5～9：3	1970.05～1971.03
讀者、作者、編者	1：2～11：2	1967.02～1972.02
中外文壇	1：1～1：5	1967.01～1967.05
長短調	5：4	1969.04

（一）文獻史料的整建——「純文學作家」、「近代中國作家與作品」

　　林海音擁有建立史料學的視角，更具作史之心，因此在「純文學作家」專欄、「近代中國作家與作品」專欄中，皆為文獻史料的保存恪盡心力。利用雜誌擅於保存的特質，對今日作家的介紹、昔日作家的評價。使這些作家在時光中停格。也開啟整理史料的風氣。

1、「純文學作家」專欄

　　此專欄以圖文並舉的方式，介紹曾在《純文學》月刊撰稿的作家，以一段作者自寫，或親友代書的介紹性短文，或回憶懷念文字。並附一張作家個人或與親朋好友的生活照，使讀者對作家能有所認識，更能一睹其風采。這種編輯方式，在當時還是創舉。林海音曾論及此專欄發起的原由：

　　　　我常常接到讀者的來信，打聽本刊作者──不論是著名的或
　　　　是陌生的情形。作家不是明星，但是讀者們更願意知道一些

　　　　他們寫作以外的事。事實上，我個人在台灣的文藝界中工作
　　　　了這麼久，認識的海內外作家真不算少，即使我自己來執筆，
　　　　每人寫它五百字，也還難不倒，但是我想還是分別由不同的
　　　　人來寫更好。朋友、妻子、丈夫、父母、兒女的看法、寫法，
　　　　立場不同，寫法各成風格，每一篇都是可讀的散文。（註16）

　　如介紹〈洪炎秋〉由老友葉榮鍾撰、〈尉天驄〉由昔日同辦雜
誌的老友何欣撰、〈鍾鐵民〉則由父執輩友人鍾肇政撰，〈林貴真〉
由丈夫隱地描述、〈文心〉由妻子莊四美來形容、〈張系國〉由妻子
潘芷秋撰述、〈丁樹南〉（註17）由女兒歐珊珊撰寫、〈朱介凡〉由
兒子朱仁昶寫、〈林文月〉則由其師臺靜農撰寫、〈余光中〉由詩友
夏菁來寫，〈鄭明娳〉由同系學長沈謙來寫，相對地〈思兼〉（註
18）則由旻黎（註19）來寫，〈鄭清文〉由同為省籍作家李喬來寫，
更有自寫的如管管、周夢蝶、金劍、陳克環等。這專欄因由不同身
分關係的人來寫，每篇風格殊異，極具特色。此專欄共介紹82位
作家。由第7卷第4期（1970年4月）起延續至第9卷第3期（1971
年3月）為止。

　　《純文學》月刊以大量篇幅介紹這些作家，雖是單一、零碎式
文章的介紹，然而將這些片斷、縫合拼貼不難看出台灣文壇作家的
群像。此不僅營造了自身刊物特色，也為文壇留下珍貴史料。

　　2、「近代中國作家與作品」專欄

　　政府遷台後，感於1920、30年代的文壇盡為左翼天下，最後
竟走向社會主義，於是隔絕1920、30年代的文學傳統。1920、30
年代大陸作家都被劃上問號。作品也停留在嚴格的檢查制度上。

　　林海音則藉《純文學》月刊，突破當局意識型態禁忌，從第1
卷第2期（1967年2月）起開闢了「近代（註20）中國作家與作

品」專欄，逐期系統性地介紹中國五四以後的作家及文學作品，使現代讀者對中國新文藝作家作品的實質與面貌得以認識。也間接為這些作家與作品解禁。

在刊登作家作品前後，林海音則邀請與作家有深厚交情，或對作品有相當研究的作家撰寫專文，介紹作家生平、分析其思想或探究其作品技巧、文體風格，甚至評論其歷史地位。

如介紹老舍則由抗戰期間曾與其共同抗戰勞軍，合作說相聲的梁實秋撰〈憶老舍〉一文，及菱子（註 21）〈談老舍及其文體〉。介紹徐志摩時，則選刊當時「在市面上專集中看不到的」（註 22）篇章：〈情死〉、〈再會吧康橋〉、〈哀曼舒斐兒〉、〈謁見哈代的一個下午〉、〈一個行乞的詩人〉、〈詩刊并言〉並請蘇雪林撰述〈我所認識的詩人徐志摩〉。介紹極力刻劃新舊觀念衝突爭扎的盧隱，則刊其成名作〈海濱故人〉，並由張秀亞寫〈關於盧隱〉。介紹凌叔華則刊選〈繡枕〉，並請凌叔華在台灣的老友蘇雪林寫〈凌叔華其人其文〉。介紹魯彥的短篇小說〈阿長賊骨頭〉、〈鼠牙〉時，則請對魯彥作品有研究的司馬中原寫〈魯彥作品淺剖〉。此外充滿人道情懷的許地山、沉淪浪漫的郁達夫、善寫風土人情的周作人……等 21 位作家魚貫登場。囊括詩人、小說家、散文家、戲劇家、學者。

有時還公開私人珍藏的創作原稿、信件、照片，豐富了讀者對近代中國文學作品及作家的瞭解。此專欄刊出後，博得學界一致讚譽，對於林海音的勇氣也表佩服。林海音說：

> 在國外的作家們，也都常來信說，他們可以代為蒐集作品，並不困難，最近在紐約哥倫比亞大學任教的夏志清博士也來信說，這一專欄很有價值，哥大中國書籍豐富，如有需要複印的告訴他，因為這是輕而易舉的事。（註 23）

國外對 1920、1930 年代作家作品持開明接納態度，不似台灣因意識形態的拘禁，對於某些作家甚為敏感，因而在國外較易搜羅相關資料。海外作家也願意以實際行動表示對此專欄的支持。

很遺憾，這樣有意義的專欄，自第 3 卷第 5 期（1968 年 5 月）起便因資料取得困難，加上警備總部的多次關切（註 24）即斷斷續續地刊載，直至第 6 卷第 2 期（1969 年 8 月）即停止。羅青認為這個專欄，「兼具『文學大系』與『個人選集』之長，既能讓讀者讀到未刪減的原作，又能給讀者更進一步的背景資料與批評介紹。」推許編者是「第一位開始以學術眼光回顧三四十年代作家的人。」（註 25）這個專欄間接帶動刊選五四作家作品的風潮（註 26）。

台灣戰後文學與五四傳統間的文學斷層，在「近代中國作家與作品」專欄也得到了部份彌補。

（二）幽默文章的譯介——「包可華專欄」

包可華是世界上寫專欄刊登最多的作家，包可華的文章包括阿拉斯加時報、華盛頓郵報、洛山磯時報、芝加哥太陽時報等全世界約有五、六百家報紙刊登。《純文學》月刊「包可華秘密文件」雖僅刊登二期（第 2 卷第 4、5 期（1967.10-1967.11））然此一專欄實為「包可華」專欄的前身。

包可華以溫厚的心胸體悟人生，以敏感的眼光伺察世態，更以他獨具一格詼諧、諷刺的語調觸及社會問題，揭發現實黑暗。任何事情經他指出，嘲諷之餘，總能讓人心有所感，低迴深思。他捕捉的題裁廣泛，每篇看似輕鬆的篇章，實有其刻意用心經營的痕跡。很多人覺得只有何凡才能譯出包可華的味道來。

何凡譯的「包可華專欄」於第 3 卷第 3 期（1968 年 3 月）正式登場。畢竟國情不同，因此何凡不定期選譯數篇適合國人閱讀，

可作借鑑的包文，如國際事件的省思：〈蘇俄的背叛者〉、〈「普布魯」事件〉、〈共和黨看旅行限制〉、〈美國的困境〉、〈尼克森的稅改計畫〉、〈日美關係與日本自衛〉、〈美國經濟衰退原因〉；針對國人可參循的問題如〈電視廣告教育孩子〉、〈父親是什麼〉、〈節育的光明前途〉、〈學生權〉、〈校園裡的假英雄〉、〈戒菸〉、〈成年人的問題〉、〈節約度假〉、〈為什麼爸爸破產〉、〈怪戰爭、怪影片〉；婦女問題〈對婦女運動者慎言〉、〈家事疲勞〉、〈婦女離婚保險〉、〈男女不分〉等共 83 篇，由於包可華文風的特質，加上何凡流暢的譯筆，使此專欄風格獨具，成為《純文學》月刊非常突出的一個專欄。林海音追昔憶往說：

> 五十八年我們創辦《純文學》月刊，從十月號起，何凡開始以「包可華」為名，逐期譯載其專欄數篇，頗受讀者歡迎。以後又應聯合報之邀，選譯在「聯副」上。（註 27）

更說：

> 「包可華專欄」不但為一般讀者所喜愛，大專新聞科系的老師並經常指定同學閱讀研究，因此譯介有欲罷不能之勢。（註 28）

嗣後更有所謂「仿包可華體」的文章出現，此專欄直至第 9 卷第 6 期（1971 年 6 月）截止。月刊結束後，何凡譯筆未輟，延續多年。林海音主持「純文學出版社」後，出版了《包可華專欄》共十四集，銷售量皆不錯，國人對此專欄的喜愛可見一般。

（三）讀者反應的重視——「文思集」、「讀者、作者、編者」

傳播者與接受者在文學傳播過程中，唯有雙向互動，方能相互發生作用。文本只有進入「接受」才具價值，讀者的反應可形成一

種參照系，反思製作群的成效。林海音主編《純文學》月刊時，相
當重視讀者／消費者意識，基於讀者多元，閱讀角度迥異的考量，
因而開闢「讀者、作者、編者」專欄，希望藉此專欄消弭編者與讀
者的疏離感，把握讀者對「文學」種種議題的興趣／疑惑。希望
刊物不僅是編者個人獨白，更期盼讀者成為積極提問者彼此交流
對話。

1、「文思集」專欄

自第 3 卷第 5 期（1968 年 5 月）起，增設「文思集」專欄。
動機是希望由眾人執筆，「就當前文壇及有關文藝的活動，所想到
的、聽到的，寫出雜感，批評意見，或對一本書的欣賞，或介紹一
些新知，舉凡與文學有關的一切隨想。」（註 29）在編者的構想中，
欲導引眾人執筆，發揮無限創思能量，書寫與「文學」議題相關的
篇章。如談文學風氣：張健〈寫作風氣〉、思兼〈這一代的文學〉。
論文學創作：韓迪莫〈談文學的翻譯〉、莫適〈標點符號的效果〉、
彭歌〈文學的參考書〉。文學省思方面：顏元叔〈文學的玄思〉、〈文
學的冥想〉、張健〈談詩人的地位〉。生活感觸：鍾鐵民〈來訪的人
——悼朱橋先生〉、林以亮〈不如歸去談〉、莫適〈寂寞身後事〉、
沈謙〈文債〉等。

古典文學的論題：陳亦實〈談談「杜甫評傳」〉、彭歌〈莊子與
王維〉、周誠真〈談李賀詩〉、琳〈從稼軒一首「鷓鴣天」說起〉。
外國文學的討論：張健〈一本英國散文選〉、余阿勳〈談日本的通
俗作家〉、〈伊豆文學的散步〉、〈談日本女作家〉及暢論日本女作家
大庭美奈子的小說〈三隻蟹〉獲獎的消息，並簡評此作的篇章——
〈關於「三隻蟹」〉。

　　文學與傳播的問題：隱地〈台北的書店〉、曾毓煜〈這樣的書店哪兒去找〉、張健〈兒童文學及刊物〉、何凡〈書籍也應不二價〉、莫適〈給新雜誌的諍言〉、張孟三〈從「文學雜誌」談起〉、隱地〈喜見書城〉。或提出文壇種種問題如朱介凡〈寫「民國文學史」的問題〉、魏闕〈文學批評面面觀〉等。

　　這個專欄每次刊出數則，以輕鬆筆調論述文學相關議題，既無一般評論文學的艱深難懂，也捨棄曖昧模糊的文學術語，由深入淺出的方式來詮釋、補充一般人所欠缺或誤解的文學基本觀念。這些感性隨談，整體成績雖嫌單薄，但對文學議題的暢論亦發人深思。且這些文章具適用性，適於一般讀者胃脾，亦具持久趣味性，即使過了一段時間重閱，仍覺趣味存在，建設性不減。對文學知識頗有增長之用，廣獲眾人稱賞。此專欄至第 9 卷第 6 期（1971 年 6 月）為止。

　　2、「讀者、作者、編者」專欄

　　從第 1 卷第 2 期（1967 年 2 月）起，即在刊物最後闢成「讀者、作者、編者」一欄。此一欄由編者（林海音 2-54 期，劉守宜 55-62 期）報告一些編輯紀要、作家近況、讀者反應、編者回應及文壇新秀的介紹等。此專欄延續至月刊結束（第 11 卷第 2 期，1972 年 2 月）。

　　此專欄關心作家的一舉一動，即使作家離開台灣，身居海外。仍能藉由《純文學》月刊與台灣文壇保持密切聯繫，讀者也可掌握作家訊息。其後如《文訊》的「文宿專訪」即為此專欄精神的延續。

　　林海音勤於追蹤國際文壇動向，藉此專欄請旅居海外的作家，報導國際文壇動態。如在日本的余阿勳、林文月不時提供日本文壇的變化與大事，在美國的鄭清茂則報導美國文壇狀況。甚至從事新

聞工作的黃驤「他常常是最早最快就把有新聞性的事物報導給讀者，例如當鐵幕裡的俄國作家索忍尼辛得到諾貝爾文學獎的時候，他就儘快的找到索氏的短篇小說，譯給《純文學》月刊。黃驤先生可以說是最早把索氏作品介紹到我國來的人。」（註 30）

所有關於月刊的閱讀心得、建議、批評訾議，都可利用這個平台，進行即時而有效的傳遞交換。此專欄不僅開放讀者言論空間，編者亦熱心解答讀者疑惑，回應文藝課題。這個專欄是經驗傳承與分享，學術交流與溝通，觀念激越與鋪成的園地。

《純文學》月刊之所以重視與讀者交流互動，不僅為了掌握讀者對該刊的反應，更重要是透過與讀者密切互動，以便掌握讀者需求。增強讀者對雜誌的認同和期許。如讀者治衡的來信說：《純文學》月刊「兩年來，我不但是沒有發現過缺頁情形，就是錯字都難得一見。目前一般書店粗製濫印、錯誤百出的情形，與之相較，真是弗如遠甚了。」（註 31）見到讀者的認同，讓《純文學》月刊製作群更是信心百倍，辛苦的付出也備感欣慰了！

二、刊載鮮見關注的戲劇文類

戲劇本來即為邊緣化的文類，往往被人們所忽略，文學雜誌中更罕見刊載。台灣的劇本，隨著小劇場的推動（註 32），日漸勃興，內容也逐漸脫離反共的論調走向多樣的發展。

《純文學》月刊則嘗試將外國完整劇本刊登，供國人學習。如王安博譯（西班牙）烏納姆諾充滿詭譎氣氛的劇本《另一個人》。此劇主題雖為描寫忌妒與仇恨，實際上卻是雙重人格內心交戰糾結的表達。姚克（註 33）的劇本《陋巷》、元真譯愛德華奧比（Edward Albee）的劇本《誰怕吳爾芙》等。並刊登與戲劇相關的論題，如

元真〈愛德華奧比與誰怕吳爾芙〉。論述曾獲「百老匯外之王」(King of Off-Broadway)的美國劇作家愛德華奧比的簡介,與其劇作〈誰怕吳爾芙〉中,如何藉由劇中人物醉態朦朧的情形下,將人們醜陋、卑鄙、可笑的一面展露無疑。丁樹南譯 Thomas H. Uzzell 作〈戲劇的原理〉,文中論述了其對「戲劇」的看法,認為真正的戲劇是能打動人心、觸探人性的。

李廉鳳〈半譯半談一人三影〉暢談華側門(Dale Wasserman)充滿想像力的歌劇〈一人三影〉中的主題內容、舞台技術、角色扮演等。董保中〈中共反修正主義戲劇中的現實〉,此篇乃評析中共的四個反修正主義的「現代劇」——「年輕的一代」、「千萬不要忘記」、「雷鋒」、「霓虹燈下的哨兵」。說明反修正主義的戲劇,無形中卻對中共的暴行、人們的失望做了最明晰的暴露。

顏元叔〈人文與科學之爭——「誰怕吳爾芙」的主題〉,文中論及〈誰怕吳爾芙〉一劇以鬧劇的荒誕反襯人生的可笑。姚克〈再論「清宮怨」的主題〉,針對姚克自編的〈清宮秘史〉一劇之主題與出發點再次做說明。誠如其所言「把史實改編為戲劇,並不是把歷史搬上舞台……歷史家所講究的是往事的實錄,而戲劇家所感興趣的,只是故事的戲劇性和人生味。」(註 34)金恆杰〈熱內和屏風事件〉,法國劇作家讓・熱內(Jean Genet)寫於 1961 年的劇作〈屏風〉因內容觸及蔑視、醜化駐守阿爾及利亞的法國軍人,因而引來法國由阿爾及利亞回來的退伍軍人大鬧劇院。針對此事,金恆杰提出他的看法,並對讓・熱內做一番介紹。陳祖文〈李爾王一段戲詞的三種中譯〉。陳祖文根據朱生豪、梁實秋、孫大雨三人對李爾王一劇的中譯本做比較。此外姚克的〈從誰怕吳爾芙談到目前中國的影劇〉、經研西洋戲劇的宋春舫的〈宋春舫論劇——從莎士比

亞說到梅蘭芳〉、王敬羲〈喜劇演員〉等。這些對劇本的解析使讀者對戲劇有更深一層的認識。

三、大量啓用新人作品

　　林海音主編《純文學》月刊時，大膽刊用新人作品，提供了新人可自由揮灑彩筆的實驗場。如鄭明娳、羅青、沈謙、于墨、張系國投稿到《純文學》月刊時，都還僅是院校學生呢！林海音在《純文學》月刊〈讀者·作者·編者〉一欄中說：

> 〈來去〉的作者稚然，是一位不到二十歲的高中生，在第十期上，我們曾刊出他的〈恆春童年〉（註35）

> 〈信天翁惹上的挨罵〉，這篇不到一千字的小說，作者邵素心，對讀者和編者都是陌生的。我們看筆跡和內容，猜想作者只是初中生，但是那一份純真和一種已具備寫作的技巧和結構，頗為難得。它並不像成人作家對所謂心理描寫的浪費大批筆墨，簡潔的句子，已充分表現作者的才華了。（註36）

> 〈太陽的影子〉作者蘇玄玄（註 37）是本刊的新人作家。（註38）

「猜想作者只是初中生」，雖然僅是初中生的作品，「但是那一份純真和一種已具備寫作的技巧和結構，頗為難得。」因其創作潛能已顯露，因此林海音願意提供實驗場讓文壇新手初試啼聲。而張系國的第一篇科幻小說〈超人列傳〉也在林海音的大膽採用下，開啟張系國步上科幻小說寫作的路途。此外鍾鐵民、七等生、段彩華、邵僩、黃娟、李喬、子于等人，這些當時開始寫作的新銳作家，皆在林海音主編的《純文學》月刊中找到發表的園地。

第三節　刊登作品綜論

　　《純文學》月刊成立的 1960 年代，反共文學已呈疲態，戰鬥文學亦令人生厭，故衍生多元文學創作。《純文學》月刊提供純文學創作的較大空間，並展示西方文學作品。刊載的作品走的是溫和平實路線，或許這與林海音個人穩健、樸實的特質有關。除專欄篇章不算外，翻譯篇章共有 131 篇、詩歌共有 61 篇、散文篇章共有 197 篇、小說篇章共有 150 篇、戲劇篇章共有 10 篇、評論篇章共有 88 篇。因屬綜合性文學刊物，各種文類皆未偏廢。加以林海音眼界寬廣、自主性高，不受統治者干預。著重在文學作品的表現上，因此各式主題、各種風格皆刊登，《純文學》月刊因而顯出其綜合性的特徵，藉由其刊載的作品，亦可見證台灣文壇的姿彩繁複、百花競放。以下綜論其刊登作品特色：

一、小說

　　1960 年代因教育普及，國家經濟水準提昇，作家視野更加拓展，因此小說取材面廣、技巧新穎、筆觸深切，量與質皆有驚人成就。正如彭瑞金所陳述：

> 60 年代由於反共小說的沒落，新的、各具理想的文學雜誌紛紛提出了創作的園地，小說創作呈現活潑多樣化的發展，另一方面，寫作環境與條件的改變，也有助於寫作人口的成長，因此，60 年代的小說家逐漸在各自的文學天空飛翔，分別獲得了不同的成就。（註 39）

　　小說容量大，有更多的表現空間，描寫人物情節廣度闊，使人易深入其境，便於與讀者產生相互情感交流。林海音本人擅長小說

創作，因而對「小說」文類頗多偏愛。其著力推動此文類的意圖相當明顯。在林海音主編的 54 期內容中，不乏對小說文類的大量刊登、譯介及廣告的消費誘導，使民眾對小說地位的重要性被強化，進而學習實踐此一文類的創作與賞析。

　　短篇小說在短之中，必須將主題以最簡潔的手法表現出來。揆諸《純文學》月刊作家們出於餘緒妙手成章。讀者可從其創作中，探索其技巧運用，領略其蘊涵意義。特別是張系國自 1966 年負笈美國，開始寫短篇小說，都是投寄《純文學》月刊，直到《純文學》停刊後，才投寄他處。如張系國的第一篇科幻小說〈超人列傳〉以嘲諷的筆調，藉未來世界情景，反映現實生活可能的走向。述及科學對人文的衝擊，提出人類對科技發展的憂心。〈地〉中則述說「土地」對人們的意義。誠如文中李震之說：

> 種田雖然苦，人好像就有了根，就連在地上了，什麼都有個寄託。我奔波了這幾十年，就想找塊地方，安頓下來，多吃點苦也情願。（註 40）

航海員李明也說：

> 那些美麗的城邦和海港，我總覺得不是屬於我的，我不能夠在那兒安身立命。只有我的那個小鎮，即使它很平凡，卻是屬於我的一塊地方。回到那裏，我就覺得很舒適，渾身都自在。在其他的地方。我從不會有這樣的感覺……（註 41）

> 我們的根是在土地上。離開了土地，我們絕不可能生出根來。現代人的許多痛苦、失落的感覺，我覺得都是離開土地太遠所致。（註 42）

甚至以 1970 年代保釣愛國運動為背景的〈割禮〉，藉猶太人對傳統儀式「割禮」的堅持，反襯知識份子對民族權益、尊嚴的搖擺。〈焚〉

以超現實的場景影射現實的殘忍、人們的無情冷漠及海外學子的絕望心境。還有其他短篇小說如〈亞布羅諾威〉、〈封神榜〉等。

　　《純文學》月刊中短篇小說的成就相當可觀，刊登的作品以技巧而言煥然多變。如楊安祥〈巴蓓娜的假期〉完全以西方人的視角敘述故事。王淑是學藝術的，〈畫廊寫影〉以博物館為小說述說的起點，文中不乏以畫面來處理小說的敘述如「耶穌背著十字架赴刑，從刺冠上滴下的鮮血，滴不盡心中的悲慟，這人世間的罪惡加在他心上的痛苦。」（註43）童真以醫院為故事場域的〈那道白光〉、擅長寫海外華人心聲的黃娟以〈擒〉、〈野餐〉描述留學生的故事，言及人性的複雜。卜青在精神病院工作，因此以病患的角度寫就〈壁〉一文。羅蘭〈雨中的紫丁香〉、潘人木〈最後一計〉皆以書信體的方式敘述故事。

　　囊括主題風格更是多樣，如王拓〈吊人樹〉反應濃厚地方色彩的農民生活。王令嫻〈愛的呢喃〉以男人口吻對新婚妻子的殷殷叮嚀，聲聲傾訴。鄭清文〈校園裡的椰子樹〉以女主角面對自身殘疾，如何對抗世俗蔑視眼光，昂然而立的心路歷程，尤其對人物心理的刻畫堪稱一絕。葉曼〈血癌〉敘述母親對子女的愛是可以無盡犧牲的。七等生述說鄉鎮男女情感的〈結婚〉。此外於梨華〈柳家莊上〉、童真〈都市有一千張嘴〉、朱西甯〈哭之過程〉、水晶〈鐘〉、張曉風〈鐘〉、〈訴〉、吉錚〈一個婚姻之死〉、王敬羲〈開花的季節〉等。這些作品拓寬了台灣短篇小說的文學視野、審美意識、藝術手法。《純文學》月刊提供了小說文類的大觀園，展現小說不同書寫風貌，極態盡妍。林海音曾自豪的表示：

　　　　這54期所刊載的短篇小說，可說是純文學月刊對當時我國文學界小小的貢獻（註44）。

　　《純文學》月刊譯介西文的路向，不啻走著《文學雜誌》、《現代文學》所導引的路線。惟《文學雜誌》、《現代文學》偏重西方文學理論的介紹、批評的示範，重在引進新方法，然《純文學》月刊則重在西方作品的展示。尤其針對原文意譯的小說。即如李漢呈所言：

> 如果夏濟安創辦《文學雜誌》，是承襲中國文壇在大陸陷共前正視西洋文學的傳統，而白先勇等人的《現代文學》發揚此一傳統，並作了某種程度的系統性譯介。那麼林海音稍後主持的《純文學》雜誌，更是拓展了視野，將介紹面延伸到世界的其他角落去。（註45）

《純文學》月刊在林海音主編的五年間，廣刊各國翻譯小說。如張秀亞翻譯〈自己的房間〉。沉櫻譯德國褚崴格作品〈陌生女子的來信〉。宣誠譯德國作家 Heinrich Boell 的〈如此朝夕〉、〈正公者〉、胡品清譯法國 Simone do Bouvoir 的〈伊麗莎白之死〉、丁樹南譯法國 Marcel Ayme 的〈穿牆人〉、法國 Samuel Beckett 的〈終站〉、丁樹南譯西班牙 Gregorio Lopez Y Fuentes 的〈給神的信〉、施穎洲譯菲律賓作家 N・V・M・Gonzalez 的〈鹹麵包〉，王建、李盈合譯加拿大女作家 Mordecai Richler 的〈班尼〉等。王季慶譯 Kahlil Gibran 作的〈先知〉等。

　　林海音希望將外國的思想層面、民族特性藉文學作品引渡國內，提高國人欣賞層次。在引進域外文學的同時，也移植新的鑑賞觀點，提供讀者不同的閱讀方式，藉此激發讀者創造力。

　　《純文學》月刊譯作的最大特色，即是許多文章皆由原文直接翻譯，而非經過轉譯，因此譯本與原文出入較不大，讀者仍可看到原作的靈光閃現。林海音說：

　　宣誠、胡品清、鍾肇政、金仲達幾位先生女士，則是直接由
　　德文、法文、日文原文譯出來的。（註46）

　　林海音找來的譯者，大多譯筆流暢且能發揮原著精神，刊登後
得到眾多讀者的迴響與喝采。

　　此外《純文學》月刊亦承襲《文學雜誌》在翻譯作品外，由翻
譯者另撰專文析論所譯作品、作者，以闡明作者與作品的關係和原
作完成始末，以便讀者進一步認識和探討，無形中提供了另一種學
術功能。或在文末附上作者小傳、作品簡評，這些都建立了文學欣
賞導讀的模式。

　　《純文學》月刊長篇小說大多以連載方式吸引讀者持續下去，
每次故事的收束，皆在對的點上，令讀者好奇心大發。如林海音所
撰的〈孟珠的旅程〉刻畫來台人士的境遇感悟。吉錚的〈海那邊〉
描繪海外華人的徬徨摸索，都是流傳至今的佳構。

　　且在刊登翻譯長篇小說連載前，皆會先刊載介紹性短文引領讀
者。如（英）Archibald Croninart 著／陳紹鵬譯〈鐵窗外的春天〉、
（西）鄔納姆諾（Mignel de Unamuno）撰／工安博譯〈阿貝桑傑
士──一個沉痛的故事〉、（美）E・Caldwell 作／胡明譯〈克勞黛〉、
（捷克）Ladislav Mnacko 著／彭歌譯〈權力的滋味〉、（英）Archibald
Croninart 著／陳紹鵬譯〈一個美的故事〉等。

　　更有一次刊完長篇小說的創舉，如將推理、想像熔於一爐具超
現實主義的〈砂丘之女〉（日）安部公房作，鍾肇政譯十二萬字，
以 131 頁的篇幅一次刊完。因為〈砂丘之女〉剛得獎，林海音頗具
氣魄性地想給讀者即時性一次過癮地讀畢。沙岡〈六甲之東〉四萬
字的小說一次刊完。長篇小說的創作在 1960 年代並不熱門，林海
音對長篇小說的推廣，為長篇小說提供成長路徑。

二、詩歌

1960 年代因受英美現代主義思潮影響，加以政治壓力、意識型態桎梏，迫使作家開始對傳統價值觀產生懷疑，想以西方文學技巧，來變造中國文壇體質，以暗諷或隱射的手法表現個人／國家被孤立的恐懼不安與徬徨，甚至對身分認同的焦慮。

因而刻意賣弄文學技巧──象徵、暗喻、意識流、蒙太奇等，使詩的意象趨於晦澀，甚或以自己的「視景」（vision）入詩。以內向化敘事，致使讀者無法進入其世界。當時文學雜誌亦倡導西洋文叢、西方理論、詭譎技巧，在一片仿效西方聲浪中，《純文學》月刊雖然也刊登部份充滿現代主義的詩歌，如白萩的圖象詩，白萩的詩一向以意象奇特、想像豐富著稱。平穩簡鍊的詩風中，不失詭譎神祕，如〈她的心〉「噴射機就這麼地墜毀了，六十個軀體碎得像晚菜的肉絲。沒留下一聲道別。」〈或者〉「初戀像一隻蝶屍，偶然悄悄的掉下。你彎腰，拾在手中觀賞。……把蝶屍又夾進回憶錄。」（註 47）其他如〈飛絮〉、〈蛹〉、〈未定題〉等亦沾染現代主義的氣息。

然整體而言卻以質樸平淺路線為主調。如余光中對創作生命的煎熬、徬徨、完成一連串歷程所下的注腳──〈火浴〉。〈洛磯山〉「念山外，有一座孤島。島外，有一片茫茫的大陸。朝朝，夕夕，在洛磯禁錮。看月缺，月圓。日午，日暮。」（註 48）乃對家鄉情思的表述。此與其早年講求格律規範的新月餘韻風格迥異，也不同於 1974 年後轉為大格局的創作路線。此外蓉子以柔美恬靜調子為主寫的〈維納麗莎組曲〉、〈現象〉。

向明喜歡將現實生活中的苦悶，昇華為詩歌的語言。讓詩與現實交融，風格篤實，如〈天空外一章〉中的〈天空〉、〈臉〉，葉珊〈五月的詩〉、〈流螢〉、〈山洪〉。尤其〈山洪〉一詩更一反葉珊昔

日短篇抒情詩歌的模式，改以敘事長篇的格局表現。夏菁賦詩〈蒲劍〉，羅門〈茫〉、〈昇〉，周夢蝶〈再來人〉、鄭愁予〈大武嶽之輯〉、梅新〈春曉〉，此外還有辛鬱、羅青、敻虹等皆留下斐然成績。這些篇章在西風席捲之下，透出另一種純樸風味。

曾在此留下佳作的詩人以男作家為主，此也象徵早期詩的領域為男作家的世界。1970 年代後，台灣的詩人逐漸嫌惡拼貼式的意象詩、厭倦符號詩，乃倡由工藝走向自然，由閉鎖走向開放。努力創作現實詩作，正走回當初《純文學》月刊設定的詩路。

譯詩在《純文學》月刊中數量也不少，如王安博譯西班牙浪漫抒情詩人貝殼兒（Gustavo Adolfo Becquer）的作品〈貝殼兒詩〉。詩中柔美和諧的韻律，與濃郁的情感元素令人感動。王安博譯西班牙「自由詩」創始者赫美內斯的作品，〈赫美內斯詩四首〉、葉珊譯葉慈（John Keats m）〈夜鶯曲〉，此詩於 1924 年徐志摩曾以散文的筆法翻譯過，然此次葉珊則以詩的味道還原此詩。梁實秋譯科律芝（Samuel Taylor Coleridge）文學歌謠型的詩歌〈老水手之歌〉。此詩模擬歌謠的體裁、語句的反覆疊沓、文字的素樸簡單，令人讀來趣味橫生。胡品清譯德國表現主義詩人貝恩（Gottfried Benn）的詩，〈美麗的青春〉、〈輪迴〉、〈男女走過癌症房〉。貝恩在德國文學界被公認為繼尼采（Nietzsche）、里爾克（Rilke）而起，在語言及風格上最有技巧的詩人。由胡品清的譯詩中，讀者可體會他詩中對物質文明的否定論調。陳祖文譯梅瑞安‧穆爾（Marianne Moort）的〈一座坟〉對「海」做了一番觀察與體認。

陳祖文譯美國詩人司提文司（Wallace Stevens）的〈雪人〉、〈冰淇凌皇帝〉二首詩，反諷美國科技所造成的冷酷人性。余光中選譯愛爾蘭詩人葉慈的作品〈葉慈詩選〉並為所選詩歌做解說，亦譯諾貝爾得主奈莉‧薩克斯（Nelly Sachs）的〈或許〉一詩，供國人

宴饗。此外施穎洲譯〈貝奎兒詩三首〉、施穎洲譯 J‧R‧Jimenez 詩多首。

美國意象派詩人龐德（Ezra L Pound）創作的具形詩，提供台灣詩人創作圖象詩的樣本。因此《純文學》月刊刊載葉之穎譯美籍詩豪龐德〈龐德詩七首〉等。另有對詩人的介紹，如王安博〈烏納姆諾的詩〉、余光中介紹以左傾寫實詩風聞名的英國詩人奧登及其詩作──〈千竅的良心──壽六十歲的詩人奧登〉、咸思〈伯朗寧夫人的情詩〉。《純文學》月刊刊載譯詩的舉動，乃冀望在世界譯詩中找尋提升台灣詩壇的力量。

三、散文

1949 年渡海來台的女作家，在生活現實面上，以「散文」此直接抒發情感最適宜的文體，另築一空間，鋪衍其生活瑣事。以敏銳的角度、纖細的筆觸，抒發豐沛情感。藉由這些看似微不足道的生活細節，與台灣現實面作另一種方式的結合／融入，將白話文學於台灣在地化，使中國優美的文學遺脈綿延，跨海到了台灣，給予台灣文壇新生的力量。

「散文」對於作者描摹人生體驗，有較寬廣的空間。在《純文學》月刊中可見許多女作家感懷憶舊的散文篇章。林海音曾說：「我想，一個人寫他感受最深、最熟悉的東西，同樣地也能具有時代的意義。」（註 49）如琦君的〈髻〉一文，銘記女性婚戀的辛酸愁怨。林海音〈絹笠町憶往〉、稚然〈恆春童年〉、李輝英〈鄉土集〉。報導文學和遊記的產生乃應運社會發達，經濟穩定。羅蘭的旅行散文〈詩情畫意的維也納〉，葉曼以書信報導體寫的〈荒漠綠洲〉。此外林海音的生活散文〈主婦的散文〉、慶餘〈閒情偶記〉、旻黎〈撩

撥的琴弦〉、林文月〈京都的古書鋪〉、於梨華〈歸去來兮〉等。這些深情的篇章在《純文學》月刊譜出音色殊異，聲律多變的美妙樂章。

男作家的散文亦別具風味，如梁容若〈母親節〉描述父親對滯留大陸未能同行的母親深深思念。子敏以〈談離開〉一文訴說人生缺席的無奈。余光中滿是鄉愁的〈望鄉的牧神〉、〈焚鶴人〉「他永遠忘不了在四川的那幾年。豐碩而慈祥的四川，山如搖籃水如奶，取之不盡，用之不竭。……他永遠記得山國高高的春天。嘉陵江在千嶂萬嶂裏尋路向南，好聽的水聲日夜流者」（註 50）牽動游子思鄉的情懷，也建立了他專屬的個人韻味。王拓〈蜘蛛網〉、司馬桑敦〈訪於梨華〉、葉珊〈伯克萊──懷念陳世驤先生〉、周誠真〈馬純上的個性〉、夏萬洲〈去年夏天〉、夏菁〈落磯山下〉、〈生活散記〉、段彩華〈漂泊的古物及其他〉、陳之藩憶昔之作〈垂柳〉。甚至國學根基深厚，英美文學造詣非凡的梁實秋、夏志清，也在此留下身影。

在《純文學》月刊中，散文的篇幅相當大。在「近代中國作家作品」專欄、「文思集」專欄中皆刊有為數極多的散文作品，藉由這些散文可隱約照見作家們不同的丰姿、深邃浩蕩的情感。

小結

經過本章對〈《純文學》月刊考察〉可知《純文學》月刊以 25 開本，每期 20 至 24 萬字的紮實內容，帶給讀者高水平的佳構篇章。林海音對純文學愛好，因此主編《純文學》月刊時，刊登許多優秀篇章供含英咀華。體裁兼容並蓄──文學性、文化性、評論性、史料性皆具，使不同文類在此對話、碰撞與融合。更以客觀、包容的格局，廣刊海外作家作品，攝取外來文章精華。對於西方各國名作

的譯介不遺餘力,藉以擴充台灣文壇寬度與容量。也不忘對中國古典文學承繼。

版面運用方面,開闢了許多專欄皆富新義。並為雜誌界帶來新風貌。具前瞻姿態,將在大陸被遺忘的佳文延續至台發光,豐富台灣文學的版圖,開闢「近代中國作家與作品」專欄。「讀者、作者、編者」專欄,則將編者、作者與讀者關係緊密聯結,使讀者、作者、編者能相互交流消泯隔閡。此專欄亦間接將文藝界訊息記錄下來,成為重要史料。「包可華專欄」則極力推廣外文佳篇,「文思集」、「純文學作家」這些專欄利用同質整合的概念,廣博蒐集文壇資料,凸顯雜誌資料訊息強大搜集整合的能力。

對大眾而言,《純文學》月刊不僅是獲取文藝訊息來源、閱讀佳作之所。對創作者而言,更是一處開放發表的園地。它不僅為台灣文壇留下許多膾炙人口的好篇章,間接提高創作水準,培育了許多新人,為文壇注入活水新泉,更重要是留下珍貴文學史料。

郭明福說:「《純文學》月刊存在的年代,恰好站在這社會文化經濟皆遽變的紐帶上。其象徵的意義當然不能忽視。」(註51),《純文學》月刊使作家們能集合同道共同發言。此外無論軍係袍澤、學界碩儒、舊學碩望皆群聚於《純文學》月刊。此又再一次驗證林海音的廣結善緣,路線中間。雜誌的整體風格,無疑是林海音純文學理念的實踐。雖然刊行時間僅五年,銷路亦相當有限,但就此刊物所完成的任務而言,它已經完成其階段性任務。綻放了屬於它的粲然異彩!也為日後純文學出版社的開展打下良好根基。

【附註】

1. 《文學季刊》創刊於 1966 年 10 月 10 日，於 1971 年 1 月 15 日改名為《文學雙月刊》，1983 年 4 月更名為《文季》。

2. 沈謙：〈期待批評時代的來臨〉，《期待批評時代的來臨》（台北：時報出版社，1979 年），頁 236-237。

3. 1960 年創刊的刊物有：《作品》、《文藝週刊》、《現代文學》、《中國詩友》。1961 年創刊的刊物有：《縱橫詩刊》、《中國新詩》。1962 年創刊的刊物有：《仙人掌》、《野火》、《傳記文學》、《葡萄園》、《創作》。1963 年創刊的刊物有：《中華雜誌》。1964 創刊的刊物有：《藍星年刊》、《劇與藝》、《中國新詩》。1965 年創刊的刊物有：《小說創作》。1966 年創刊的刊物有：《書目季刊》、《文學季刊》。1967 年創刊的刊物有：《純文學》、《草原雜誌》。1968 年創刊的刊物有：《大學雜誌》。1969 年創刊的刊物有：《文藝月刊》。

4. 楊志弘、林关惠：〈中華民國雜誌事業〉，行政院新聞局編印：《中華民國出版事業概況》（台北：行政院新聞局，1989 年 5 月），頁 124-125。

5. 本社：〈做自己事，出一臂力—代發刊詞〉，《純文學》第 1 卷第 1 期（1967 年 1 月），頁 1。

6. 本社：〈做自己事，出一臂力—代發刊詞〉，《純文學》第 1 卷第 1 期（1967 年 1 月），頁 1。

7. 程榕寧：〈林海音談寫作與出版〉，《大華晚報》1979 年 10 月 7 日。

8. 林海音：〈吉錚其人其事〉，《芸窗夜讀》（台北：純文學出版社，1982 年 4 月），頁 73。

9. 林海音：〈做自己事，出一臂力——《純文學》月刊發刊詞〉，《純文學》月刊第 1 卷第 1 期（1967 年 1 月），頁 1。

10. 鍾鐵民：〈君子三變〉，《剪影話文壇》（台北：純文學出版社，1984 年 12 月），頁 272。

11. 林海音：〈編者的話〉，《純文學散文選集》（台北：純文學出版社，1975 年 3 月），頁 1。

12. 編者：〈編者的話〉，《純文學》復刊第 1 期（1998 年 5 月），頁 119。

13. 鄭明娳：〈文藝環境與校園文學〉，《幼獅文藝》第 437 期（1990 年 5月），頁 54。

14. 「專欄乃將一組稿件集中於某種共同性之下，某種共同性無疑因此得到強化，這就使編輯處理稿件時，有更多的靈活性。可以根據需要，從稿件中去提煉不同的共同性，從而去突出某種思想」參鄭興東主編：〈版的內容配置〉，《報紙編輯學教程》（武漢：武漢大學出版社，1992年 4 月），頁 182。

15. 碩石記錄整理，林海音口述：〈記「純文學」的誕生〉，《幼獅文藝》第437 期（1990 年 5 月），頁 37。

16. 林海音：〈「純文學作家」專欄的發起〉，《純文學》月刊第 7 卷第 4 期（1970 年 4 月），頁 3。

17. 丁樹南本名為歐坦生。

18. 思兼即沈謙。

19. 旻黎即鄭明娳。

20. 所謂「近代」林海音定義為 1915 年五四運動以後的作家作品。然我們後來對其所稱的「近代」實為我們所說的「現代」。然在介紹此專欄時，筆者仍延續林海音的說法稱為「近代」。

21. 菱子即林海音。

22. 林海音：〈讀者・作者・編者〉，《純文學》月刊第 5 卷第 2 期（1969年 2 月），頁 196-197。

23. 林海音：〈讀者・作者・編者〉，《純文學》月刊第 2 卷第 4 期（1967年 10 月），頁 229。

24. 林海音在多年後對她當時編「近代中國作家與作品」，有這樣一段回憶：「那時的氣氛有異，我硬是仗著膽子找材料、發排，『管』我們的地方，瞪著眼每期察看。」參夏祖麗：〈我一定要好好寫篇稿子給您〉，《從城南走來—林海音傳》（台北：天下遠見出版社，2000 年 10 月），頁 275。可見當時林海音是「仗著膽子」游走危險邊緣。

25. 羅青：〈屍骨化灰存舍利—林海音編中國近代作家與作品讀後〉，《中央日報》第 9 版，1980 年 6 月 11 日。

26. 自此後如瘂弦在《創世紀》1970 年代的各期中，選擇 1920 至 1940 年代的大陸詩人作品刊登並介紹。主編《幼獅文藝》時亦在 1980 年 5 月

號刊登 1930 年代作家作品。郭楓於主編《文季雙月刊》1983 年 11 月（第 4 期）介紹了張賢亮、1984 年 3 月（第 6 期）介紹了劉青、1984 年 9 月（第 9 期）介紹了王安憶。陳紀瀅也在 1986 年 8 月在台灣商務印書館出版了《三十年代作家直接印象記》。1986 年 8 月起新地文學出版社更編印「當代中國大陸作家系列」叢書 40 種。

27.林海音：〈嘻笑怒罵皆文章──「包可華專欄」的回顧〉，《芸窗夜讀》（台北：純文學出版社，1982 年），頁 197。

28.林海音：〈『包可華專欄』（第四集）前記〉，《芸窗夜讀》（台北：純文學出版社，1982 年），頁 130。

29.林海音：〈讀者‧作者‧編者〉，《純文學》月刊第 3 卷第 5 期（1968 年 5 月），頁 225。

30.林海音：〈寫在前面〉，《純文學短篇小說選譯》（台北：純文學出版社，1981 年 8 月），頁 2。

31.林海音：〈讀者‧作者‧編者〉，《純文學》月刊第 5 卷第 1 期（1969 年 1 月），頁 181。

32.李曼瑰 1960 年自歐美考察戲劇返國後即大力提倡「小劇場運動」，並率先成立「三一戲劇藝術研究社」，舉辦話劇欣賞會為起點。更在救國團的協助下，成立「小劇場推動委員會」，鼓勵民間、學校組織小劇場；1962 年，教育部社教司成立「話劇欣賞演出委員會」，由李曼瑰出任主委，繼續推動小劇場運動，並輔導學校劇團的演出。民間戲劇機構方面，1967 年成立了「中國戲劇藝術中心」從事劇團組訓、聯絡與戲劇刊物及劇本的出版，並配合「話劇欣賞會」，以學校演劇為基礎，1967 年開始舉辦「世界劇展」演出外國劇作、1968 年開始舉辦「青年劇展」演出本國劇作。參陳美美：〈台灣五、六０年代現代主義文學的再起〉，《台灣現代主義文學的萌芽與再起》（高雄：佛光人文社會學院文學研究所碩士論文，2004 年 6 月），頁 69。

33.姚克（1905-1985），原名莘龍，又名莘農，安徽歙縣人。早年畢業於東吳大學，後留美在耶魯大學習戲劇。1936 年後編過《天下》月刊。1943 年在上海與黃佐臨等組織「苦幹劇團」。1949 年後定居香港，任永華影業公司編導及中文大學中文系主任。晚年移居美國。劇作有《楚霸王》、《清宮怨》、《美人計》、《秦始皇》等。參皮述民、邱燮友、馬

森、楊昌年著:《二十世紀中國新文學史》(台北:駱駝出版社,2005年9月),頁281。

34.姚克:〈再論「清宮怨」的主題〉,《純文學》月刊第2卷第1期(1967年7月),頁97。

35.林海音:〈讀者‧作者‧編者〉,《純文學》月刊第2卷第6期(1967年12月),頁235。

36.林海音:〈讀者‧作者‧編者〉,《純文學》月刊第6卷第3期(1969年9月),頁181。

37.蘇玄玄即是善於描繪飲食男女情愛糾葛的曹又方。

38.林海音:〈讀者‧作者‧編者〉,《純文學》月刊第7卷第5期(1970年5月),頁174。

39.彭瑞金:〈埋頭深耕的年代1960-1969〉,《台灣新文學運動40年》(台北:自立晚報社,1992年2月),頁127。

40.張系國:〈地〉,《純文學》月刊第2卷第3期(1967年9月),頁5。

41.張系國:〈地〉,《純文學》月刊第2卷第3期(1967年9月),頁10-11。

42.張系國:〈地〉,《純文學》月刊第2卷第3期(1967年9月),頁29。

43.王淑:〈畫廊寫影〉,《純文學》月刊第5卷第3期(1969年3月),頁10。

44.林海音:〈往事與回顧—純文學好小說編選隨想錄〉,《純文學好小說》(上)(台北:純文學出版社,1982年7月),頁2。

45.李漢呈:〈濃林密蔭中的佳作〉,夏祖麗編:《風簷展書讀》(台北:純文學出版社,1985年1月),頁173。

46.林海音:〈寫在前面〉,《純文學短篇小說選譯》(台北:純文學出版社,1981年8月),頁2。

47.白萩:〈香頌兩首—她的心、或許〉,《純文學》月刊第10卷第4期(1970年10月),頁79-81。

48.余光中:〈洛磯山〉,《純文學》月刊第10卷第2期(1970年8月),頁16。

49.林淑蘭:〈林海音的文藝天地——寫作、編輯、出版三部曲〉《中央日報》第11版,1978年11月1日。

50.余光中：〈焚鶴人〉，《純文學》月刊第 5 卷第 2 期（1969 年 2 月），
　頁 15。

51.郭明福：〈江山代有才人出〉，夏祖麗編：《風簷展書讀》（台北：純文
　學出版社，1985 年 7 月），頁 82。

第四章　純文學出版社的創立發展與結束

　　出版做為文學的生產機制，決定了文學存在的基本物質形態，也反映不同時期社會對文學出版的影響，徐開塵說：「出版事業的可貴，在於它與大時代脈動相互呼應。一個出版機構的成長歷程，正反映出大歷史長河的 一章一頁、一個片斷或一幅縮影。」（註1）

　　出版亦能階斷性反映文學現象、文學生態。李瑞騰說：「出版是文學發展重要的檢驗指標之一。文學出版的興衰，其實也正是文學的興衰。文學出版的探討，既是出版學，也是文學社會學及文學史的研究。」（註2）出版與社會不斷進行互動且彼此影響，並促成社會文化氛圍變遷。

　　文學圖書出版除了自身因素外，很大程度歸結於環境的催生促長。特定時代的社會文化生態（註3）造就特定文學圖書出版型態。出版的空間並非孤立自足，而是置身於同時代的文學、文化空間中，在運作過程中，不可避免地受到諸種社會因素制約，與經濟秩序、政治生態密切關聯。

　　文學的發展與出版環境有著特殊關係。現代文學，從某種意義上來說，即是與文學媒體變化緊密地聯繫在一起。進行文學研究時，不管從文學社會學的角度或文學史的觀察視野，都必須正視其生產機制，即文學圖書出版的過程。布爾迪厄說：

> 在閱讀被研究的特定文學場域的時候，除了注意到文學場域自身所特有的特殊結構和運作邏輯外，還要充分考慮到它和其他場域之間的密切關係及其他場域存在的影響。（註4）

特定時代的社會境遇，從根本上會制約著文學圖書出版的走向。長期以來我們討論文學史、文學批評，大都僅針對創作文本作研究，其實不僅作品是文本，所有相關的事件、人物言行、出版品本身的意識形態，及外在環境的物質型態，無不是文本，這些都可作為研究的重點。

出版家林海音卓越的文學與文化素養，乃藉純文學出版社之出版品，以物質化方式進入讀者視域中。純文學出版社原屬文學性出版社，所以它的發展歷程正可作為鑑照台灣文學出版的一面鏡子。其時間跨度長，不容忽視，其整體發展是我們討論出版史的史料來源。

本章將對「出版社」的社會角色進行關注。將純文學出版社，置於出版生態中闡釋。循著台灣歷史路徑，將其還原到它原處的文化空間位置，梳理其脈絡，顯現其演變蹤跡、回溯其建置歷史。期能藉由本章的探索，審視純文學出版社身為文學傳播媒介與社會變遷、文學發展關係，並折射台灣出版環境變化情形，以作為台灣文學出版研究的基礎。

第一節　創立背景

怎樣的環境背景，促使林海音投入出版界？本節將論及純文學出版社成立的 1960 年代（純文學出版社成立於 1968 年）之社會狀況、出版情勢與人心思想。

「出版」與社會發展密切相關，尤其受到經濟因素影響。經濟的改變帶動「出版」的變化。閱讀人口的多寡，雖說與社會文化深度有關，然文化深度有時又不得不受到經濟的影響。因為「出版物」的消費型態就是閱讀。

1960 年代初，台灣經濟開始轉型。政府推動的經濟發展，已成功萌芽——實施「開放經濟」，發佈《獎勵投資條例》、《加工出口條例》改革外貿策略，實行匯率改革、稅收優惠、金融扶持等措施，經濟因而全面起飛。國際貿易由入超變為出超，國民所得逐年提高，而「家庭消費性支出中，平均每戶用於娛樂教育及文化服務方面，由 1964 年的 1.20%逐漸提升為 1986 年的 10.03%」（註 5）個人家庭生活型態轉變，人們自由思想和求知慾亦逐漸提高。尤其 1968 年實施九年國民義務教育，隨著基礎教育的普及與教育程度不斷提昇，閱讀市場也不斷擴大。接受文學與新知的讀者群日漸擴增，各種景象造就了文學出版繁華的前奏。

圖書商品的精神文化屬性，使圖書商品內容，會不同程度地涉及社會意識型態。因而圖書商品與國家政治形勢，有著與生俱來的因果聯繫。1960 年代是政治力強過經濟力的年代。當時出版業並無資本主義市場的壓力，然政治因素卻左右了圖書出版的方向。

> 1960 年代社會仍籠罩在肅穆的政治氛圍中，政府延續 1950 年代以政府資源鼓勵符合政策要求的文學圖書出版，引導文學圖書出版走向。即如布赫迪厄所說：「宰制階級決定什麼是合法文化。」（註 6）政府對文化產業的投入是有傾向性的。1950-1960 年代為加強宣傳功能，由政府或政黨支持，先後創辦了許多出版機構（註 7），民營出版社亦大量成立。

在政治肅殺情境下，人們自然將樂趣建立在遠離政治現實的文學天地中。「閱讀」成了娛樂主要來源之一。1960 年代是一個人們喜愛文學書籍，對作家具崇拜心理的年代。加以政府對軟性、主觀、抒情的文學類型較不干涉。亦曾強調文學要標榜「人性」，極大成分是著眼於對抗隔岸的左翼思想。是故當時文學書銷路佳。文學圖書不需特別行銷企畫，只要書籍本質不差就有好成績。誠如夏祖麗

所言：「當時台灣的文學市場開始蓬勃，文學性出版社紛紛成立，不像早期市場開發不大，一枝獨秀，壓力也比較少。」（註8）

1960 年代台灣出版社的數量，由登記有案的一千三百多家邊昇到一千八百多家，速度不可謂不驚人！「出版社成長情形為民國 50（1961）年的 587 家，民國 59 年（1970）1,351 家，成長率為 2.4 倍，而出版量則較 40 年代成長了四倍」。（註9）「出版社到 60 年代末期增加到 1200 餘家，而圖書出版種類到 60 年代末則每年增加到 4000 餘部。」（註10）由教育部制作之「台閩地區圖書出版數量」顯示 1968 年圖書出版量為 3950 種，1969 年圖書出版量為 22556 種；1968 年文學類年圖書出版量為 782 種，1969 年文學類年圖書出版量 2615 種。由行政院新聞局編印：《中華民國出版事業概況》中數據，可知圖書出版在社會安定、經濟繁榮的條件下已逐漸復甦。《中華民國出版事業概況》一書中提到：

1960 年代的 10 年間，平均每年的出版量近五千種，各年度中以民國 58 年（1969）的 22,556 種為最多，其次為民國 59 年（1970）的 8,714 種，……但普遍都是文學類或社會科學類居首。（註11）

雖然林海音成立出版社是無心插柳，但在 1960 年代經濟成長與人心傾向，聚合而成文學出版的廣闊空間。更何況純文學出版社，出版的書籍皆是林海音精挑細選，用心規畫的傑作，因此帶來良好銷售佳績。

第二節　出版社的成立

本節針對純文學出版社的成立加以探討。包括成立源起、名稱標誌的訂定及出版路線的規畫等。

一、成立源起

　　文人與圖書出版有天生的聯繫因緣，如胡適之於商務印書館、巴金之於文化生活出版社、豐子愷、夏丏尊的開明書店。陳紀瀅與重光文藝、穆中南與文壇社、白先勇與晨鐘出版社、馮放民的作家出版社、梅遜的大江出版社、楊青矗的文皇出版社等。他們在出版社中投注了對文學的堅持和理想。

　　林海音承繼五四文人浪漫情懷，對於文學有一份過熱情感，始而自己創作，繼而成立月刊社、而後月刊社裂生而成出版社。據劉國瑞先生說：純文學出版社最早資金來源乃為台灣學生書局所給予的六萬元創立資金。因林海音離開《聯副》後，多位友人（丁樹南、馬各、唐達聰、劉國瑞）加上林海音、何凡共辦《純文學》月刊。月刊上刊登許多佳文，後以月刊社出版書籍，然按當時法令規定月刊社不可出書，必須以出版社名義方可出書。且月刊社銷路一直停滯，林海音有意離開月刊社。但思及「純文學」在讀者心中已佔有一定分量，若月刊停辦後，「純文學」一辭將隨之進入歷史，實為可惜！乃興起出版社以「純文學」為名的念頭。（註12）因而成立了純文學出版社，希望將好的作品藉書籍型式廣為散佈。

　　「1968 年純文學出版社最早的社址，乃以林海音位於台北市重慶南路 14 巷 1 號日式房子的後院，加蓋一小屋為社址。1970 年至 1971 年則因都市計畫，道路拓寬，拆屋整建。純文學出版社不得不遷址暫租台北市重慶南路 3 段 9 巷內一間公寓繼續營業。待1972 年道路整建完成，大廈興建完畢，純文學出版社再度遷回重慶南路，然住址改為重慶南路 3 段 30 號，營業部門名為『純文學書屋』直至 1995 年結束營業止。」（註13）

　　純文學出版社早期出書方針，乃以《純文學》月刊上，連載文章結集出版為主，如（表 4・1）所示。且由書籍出版時間可看出

《純文學》月刊一但連載完，大多即刻由純文學出版社以書本型態
出版，把握時效性。對讀者而言，文章結集成冊後，對整體的內容
較能一目瞭然，閱讀方式亦可化零為整。「先刊後書」的策略奏效
後，純文學出版社的營運狀況也更踏實穩健。因此可說，純文學出
版社乃奠基於《純文學》月刊之上。

表 4·1：純文學月刊篇章結集出版目錄

《純文學月刊》刊登篇章	卷期	刊載時間	純文學出版社結集書名	出版時間
「近代中國作家與作品」專欄	1：2～7：5	1967.2～1970.5	中國近代作家與作品	1982
孟珠的旅程	1：1～1：4	1967.1～1967.4	孟珠的旅程	1983
海那邊	1：3～1：4	1967.3～1967.4	海那邊	1985
砂丘之女	1：4	1967.4	砂丘之女及其他	1975
夏流	2：1	1967.7	夏流	1969
綠色小屋	3：1～3：3	1968.1～1968.3	綠色小屋	1968
包可華專欄	3：3～9：6	1968.3～1971.6	包可華專欄	1970
阿貝桑傑士：一個沈痛的故事	3：4～3：5	1968.4～1968.5	阿貝桑傑士：一個沈痛的故事	1968
克勞黛	4：1～4：2	1968.7～1968.8	克勞黛	1968
學生老師專欄	4：1～4：3	1968.7～1968.9	學生老師	1968
少爺	5：2～5：3	1969.2～1969.3	少爺	1969
權力的滋味	5：5～6：2	1969.5～1969.8	權力的滋味	1969
先知	6：4～6：5	1969.10～1969.11	先知	1969
一個美的故事	7：3～9：5	1970.3～1971.5	一個美的故事	1971
柳樹塘	8：1～8：4	1970.7～1970.10	柳樹塘	1971
		1967.1～1971	純文學好小說	1982
		1967.1～1971.6	純文學散文選集	1974
			純文學翻譯小說	1984
			純文學短篇小說選譯	1980

　　林海音曾說：「但我卻願意以『三疊集』為始，試行自行經營。假定能收回成本，工作就可以繼續下去。」（註14）因以喜愛文學為起點，不以營利為目的，「假定能收回成本」，出版社就可繼續下去。林海音堅守兩大出書原則：「1 每本書都經過精心選擇 2 絕不破壞讀者對『純文學的書就是好書』的信心。」（註15）

　　因此純文學出版社對於書籍的要求，除內容必具可讀性外。書籍所使用的字體、紙張、文章內文的文字加工、校勘補正，書的前言、後序，封面的設計、裝訂，皆一絲不苟、悉心策劃。

　　或許林海音個人保持一貫文化水準，加上對文學的熱愛，將「文學」奉為最高圭臬，秉持每三個月出四本書的品質控管，使純文學出版社的書籍，在嚴格品管下，皆有良好產品力。並秉持「偏於知識性、文學性，適合高中以上程度，一般家庭能閱讀的書」、「讀書能增進生活情趣，提高精神領域，是我主持出版事業的初衷。」（註16）的原則，因此純文學出版社出版的書籍，要求能開啟人們心智、導引人生方向，並關注圖書產品的人文和藝術價值，兼具文學的社會和消費價值（註17），並展現出版者與作者共築的審美價值觀。

　　純文學出版社屬獨立書店（註18），員工僅數人：社長林海音、主編夏祖麗、會計有金梅英、施素秋二人，總務為宋志英、夏祖葳、編輯為劉慧葵，業務有呂文義、劉煥斌二人，還有司機一位。純文學出版社在組織編制上，由林海音總攬決策並親自擔任總編輯，偶爾聘請一、兩位編輯幫忙文稿編校作業。編輯風格其實就是林海音的格調顯現，這也是作家出版社的模式。與今日編輯、印刷、發行分工明確的出版社有所不同。

二、名稱標誌

名稱是商業品牌的核心。「純文學出版社」名稱的設計，極具簡潔醒目、易識易記的特點，富於聯想，更超越地理、文化邊界限制。使讀者留下深刻印象，助於廣告效果和經營發展。

「純文學」此一名稱正好與林海音成立理念相呼應。意即以純正文學為主，不涉及任何意識形態，亦反對政治對文學的任何牽制，面對 1950-1960 年代文學的泛政治化，「純文學」此一詞別具意義。

標誌（註 19）是以精練的形象，傳達特定意涵。並借助人們的符號識別、聯想等思維能力，傳達特定信息。純文學出版社以標準字體（註 20），為純文學出版社的識別系統。林海音一向喜歡簡潔俐落，因此純文學出版社的標誌，以簡單隸書風格字體「純文學」三字。字體扁方橫勢，筆畫間的分布，上下緊密，向左右兩邊對稱展開，給人一種寬博的氣勢和獨特的韻味。

文字其實也是一種文本。文字的形式，除負載意義，也建構延伸意義。純文學出版社以字體為標誌的設計，雖缺乏直接圖解性，但卻巧妙含蓄、蘊涵深邃，仍不失美感特質。且以傳統書法字體製成標誌，將書法形象賦予更深遠的精神內涵。

三、出版路線

「叢書」（註 21）實乃出版社創造力表現，與行銷策略應用方式之一。純文學出版社出書方式，以單純四種叢書出版路線，積澱讀者對純文學出版社清晰品牌形象。純文學出版社所出版的圖書近250 本。以文學類、知識類為主，分四大叢書系列：「純文學叢書」、「純美家庭書庫」、「大文豪的智慧」、「藍星叢書」。

「純文學叢書」1967 年-1995 年乃以開放式，綜合性叢書編排方式，以出書順序排號下去，組成整套叢書的單獨著作彼此之間，沒有任何內在聯繫，題材範圍廣泛，涉及多種領域，由純文藝性擴大為知識性、生活性、藝術性，訴諸文藝消費群。

純文學出版社書籍，著重內容價值，與商業行為關係並不大。異於 1970 年代，引進行銷概念的書系經營模式──利用叢書規劃，以系統方式建立品牌特色（註 22）。「純文學叢書」僅以相同外貌標示屬於同一系列，然內容方面並無任何商業規劃手段，僅憑林海音直覺出書。

進入 1970 年代，商業化市場導向崛起，純文學出版社出書前，亦進行了準備工作。1976 年後為因應台灣經濟富裕，家長們較有能力為子女們購書，並較重視家庭生活。因此純文學出版社尋找正確讀者定位，將知識性書籍延伸至家庭讀物，降低文學嚴肅性、菁英性，改走趣味性、生活性，因而策劃了「純美家庭書庫」（1976-1986）。此套叢書乃專為兒童、青少年、家庭主婦所編選，類型上較為一致。作品內容以強調倫理、親情和諧美善為主。

1980 年後，面對工業社會來臨，現代人的茫然無依，純文學出版社出版了「大文豪的智慧」（註 23）系列，編印世界五大文豪給現代人的至理名言。林海音認為：

> 每位大文豪雖有他們個人的理性與感性，但都足以給現代人許多啟示、覺醒；現代人處於這繁忙、複雜、憂患的人間社會，心情無所依歸，看看大文豪以他們一生的體驗和思想結晶下所發出的心聲，正是我們所欣賞的美和藝術，所以領悟人生的真諦吧！（註24）

此套叢書以整體美的設計為著眼點。為讓此一系列突出其系列特色，除同一規格外，五本書之封面皆採林延齡的攝影作品，且攝影

內容皆以文學家或音樂家的故居為主。（註25）此外林海音以出版行動支持詩人的創作，在1968年-1984年出版了「藍星叢書」。內容以藍星詩社成員作品為主，如余光中、羅門、蓉子等。

第三節　發展歷程

出版是一種社會活動，順隨時代轉遷將呈現不同風貌。本節將純文學出版社進行歷史分期，看其對應外在環境的變化如何經營文學出版。

一、發微奠基階段：1967-1969年

政治系統易於塑造傳播環境，1960年代後期雖仍號稱反共復國時期，但除國家目標外，政治體制、施政重心、社會發展、文化建設好似多頭馬車，無法整合。戰爭雖已遠颺，安定與安全依然是當時主政者最高的施政標的，在這樣的政策下，社會上仍存著許多禁忌。且戒嚴之網已鋪設，意識型態的禁錮，限制人們言談與思考的權利，使人們感到惴慄不安。蔣勳說：

> 而我這一代，出生在戰後。具體的戰爭停止了。但是，長達四十年，卻始終沒有真正逃開戰爭戒嚴的陰影。伴隨著戰爭的假設而來的一切恐懼與恫嚇活著，許多書不敢看，許多事不敢談論、思想。也許，我這一代，所受戰爭的傷害卻是比父母一代更深切罷。（註26）

戒嚴不僅在政治、經濟、社會、造成無數禁忌，尤其對文化事業所帶來的壓力亦大。政治力的嚴峻使出版物傾向保守路線。

　　林海音在主持《純文學》月刊期間（1967.1-1971.1）為將好篇章以書籍形式呈現，因此以月刊社的名義將月刊上篇章結集出版。如《海那邊》（1967）、《小小說的寫作與欣賞》（1967.6）、《斷夢》（1967.8）、《學生老師》（1968.10）等，但礙於當時法令規定月刊社不能出版書籍，於是林海音於1968年12月成立了純文學出版社。

　　林海音以一介文人跨足經營出版時即以模擬為起步，此乃最為妥當的作法，因此選擇遵循成功典範。純文學出版社經營初期乃以學習文星書店、志文出版社以翻譯西書為主，但在同中求異。

　　蕭孟能於1952年成立了文星書店（註27）。1950年代，政府當局對內嚴厲的禁錮，無情切斷台灣文學與五四以來新文學的傳統關係，1930年代大陸作家，文學被視為反體制，許多作家、作品又被指為附共或淪共，加上日據時期文學傳統也遭砍斷。出版法令的繁複、管理限制的嚴苛等文化高壓環境下，使文星書店選擇出版無版權問題（註28），獲利亦可期的文學翻譯書，為其出版社經營的主線，並適時提供讀者一個脫離政治綑綁、束縛的文學空間。當時經營成效良好，更帶動西書中譯的風潮（註29）。

　　1966年成立的志文出版社，也以積極譯介外國新文學為主。不論哲學論著或是文學家、思想家的經典文本，其新潮文庫更打響知名度，但純文學出版社翻譯的西書性質與文星書店標榜思想、藝術、生活綜合性質不同。與志文出版社偏於新思潮引進、標榜創新實驗者也不一樣。純文學出版社乃以純文學為主線。

　　純文學出版社雖然也以翻譯西書，作為進軍出版業的門徑。然純文學出版社，以翻譯純文學書籍為主，走溫和平實路線，不重文學形式的創新。雖然純文學出版社與其他文學出版社對譯著選才眼光迴異，然為國人輸送國外文學資源的心是無分軒輊的。

　　純文學出版社出版的第一本翻譯書為《阿貝桑傑士：一個沈痛的故事》（1968）接著同年連續出版了《克勞黛》（1968）、《改變歷史的書》（1968）、1969 年則出版了《遙遠的海》（黃拉孟·赫美內斯詩選）等翻譯作品。林海音對外文並非在行，因此藉由其他國家的認可推薦而翻譯出版。尤其在 1965 年，林海音應美國國務院邀請前往美國訪問四個月，在這期間她拜訪了許多旅居海外的作家。如余光中、鄭清文、游復熙等人，請其推薦外文書籍進行翻譯出版。

　　純文學出版社從一開始就著意經營文學作品。許多出版物至今仍是文學經典之作。文學有它千古不滅的價值。不僅具載道功能，亦可反映社會問題，於社會改革中發揮重要功能。更具情感教育，使讀者精神昇華，情緒感動，獲致美學體驗。

　　1960 年代林海音欲以文學書籍滋養普世大眾乾枯的心靈，出版了許多文學書籍，如：吉錚／《海那邊》（1967）、林海音／《曉雲》（1967）、《薇薇的週記》（1968）、《城南舊事》（1969）、夐虹／《金蛹》（1968）、楊安祥／《學生老師》（1968）、鍾鼎文、洪炎秋編／《我底記憶——近代中國作家與作品（第二集）》（1968）、余光中／《望鄉的牧神》（1968）、《敲打樂》（1969）、羅門／《心靈訪問記》（1969）、蓉子／《維納麗莎組曲》（1969）、向明／《狼煙》（1969）、純文學編輯委員會編／《海外女作家小說集》（1969）等。往後亦以此為根基持續出版文學類書籍。

　　追求利潤當然是出版活動目的之一，但出版社形象卻是建立在文化傳播功能與經濟價值整合當中。知識分子雖與執政者存有緊張關係，但他們的優越性與菁英地位在面對社會大眾時仍不容置疑。因此純文學出版社，以菁英份子為撰寫群。出版了如彭歌／《小小說的寫作與欣賞》（1967）、鄭清茂／《中國文學在日本》（1968）、張健／《中國現代詩論評》（1968）、葉嘉瑩／《迦陵談詞》（1969）、

彭歌／《知識的水庫》（1969）等功能性書籍。引導國人進行創作，提升閱讀鑑賞能力。

　　文星書店在 1968 年結束營業，一時之間文藝書籍的來源面臨缺乏，純文學出版社趁機大量出版文學書籍，在奠基階段（1967-1969），出版的圖書幾乎以《純文學》月刊刊載過的作品結集出版為主，這也是走比較保守穩當的方式，純文學出版社即時代替了文星書店的地位，也為自己站穩腳步。而後進入 1970 年林海音經營的純文學出版社才開始盡情展顯出版人個人的經營特色。

二、成長興盛階段：1970-1979 年

　　1970 年代經濟、科技為台灣社會帶來體質轉換，工業成為經濟結構主體。局勢轉變，國家機器面臨極大挑戰與衝擊，也逐漸調整，對圖書出版以獎勵取代限制，使圖書出版開始轉向市場經濟，然商業性仍有限。

　　1970 年代　連串的的國際外交事件衝擊，激發了人們民族意識、理性批判精神，更導引文壇上鄉土文學豐繁揚升，甚而激發兩場文學論戰（註 30），文壇頓時熱鬧非凡。加以「1976 年，台灣的 GNP 每人突破一千美元；1978 年，經濟成長率高達百分之十四，同年的出口成長率高達百分之 25.7，世界第一。」（註 31）人民收入增加，生活水準提高，在教育、娛樂、文化的百分比增加，反映在出版市場上，則是人們願意消費購買書籍。而報禁的解除，使報紙增張增量，各報主編開始大量構思五花八門的各式專題，各式文藝寫作班也大量成立。一時之間文藝創作、閱讀人口與文藝出版品大幅成長。

　　正因為外部政治的鬆綁、社會經濟的發展與文壇內部的豐沛創作力，共匯聚合，因而產生容納高雅文學生存的空間。致使1970-1980年代初期，成為文學出版的豐收季，無論小說、散文、詩歌作品皆有亮麗成績。也促成所謂「五小」的出現。

　　五小中的出版人在出版物中，恣意融入個人出版風格，展現個人品味。如林海音的純文學出版社走純文學路線、姚宜瑛的大地出版社，注重親子教育。瘂弦、楊牧、沈燕士、葉步榮的洪範出版社堅守嚴肅文學水準。隱地的爾雅出版社以出版各種年度選集為特色，且常不惜成本更換封面設計，重視出版品包裝。蔡文甫九歌出版社則積極為該社作家爭取國內各種文學獎，包括：國家文藝獎、中山文藝獎、吳三連文藝獎、金鼎獎等等。更藉由擴展出版領域展現企業經營理念與版圖擴大的野心。

　　五小出版者更藉由出版社名稱與標誌，彰顯出版社精神。如純文學出版社以店號字體為代表的標誌。大地出版社以土地和樹的圖型，象徵如土地孕育萬物的願望。洪範書店取名洪範，乃效法《書序》：「洪大範法也，言天地之大法。」之義。「爾雅」取中國最早解釋詞義詞典的儒家經典之名並以張慕漁所刻「爾雅」篆印二字為標誌。九歌出版社則取《楚辭》中的篇名〈九歌〉名之。而林海音更被譽為五小的龍頭，一舉一動都成了其他出版社觀摩仿效的對象，林海音也主動糾集出版社負責人共同協商為出版尋求美好的遠景。

　　風格是一種在作品內容和形式有機統一中，顯示專屬相對穩定的整體性獨特韻致。純文學出版社在1970年代中，出版既符合審美原則又不失實用性、經濟原則的出版物。從外部型態與內在意涵，皆型塑其專屬美文風采，建構其自我體系的特定意義。

　　林海音理想乃為推廣高雅文學作品，要求讀者至少具備中學教育學歷，能夠耐心坐下來閱讀和思考，透過文字能想像其傳達的形象並品味其意義。顯然，這一圖書的讀者多是文化人。

（一）文化價值的內容

　　1970 年代出版業漸脫離政治意涵，較少意識形態的政治訴求。文學性圖書成為出版市場主流產品。純文學出版社屬於藝術家模式（the artistic mode）的生產。「排斥商業考量而尊崇藝術的內在標準（或是藝術的社會責任與道德使命感）。」（註 32）注重作家的人生觀、藝術觀乃至精神氣質。出版的書籍側重直面現實人生。

　　1970 年代純文學出版社極力提倡平實、深刻訴諸情感的散文創作。如《舊京瑣記》（1970）、《包可華專欄》（1970）、《愛情・社會・小說》（1970）、《窗》（1972）、《人生的光明面》（1972）、《焚鶴人》（1972）、《小太陽》（1973）、《和諧人生》（1973）、《文學的前途》（1974）、《純文學散文選集》（1974）、《愛書的人》（1974）、《聽聽那冷雨》（1974）、《老生閒談》（1975）、《陌生的引力》（1975）、《何凡遊記》（1975）、《二姊的家信（美國社會與生活）》（1976）、《老生再談》（1976）、《歐美文壇雜話》（1976）、《追憶西班牙》（1976）、《人的文學》（1977）、《送給故鄉的歌》（1977）、《不按牌理出牌》（1977）、《這些英國人》（1978）、《書與讀書》（1979）等。

　　亦不乏理論陳述如《和亞丁談里爾克》（1972）、《詩的效用與批評的效用》（1976）、《山水與古典》（1976）、《古典小說散論》（1976）、《火浴的鳳凰（余光中作品評論集）》（1979）。即使介紹西方文學，仍針對台灣的需求如《一個美的故事》（1971）、《裸猿》（1971）、《折翼之鳥——克里斯蒂推理小說集》（1973）、《砂丘之女及其他》（1975）、《瑪娜的房子》（1976）、《三度空間》（1977）、

《探星時代》（1978）等。甚而出版人生探訪與客觀事實陳述的報導文學。

1970 年代台灣鄉土文學興盛，波瀾壯闊的情形也孕育了現實主義的報導文學（註 33）。1975 年《中國時報》主編高信疆以「文學的筆、新聞的眼，來從事人生探訪以及現實生活真實報導的生動寫作方式」為著眼點，開闢「現實邊緣」專欄，刊載大量報導文學作品，使報導文學這個文類大放異彩。接著《台灣時報》、《台灣新聞報》、《聯合報》、《民生報》、《民族晚報》、《台灣日報》副刊等，積極呼應，大力倡導報導文學。此外《書評書目》、《愛書人》、《皇冠》、《戶外生活》、《時報周刊》、《人間雜誌》、《漢聲雜誌》、《綜合月刊》等，也不遺餘力地推波助瀾。加上各種文學獎中報導文學獎項的鼓舞，如中山文藝創作獎、國軍文藝金像獎、中國文藝協會文藝獎章、吳三連文藝獎、文藝金環獎、時報文學獎、中興文藝獎章、聯合報文學獎、中央日報文學獎、中國文藝協會文藝獎章，使 1970 至 1980 年代成為報導文學此一文類勃然興盛期。

當時的報導文學以暴露社會陰暗面為主，而純文學出版社出版的報導文學非以銳利筆觸揭露、批判社會黑暗面，反以人性視察、人性關懷為取向，關注現實為重要指歸。

純文學出版社充分利用圖書容量大、篇幅廣，能比其他媒體完成更全面、更有深度地採訪任務的功能。以系統採訪計劃，出版許多報導性文學。如夏祖麗編《她們的世界——當代中國女作家及作品》（1973）專門介紹當代中國女作家及作品。以新聞體與傳記體交互運用，刻劃出這些作家對人生、世界的看法。夏祖麗編《年輕》（1981）一書中，夏祖麗以細膩的觀察報導訪問了二十位不同專長，各具特色的年輕人，說出一群女青年努力奮鬥的故事，具殷鑑性。夏祖麗編《握筆的人》（1983）則訪問了十三位作家，以夾敘

夾議配合自然生動的對話，細說作家們的創作背景、取材來源、人生觀，並兼及他們作品的探討。夏祖麗著《人間的感情》（1983）報導具有堅強意志、奮鬥不懈精神的人物。甚至王信攝影集——《蘭嶼・再見》（1985）利用照片保存雅美族生活記錄，以攝影之作反思現代文明對自然環境的傷害，提供世人警惕。

（二）審美意涵的外觀

1970 年代台灣經濟發展快速，完成了十項建設與十二項建設，建立了新竹科學工業園區，確立了出口導向性經濟，經濟結構完全工業化，所謂「台灣奇蹟」、「亞洲四小龍」的聲譽，皆揚聲於此，從整個社會結構來看，1970 年代台灣逐漸發展為中小企業型態。社會安定，民眾知識程度提高，對各方的要求，不再以符合基本需求為滿足。

商品美學理念浸漬到人們思維，也瀰散到文化邏輯當中。出版者逐漸追求圖書外觀，對於圖書「包裝」更加注重，圖書朝雜誌化前進，重視版面設計。以往出版社講求的是書籍的內容，如今不僅內容重要，印刷、紙張、甚至封面設計，都成了影響書籍銷售於否的原因之一。

1970 年代，純文學出版社的書籍脫下昔日素顏，引入美學理論與方法，寄情於書籍的封面裝幀。以寧靜和諧、雋永典雅的意緒塑造書籍專屬容貌。不走現代混雜的美學風格，不將書籍單純視為商品看待，而是以其裝幀藝術賦了含蓄恬淡的文化意涵。封面與內文連貫協調，欲傳達給讀者一種簡易明瞭的內容訊息。使書籍具有質樸格調的質感與特色，在自然真切中散發專屬韻味。

「開本是指書籍版面平面面積的幅面尺寸,以全張平版紙幅面為計算單位。它決定書籍的大小和厚薄,是書籍外觀形態的基本成分,也是其它裝幀設計工作的重要前提和依據。」(註34)

純文學出版社早期書籍多貫予40開本,直至1981年後逐漸改為32開本。然部分書籍仍會根據不同書稿特性,採取特殊開本量體裁衣,展現設計格調。如《家住書坊邊》(25開本)、《剪影話文壇》(25開本)、《生活者林海音》(25開本)、《林海音童話集》(20開本)等。

套書出版為1970年代台灣出版界的一大特色。無論從閱讀興趣還是收藏角度看,裝幀精緻的套書占有廣大市場。遠流出版社「它開了台灣出版界出版大套書的先河,從而大大提高了台灣出版界的水準,使圖書出版邁上了一個新台階。同時,它也強化了出版社的發行手段,帶動了讀者的購買欲望,為圖書銷售注入了新的活力。」(註35)光復書局在1970年代亦出版了多套少兒叢書。邱各容說:

> 民國六十六年(1977)光復書局出版一套二十五冊的《彩色世界兒童文學全集》,菊八開,全部彩色印刷,而率先將國內的兒童讀物帶入一個彩色精裝的世界。該書的出版足以反映一個事實:當時一般家長在為孩子選購讀物的同時,已經開始注意和重視書的「裝飾性」,一改過去只注意「內容」的習慣。換句話說,精裝套書的出現,和社會風尚的轉變有關。不但講求實用,還要求美觀。對兒童讀物而言,除了對知識的吸收以外,一般家長也開始注意到書的「外表」,這是種革命性的「觀念的轉變」(註36)。

純文學出版社亦以簡單圖案亮麗色彩的封面出版小型套書,如《波特童話全集》(1977)、《波特童話圖畫本》(1978)、《世界少年童話故事·第一輯》(1979)、《少年偵探》(1980)、《護生畫集》(1981)

《林海音童話集》（1987）、《世界少年童話故事・第二輯》（1988）、《小朋友童話故事》（1989）等。以套書模式增加書籍的外觀美化，甚至以書盒製造書籍的立體感。

三、衰微退位階段：1980-1995 年

　　解嚴後文學圖書出版型態的轉變，實導源於政治力的消退與經濟力的介入。1987 年桎梏台灣多年的戒嚴令解除。出版空間隨威權體制鬆動日漸放寬。政治與文化同質的單一結構，漸被多元文化所置換。經濟場域的運作邏輯，滲透到圖書出版場域中。出版為一種產業的特質更加明顯。一個以商品形式向人們提供精神產品，和文化娛樂服務的文化市場（註 37）逐步形成，並興盛起來。圖書成為市場商品，受到消費者選擇和利潤法則所支配。進入消費反過來支配生產的後現代社會。

　　大眾性消費社會，使資本、商品邏輯取代了文化邏輯，甚而侵蝕了文化生產的基本規律及論衡標準。詹明信說：「在後現代時代裡，美學生產普遍整合進入了商品生產，主體也因而被整編到看似創新的商品和觀念浪潮之中。」（註 38）

　　菁英確立的社會秩序，面臨合法性的危機。因而許多價值信仰發生錯位情形，如精神／物質、文化／商業。「消費」已發展成一種客觀的、新的社會制度。「高生產的社會需要人們進行高消費，社會用各種方式（主要通過文化工業）去引誘人們消費產品。於是，在大眾傳播媒介的誘導下，人們在消費過程中不斷得到一種虛假的滿足。」（註 39）「刺激──反應」的模式，取代了「學習──思考」的模式。感官享樂取代了審美體驗，人們喜歡情感激昂刺激性的快樂，不再滿足於透過性靈理性，沉潛的寧靜快樂。深刻的閱讀，

逐漸變得追求淺閱讀。短小雜文、散文、選集大量出版。長篇小說出版數量逐漸減少。

文學的市場化，改變了以往由知識菁英主導閱讀興味的取向，知識份子的解釋權失落，改由「閱讀大眾」引導出版界。讀者的消費傾向，不但影響了作家創作原則，也影響了出版社出版原則。一些作者、出版者也自覺地把迎合讀者的喜好作為自己的目標，以贏得讀者青睞。

有些創作者也將作品以「商品」（註40）的姿態出現在市場上。出版者以積極姿態吸收、消化新的訴求外，對於文學嚴肅性的要求也日漸淡化、模糊。

面對市場的激烈競爭，以及越來越多人不看文學書的事實，逼使許多出版社必須面臨極大轉變，朝更多元的方向發展。你要保證經濟上的高利潤，就必須迎合經濟領域和廣大市民階層的審美趣味，擴大發行量。如九歌出版社即逐漸擴大其出版領域，將保健、生活、體育叢書皆納入其出版範疇，以保有既有疆土。

資本主義色彩日益明顯，文化空間蒙上利益導向。有時經濟力誘使文學倒向利潤中心，以致媚俗墮落。文學、文字慘遭物化，變成消費性的精神速食餐點。文化消費離藝術本真愈來愈遠，不僅擯棄了菁英文學的存在價值，更以消費主義、享樂主義，逐漸消解並顛覆文學的生存。漸成為法蘭克福學派（註 41）指稱的「文化工業」（註 42）之一環。

解嚴後，很顯然地看出純文學出版的黯淡光景。在文學類榜上所謂「純文學」在文學類中所佔比例愈來愈少，反而是一些通俗的作品日益增多。作為電子媒介的影視文學，更加速解構了作為印刷媒介的雜誌文學。

　　台灣出版人逐漸由「文化人」身份轉為「企業人」。然林海音堅持當一名文化人。堅持以生產者主導出版品的內涵，重視出版人自身的構想和價值觀，注意到書籍歷史的價值與意義。不願斷傷文學創作、犧牲對嚴肅文學的追求。不隨潮流盲目追隨顧客錯亂的步伐，反以懷舊、史料為 1980 年代出版重心，欲挽救文化消費大眾薄弱失色的精神文化。

　　商業化時代的生活讓人們喪失歷史感。經由商業機制建構出人們更多的慾望，人們的快速消費僅得到感情宣洩與廉價的安慰。實則換來更深沉的失落與空虛。

　　王斑說懷舊作品產生的原因為：「懷舊情緒，蘊含著烏托邦的意願。懷舊不願看到、拒絕服從在全球各地橫行霸道的所謂後工業、後現代的資本集團，不願接受歷史的『終結』」（註 43）「懷舊尋找真實的人生、身體經驗，不妥協地在商品世界之內之外，追求歷史和記憶的痕跡。」（註 44）林海音對台灣商業化傾向主流型態不認同，面對急速向物質傾斜的世界，產生回眸的視角。欲透過懷舊文本的出版，揭示當今心靈的匱乏，闡發潛藏的文化記憶。以懷舊作品，挑逗群眾懷舊情愫，紓緩現代人躁動不安的情緒。幫助消費者獲得那些似乎不可返的黃金歲月、甚至不同於現在的另一種生活樣貌。如《琦君說童年》（1981）、《哀樂小天地》（1981）、《城門與胡同》（1982）、《吾鄉・他鄉》（1984）、《喜樂畫北平》（1985）、《家住書坊邊──我的京味兒回憶錄》（1987）、《寫在風中》（1993）。

　　林海音 1944 年於北平師範大學圖書館編目組工作的經驗，使其對文獻典藏極具概念。對編輯、目錄整理自有心得。因而將史料分類整理，使之系統化。讓單獨的史料紀錄成為連續有意義的紀錄。在純文學出版社出版書籍中，可見諸多史料，《芸窗夜讀》

（1982）、《剪影話文壇》（1984）甚至 1984 至 1989 年編輯出版六百萬字的《何凡文集》。林海音欲藉由出版，使歷史以另一種面貌留存人們心中。運用書籍內文找回人們的歷史情感記憶。

　　純文學出版社對文學執著，以文學良心對抗商業潮流，把文學的香火藉純文學出版社的書籍傳遞下去，在消費為主的年代，更顯出其特有的時代意義。

第四節　結束營業

　　1970 年代後，台灣經濟雖步入常軌，然不論外交、政治、經濟都面臨了極大的衝擊，國內 1977 年的中壢事件、1979 年的美麗島事件，亦有石油危機、黨外人士欲鬆動國民黨威權體制，政治上反對勢力崛起（註 45），黨內外紛爭不已，民間社會也鼓動起來，各種街頭抗議抗爭行動不斷。族群紛爭四起，內憂外患紛至沓來，國家結構面臨鬆動與挑戰。

　　政府為維持政權合法性，也以吸納態度，將這些反動因子注入體制內，轉化為重生的力量，陸續鬆綁的態度也提供了許多政治機會。外在現實束縛與壓力減輕，一般人介入社會程度便日漸加深，致使知識份子認真審視台灣整體的困境與問題，進而提出「回歸民族」、「擁抱台灣」。更對 1960 年代「橫的移植」極力反動，因而衍生鄉土反思。葉石濤指出：

> 70 年代總共受到六次的政治性重大衝擊，這些衝擊有時是足
> 以動搖國本的毀滅性衝擊，使國人提高了反省的層次，也使
> 得社會上層建築的文化掀起了壯大的覺醒運動：此運動首先
> 肯定政治必須迅速改革，俾能對付由大陸而來的影響，同時
> 也要迅速推動台灣本身的自由、民主化，注重人權，使台灣

> 成為現代化的民主國家。在經濟上排除外國的經濟侵略與其
> 夥伴的買辦，建立自主的經濟制度，走向技術密集的工業國
> 家。文化上必須確立承繼民族傳統文化發揚光大的姿勢，積
> 極推動鄉土色彩的文化。（註46）

這些總總情形使文藝創作者／讀者有了省思的機會，開始思考文學
與生活的結合，關懷本土文化的理念漸生。1970年晚期台灣鄉土文
學崛起，1980年代鄉土文學的出版物廣受歡迎，以出版鄉土文學的
遠景出版社利用企劃作業的方式推出台灣文學叢書，因而占有廣大
市場。然而純文學出版物堅持自己路線，忽略了大眾對文學的喜愛
已經偏向鄉土論調，因而讀者逐漸流失。

　　加以純文學出版社作家群以老壯年為主力，隨著年歲日增，創
作力日衰。比例倒掛的現象暗示了後備力量的不足。新生代即如後
浪，如果缺少後浪推波，大海的勁道總也有限。班底的凋零與世代
銜接的中斷，使純文學出版社生產力日漸遞減，加以市場經濟不暢
的外部因素，使純文學出版社生命力日益減退，林海音的生病無疑
雪上加霜，而子女們對出版社的接手興趣缺缺，因此出版社逐漸步
入歷史。

小結

　　此章中，可發現出版業的運作與表現，無論置身那個時代，總
會受到特定勢力牽引：戒嚴期間，威權政治扮演關鍵角色；解嚴和
報禁開放後，新興工商業勢力則躍居主導地位。進入1980年代經
濟市場更是壓力源頭。

　　產製和消費是互動的過程，文學出版不僅塑造社會也被社會塑
造。社會階段發展同時，亦將呈現出版物內容的轉變，同時也反照

出讀者內心欲求。純文學出版社 1960 年代以翻譯知識性書籍為主，提供經世致用的學識，和當時社會面向達到深刻互動。1970年後，傾向美學為主的書籍，創造獨具格調的出版內涵。

出版是一種文化信息產業，所以肩負提高人們精神境界的使命。在出版市場流於商業化，文學書逐漸不景氣的 1980 年代，林海音以重文化輕商業的立場經營出版社。1980 年代，欲「闡發過去記憶痕跡中潛藏的生機、思變慾望、及歷史的前瞻想像，去發現在表面靜止的經驗世界和記憶氛圍中，其實潛存著種種烏托邦的圖新衝動。」（註 47）結晶於出版書籍文本上的社會意涵為懷舊，因而純文學出版社在 1980 年代出版了大量的懷舊作品。

純文學出版社一路走來，橫跨戰後台灣 3 個 10 年，皆秉持高雅格調此一主張。純文學出版社的出版物，確實對歷史的某一進程起了相當的影響，具重要揭示作用。由純文學出版社整體歷史系絡中，亦可初步了解台灣出版環境的轉折情況。

【附註】

1. 徐開塵：〈聯經三十年〉，《全國新書資訊月刊》第 66 期（2004 年 6 月），頁 4。

2. 李瑞騰：〈前言〉，《台灣文學出版——五十年來台灣文學研討會論文集（三）》（台北：行政院文化建設委員會，1996 年 6 月），頁 7。

3. 文化生態指：「一定時代文化各構成要素之間相互關連所呈現的型態，所形成的一種具有特徵的文化結構」。丁曉原：〈報告文學：文化生態結構中的獨特景觀〉，《文化生態與報告文學》（上海：三聯書店，2001 年 8 月），頁 3。

4. 高宣揚：〈場域的象徵性〉，《布爾迪厄》（台北：生智文化事業公司，2000 年 6 月），頁 269。

5. 邱各容：〈四十年來台灣地區兒童文學發展概況〉，《兒童文學史料初稿 1945-1989》（台北：富春文化公司，1990 年），頁 85。

6. 高宣揚：〈場域的象徵性〉，《布爾迪厄》（台北：生智文化事業公司，2000 年 6 月），頁 76。

7. 如台灣書店、正中書局、中華書局、中國新聞出版公司、中央文物供應社及文藝創作出版社等。

8. 夏祖麗：〈實踐純文學〉，《從城南走來—林海音傳》（台北：天下遠見出版社，2000 年 10 月），頁 288。

9. 林呈潢、劉春銀：〈圖書出版事業的發展〉，行政院新聞局編印：《中華民國出版事業概況》（台北：行政院新聞局，1989 年 5 月），頁 173-174。

10.王乾任：〈五十年來台灣地區總體出版概況〉，《台灣出版產業大未來》（台北：生活人文出版公司，2004 年 10 月），頁 14。

11.林呈潢、劉春銀：〈圖書出版事業的發展〉，行政院新聞局編印：《中華民國出版事業概況》（台北：行政院新聞局，1989 年 5 月），頁 171。

12.筆者於 2005 年 5 月 25 日訪劉國瑞所言。

13.筆者於 2006 年 2 月 9 日訪夏祖麗所言。

14.林海音：〈後記〉，何凡：《三疊集》（台北：學生書局，1964 年 5 月），頁 198。

15. 游淑靜：〈純文學出版社〉，《出版社傳奇》，（台北：爾雅出版社，1981年7月），頁39。

16. 程榕寧：〈林海音談寫作與出版〉，《大華晚報》，1979年10月7日。

17.「文學作品經過出版，以書籍形態作為讀物進入圖書市場，就必須具有社會價值和消費價值。社會價值可以系統地區分兩組主要功能，即思想功能和社會心理交際功能。屬於前者的有：信息、教育、啟發、娛樂、影響，等等；屬於後者的有：重建社會關係、打破孤獨、追求補償、擺脫強制和挫折、消遣和驅除緊張，等等。當文學消費者的消費需求通過這些功能得到滿足，作為讀物的文學便具有了消費價值。」參黃書泉：〈論當前文學出版〉，《文學轉型與小說嬗變》（合肥：安徽教育出版社，2004年9月），頁79。

18.「獨立書店」這個在美、加流行的語彙，其實並沒有嚴密的定義，只是為與連鎖書店對稱罷了，獨立書店可鬆散界定為地方性、不加盟、沒有上層主控的企業集團，但人們口中的獨立書店往往是一個帶有感情色彩的名字，一談到獨立書店，人們腦中浮現的形象就是：小、私人擁有、較專門、機動、親切、理想導向、將書籍視為文化經驗、不太賺錢，看來大抵是從機構大小、產品策略、組織運作三個方面來建構其意涵。參雷叔雲：〈小而美的策略——獨立書店的求存之道〉，《全國新書資訊月刊》第87期（2006年3月），頁14。

19.「標誌就是將事物、主題抽象的精神內容，以具體可見的造型、圖案表達出來。」參林俊良：〈視覺識別設計〉，《視覺傳達設計概說》（台北：藝風堂出版社，2004年11月），頁143。

20.「標準字是視覺識別系統中基本設計要素之一。所謂標準字（logotype）是指對企業、公司行號、商品和活動地固有稱呼或品牌名，賦予特別的造型與風格的字體。……更由於文字本身具有明確的說明性，可直接將企業、品牌地名稱傳達出來，透過視聽同步的特色強化識別性，所以也因此出現了字體標誌（logo mark），使得標準字的設計在整個視覺識別設計中特別受到重視。」參林俊良：〈視覺識別設計〉，《視覺傳達設計概說》（台北：藝風堂出版社，2004年11月），頁145。

21.「叢書」乃依一定的體例彙刊群書而成，或稱叢刊、叢刻。「現代叢書」命名多樣，如叢刊、文庫、系列等，甚至以「小說館」、「新浪漫主義」、

「青少年圖書館」、「麥田文學」等方式命名，藉以吸引讀者，提昇競爭力。

22.讀者經由叢書面貌，也輕易辨認出版社調性。如遠流出版社的小說館、前衛出版社的台灣文學叢書、麥田出版公司的當代小說家、允晨出版社的當代文學等。

23.出版日期皆為 1988 年 9 月。

24.編籍部：〈大文豪的智慧〉，鄭清茂編譯：《美的人生——里爾克篇》（台北：純文學出版社，1989 年 3 月）。

25.《關於人生》歌德篇——封面為瑞士日內瓦雷夢湖畔，詩人拜倫故居的窗子。《愛與生與死》托爾斯泰篇——封面為奧地利維也納皇宮教堂之窗，此地是音樂家，布魯克納擔任管風琴師多年之所。《愛情與生活》羅曼・羅蘭篇。《美的人生》里爾克篇。《生活與人生》赫曼・赫塞篇。後二書的封面皆為奧地利的薩爾斯堡一景，此地為莫札特出生地。

26.蔣勳：〈四十年來家國〉，《今宵酒醒何處》（台北：爾雅出版社，2003年 3 月），頁 42-43。

27.文星書店：1952 年，蕭孟能於台北衡陽路口創辦文星書店。最早的業務是發售及影印外語書籍，也出版了一些翻譯、改編而成的兒童圖書。1957 年，開始發行《文星》雜誌。1961 年，《文星》雜誌刊登了李敖的〈老年人與棒子〉，引起注意。1963 年，《文星叢刊》第一輯出版。1965 年，《文星》雜誌遭查封。1968 年，文星書店被勒令停業。參 http://zh.wikipedia.org/wiki/　2007 年 1 月 22 日查尋。

28.台灣早期翻譯作品風行，除因朝鮮戰爭，大量美軍進駐台灣，對西書大量需求外，與版權法未定有關。1980 年代以前台灣的著作權法並不保障外文著作，出版社無須支付版稅，因而譯書風潮興盛。台灣的著作權法延續 1944 年之舊法，經歷 1949 和 1964 年的些許修定，直至 1985年與 1992 年兩次重大之修正，才使得台灣著作權法達到國際認同的標準。因為台灣出版業盜版風氣氾濫，1992 年在美國政府的施壓下，新著作權法通過保障外國著作的翻譯同意權，規定自 1994 年 6 月 12 日起，未取得外國授權的翻譯作品不得販賣，此日，是台灣出版史上通稱的「六一二大限」，從此台灣出版界若要出版外國作品必須取得國外出版社的正式授權。

29. 效法文星書店，許多出版社皆以翻譯圖書為大宗，如平原出版社的冒險恐怖神秘小說精選叢書、七海遊俠叢書，十月出版社的十月叢書等。

30. 1972 年為批判 60 年代盛行的西化思潮，引發的「現代詩論戰」。1977年的「鄉土文學論戰」。

31. 許俊雅：〈70 年代的台灣小說〉，《台灣文學論——從現代到當代》（台北：國立編譯館，1997 年 10 月），頁 235。

32. 藝術家模式（the artistic mode）的生產，指的是創作者能夠完全掌握其生產與創作過程。行銷是附屬、次要的部分，並不直接影響創作。此外，創作者也往往具有某種藝術專業的意識形態，排斥商業考量，而尊崇藝術的內在標準（或是藝術的社會責任與道德使命感）文人主導的小出版社或是前衛藝術家團體都屬於這種模式。參林芳玫：〈文化工業的崛起〉，《解讀瓊瑤愛情王國》（台北：時報文化出版公司，1994年 8 月），頁 185。

33. 荊溪人為報導文學下一定義：「報導文學是以新聞的體裁，運用文字的技巧，作有目的、有系列、有結論的報導，以補充新聞不足，引導讀者，增進閱讀興趣的一種新聞寫作。」陳銘磻：〈無窮的熱力與光華——細數台灣報導文學發展面貌〉，《陳銘磻報導文學集》（台北：華成圖書公司，2002 年 9 月），頁 297。

34. 李建臣主編：〈選題與組稿〉，《圖書編輯學》（北京：北京師範大學出版社，1993 年 8 月），頁 303。

35. 辛廣偉：〈70 年代至解嚴前的圖書出版〉，《台灣出版史》（石家庄：河北教育出版社，2001 年 5 月），頁 80-81。

36. 邱各容：〈四十年來台灣地區兒童文學發展概況〉，《兒童文學史料初稿 1945-1989》（台北：富春文化公司，1990 年），頁 94。

37. 文化市場是指將文藝視為商品的生產和消費機制。在文化市場中，商品的交換價值不再僅僅取決於它的美學質量或作者的藝術地位，而且決定了特定藝術家、藝術風格或種類在藝術市場上的經濟價值。祁述裕：〈前言〉，《市場經濟下的中國文學藝術》（北京：北京大學出版社，1998 年 6 月），頁 5。

38. 王志弘、張華蓀等合譯：〈後結構主義、後現代主義與後現代地理學〉，《現代地理想像》（台北：群學出版公司，2005 年 4 月），頁 347。

39.吳海、周啟杰：〈試評馬爾庫塞的「文化工業論」〉,《北方論叢》第 1 期（1995 年）,頁 54-55。

40.文化產品在媒介市場上,一但以商品的形式來進行生產和銷售。文化產品可以換得消費者心理滿足、娛樂感及在世界上所處位置的虛幻觀念。羅森袞（Rosengren）提供了「相互依賴」論（interdependence）認為「大眾媒介與社會正在持續進行互動而且彼此影響。文化產業對社會的資訊和娛樂需求產生回應,而且同時也刺激了創新,並且促成社會文化氛圍的變遷,而這種情況又產生了新的傳播需求。」陳芸芸譯,Denis McQuail 著:《最新大眾傳播理論》（台北:韋伯文化出版社,2001 年 1 月）,頁 85-86。

41.法蘭克福學派（Frankfurt school of critical theory）,或譯為法蘭克福批判理論學派,是由德國法蘭克福大學社會研究所的研究者所組成的集團。對於當代資本主義及文化工業相關論題,有清晰而深刻的辯證批判。阿多諾堅持文化工業的產品（商品）並不是藝術品。

42.「文化工業」一辭,源於德國法蘭克福學派,是其對晚期資本主義社會的特定文化現象的一種概括。在這裡,「文化工業」自然還是指「文化」,不過,由於它已經喪失了原有的內涵,演變為一種商品「消費」活動,由於它的創造目的和創造手段與工業生產方式相似,諸如:大批量、複製性、標準化,以經濟效益為運作杠杆,以創造消費使用價值為目的,正如霍克海默和阿多爾諾所描述:「文化工業的產品到處都被使用,甚至在娛樂消遣的狀況下,也會被靈活地消費。但是文化工業的每一個產品,都是經濟上巨大機器的一個標本。」參潘知常:〈文化工業:美學面臨著新的挑戰——當代文化工業的美學闡釋之一〉,《文藝評論》第 4 期（1994 年 4 月）,頁 12。

43.王斑:〈創傷基調的革命後歷史:本雅明的啟示〉,《歷史與記憶——全球現代性的質疑》（英國:OXFORD 出版社,2004 年 7 月）,頁 151。

44.王斑:〈愛在燈火闌珊處:《長恨歌》中的時間、商品與懷舊〉,《歷史與記憶——全球現代性的質疑》（英國:OXFORD 出版社,2004 年 7 月）,頁 248。

45.對岸的中共政權在這個時期也改變了其「解放台灣」的對台政策,代之以「和平統一」的政治攻勢,這一變化緩和了兩岸長期以來的軍事

對立氣氛，也突顯了國民黨長期戒嚴的不合理性。……這一時期的國民黨國家所面臨的最大挑戰，便是台灣內部日益成長的黨外勢力。而美國透過「台灣關係法」對台灣的政治自由與人權狀況所施加的壓力，以及中共「和平統一」攻勢對國民黨維持威權體制的「法統」所造成的打擊，在很大程度上都提供了黨外勢力成長的空間與正當性。參張靜倫：〈國家威權體制鬆動下的女性自覺運動（1980-1986）〉，《顛簸躓仆來時路——論戰後台灣的女人、婦運與國家》（台北：台灣大學社會學系碩士論文，1999 年），頁 105。

46.葉石濤：〈70 年代的台灣文學〉，《台灣文學史綱》（高雄：文學界雜誌社，1987 年 2 月），頁 140。

47.王斑：〈導言：歷史‧記憶‧現代性〉，《歷史與記憶——全球現代性的質疑》（英國：OXFORD 出版社，2004 年），頁 8。

第五章　純文學出版社的出版品特色

「書籍」是出版活動中，最能令人感受其存在的具體表現。出版社自身的特點、優勢亦藉其出版品展現。出版社存在之理由，乃因書籍存在，書籍的特色涵蓋內容與外在形式，書籍的內容當然是最重要的。若書籍本質不佳，再好的包裝，再佳的行銷也枉然。

「出版」作為文化傳承的一項事業，不僅記錄人類歷史的點滴經歷，也見證時代更迭面貌，反映群體態度、興趣、價值取向。有什麼樣出版品，即代表當時該社會群眾的文化水平及閱讀需求。圖書出版更交雜著政治、社會經濟與文化變遷的光澤。朱樺說：

> 從文藝社會學視野看，文學作品已不單純是文藝學和美學中認定的作為閱讀文本存在的實體，而是作為文學社會活動過程中的文學產品而存在。（註1）

客觀環境將導引出版品內容變遷。「文變染乎世情，興廢繫乎時序，原始以要終，雖百世可知也。」（註2）正如戈德曼（L‧Goldmann）所謂「文學創作的集體特徵」亦即「作品世界的結構乃是與特定社會群體的心理元素結構相通，或至少有明顯關聯。」（註3）集體背景對作家詮釋的內容有所影響。群體的創作裡路，間接揭示了歷史文化向文學轉換的意義。讀者可由檢視作品內容所呈現的社會現象，探勘社會發展，尋繹社會現象的部份切面。

林海音在台灣文壇的重要性，除其個人文學創作外，則是她以出版人的角色，成立純文學出版社，出版近250本質量咸豐的文學書籍，積極參與文化傳播事業。然截至目前，除夏祖麗所編之《風簷展書讀》（註4）一書，曾請作家們針對純文學出版社所出版圖

書內容進行單本論述外,未見對純文學出版社出版品做綜論之篇章。且在《風簷展書讀》一書中,僅能一窺作家在純文學出版社的個人文學表現,及單本圖書對社會的影響。此書尚無法確認,純文學出版社出版品,整體所突顯的特色。

　　埃斯卡皮說:「從過程來看,社會性是文學性的一個方面,而從機構來看,文學性則是社會性的一個方面。」(註 5)是故本章將文學置於社會中,視為一種社會活動。以文藝社會學(註 6)為基礎,將焦點集中於書籍的圖書內容,亦論及作家創作心靈層面,了解純文學出版社經營者(林海音)用心所在,進而確認純文學出版社出版品的社會意義、文學價值。

第一節　推動知識性書籍

　　社會情勢的改變,帶動人心思想轉變、文學界變化。1950、1960年代台灣大體上循著「政治保守、經濟、文化西化」的路線,1960年代在出口導向的經濟政策主導下,台灣的經濟持續不斷地穩定成長,不僅促使新興的中產階級崛起,而且普遍提昇了民眾的生活水準。民眾冀望追上西方國家的步伐,也展現出對新知新學的渴求。

　　書籍是傳播媒介中恆久性最大、重複暴露累積效果最強的。其容量大,對特定主題能專一深入,因此也最適宜傳播知識或觀念。為配合台灣人民觀念指導的需求,因此純文學出版社在 1960 年代起,出版較為嚴肅的知識性書籍,啟迪民眾思想,提昇人民文藝素養,輔助讀者吸收各種新興知識,俾使社會變遷加快,人文快速覺醒。雖然媒介的力量有限,充其量是強化有限效果,但總希望藉由出版書籍傳承觀念、思想助於國人現代化(註 7)步伐。

　　林海音善用其人脈，廣邀學界人士，撰寫知識性書籍。讓學者走出象牙塔以平淺的語言文字，將專業學識以深入淺出的方式傳入國人視野。溝通並縮短學院人士與大眾間的隔閡，提昇社會文化水平，啟發大眾智慧並供給知識，進而將知識擴展為人們性情涵養。

　　如鄭清茂／《中國文學在日本》（1968）詳述中國文學在日本被接受、發展的情形、張健／《中國現代詩論評》（1968）對現代詩提出精闢見解、彭歌／《知識的水庫》（1969）介紹新知導引閱讀方向，讓想讀書的朋友，能在茫茫書海中按圖索驥，方便撿擇！葉嘉瑩／《迦陵談詞》（1969）論說詞的理論與賞析、李廉鳳的《裸猿》（1971）是一本以動物學、生物學為考據的書籍。李廉鳳說：「它是一個動物學者對於人類的坦白觀察與分析，以淺易的文字，寫出人類的過去，從過去分析現在，從現在推論到將來。」（註 8）夏志清所寫的評論專書《文學的前途》（1974），將中國五四以來中國文學的變革做了一番檢視、彭歌／《愛書人》（1974）此書不僅是一部傳記，更是「一個觀念、一種服務和對圖書工作與學術提供貢獻的故事。」（註 9）喬志高／《美語新詮》（1974）以淺顯易懂的方式整理習見常用的美語，幫讀者解惑釋疑。

　　林文月／《山水與古典》（1976）內容則涉及我國古典詩文及文人短論。樂蘅軍的論評散文／《古典小說散論》（1976）對古典小說重新品鑑詮說、夏志清／《人的文學》（1977）則以批評的方式討論中國文學、文化。黃維樑／《火浴的鳳凰》（1979）對余光中做了全面性的論評。琦君／《詞人之舟》（1981）內容除對詞文體做介紹外，也對詞的作品及作家有所評論、章樂綺／《美食當前談營養》（1981）將中國傳統美食輔以養生之道闡述、喬志高／《聽其言也——美語新詮續集》（1983）、洪兆鉞／《圖書分類與管理》

（1984）探討圖書分類法、期刊管理、圖書館之經營管理。程振粵編／《四用英文（會話・閱讀・字彙・翻譯）》（1985）等書。

　　林海音對新思想新觀念有敏銳觸覺，也對各方領域充滿好奇心，因而出版各式知識類翻譯書籍，如愛爾渥德（Maren Elwood）著／丁樹南譯《小小說的寫作與欣賞》（1967）教導小小說書寫策略，提供文學鑑賞方式。唐斯（R・B・Downs）著／彭歌譯《改變美國的書》（1968），此書是一本專門討論「書」的書。書中所介紹的二十五本書，是唐斯博士認為美國建國以來近二百年間，形成美國文化與文明，影響最為重大的書。這些書中所表達的思想與意見往往是較激烈的，如馬克思的《資本論》、馬漢的《海軍戰略論》、史密斯的《國富論》等。讀者可藉此書了解近代西方文明的發展與變化，也體會這些書所造成歷史變革的威力。誠如譯者彭歌在介紹這本書時所說：

> 這本書的目的是探討一些對於歷史、經濟、文化、文明以及科學思想具有最重大影響的著作；其期限則大致始於文藝復興，降至二十世紀的中葉。……被選出來的書，必須曾經對於人類的思想和行動，發生過重大而持續的影響；而且這種影響不止限於某一個國家，而是及於全世界重要的大部份地區的。（註10）

林海音一向反對不平、因此反對霸權、共黨，在1969年出版有「紅色漢明威」之稱（捷克）穆納谷（Ladislav Mnacko）著／彭歌譯《權力的滋味》（1969）。此書發出對共產鐵幕譴責之聲，富文學價值與歷史意義。美國《時代》雜誌記者曾訪問穆納谷論及《權力的滋味》一書，他說：

這本書中所描寫的情節，全都是真的。我們以前老認為我
們治國掌握，一定比那些被我們打倒的人要好得多。但是，
我們錯了。我並不譴責某一個人。我譴責的是產生那樣一
個人的整個制度。我的書，論辯的是我們整個制度之破產。
（註11）

畢竟權力造成人們的腐敗，共產極權正是導引人們走向衰朽的路
途。此外聞名世界的黎巴嫩文學巨匠紀伯倫（Kahlil Gibran）著／王
季慶譯《先知》（1969）文中藉「先知」之口，暢論人生的各種情
感需求，哲理深邃寬博。艾略特（T. S. Eliot）著／杜國清譯《詩的
效用與批評的效用》（1976）、（日）渡邊淳一著／嶺月譯30萬字
的《無影燈》（1984），原作者渡邊淳一本身為外科醫師，藉此書
探討現代醫學和醫療方法，此書除具文學性外，亦提供許多日本醫
療制度的啟示。

　　出版品本身具文化思想，能在出版書籍內容中，以持久的內
容，發生潛移默化的作用，導引社會心理，奠定大眾對事物的觀點
及價值觀，營造某種社會風氣。純文學出版社所出版的知識性書籍
刺激了當時的流行文化，啟動人們內心深處的求知熱忱，帶動「知
識性」書籍成為新閱讀類型。也帶來可觀地銷售成績。彭歌回憶當
年純文學出版出版知識性翻譯書籍的銷售情形：

她（林海音）的眼光果然不錯。那本書（《改變歷史的書》）
出版不久，台大歷史系選為參考書，其他學府陸續都表重視，
很快就再版、三版、四版。有一回老總統蔣公在一項會議中
提到《改變歷史的書》表示讚許，有了這些意想不到的推助，
自然成為暢銷書。連帶此後我譯的幾本書，如《人生的光明
面》、《熱心人》、《浩劫後》、《愛書人》等，本本都進
入暢銷榜，海音大樂，我也大樂。（註12）

彭歌更說：

> 唐斯博士《改變歷史的書》，中譯本自民國五十七（1968）
> 年七月出版，已歷五年；至今（1975）銷行二十二版四萬四
> 千冊。圖書出版界的朋友都認為，以一本嚴肅性的書籍，能
> 夠得到廣大讀者的如此愛好，是一個「奇蹟」（註13）

《改變歷史的書》（1968）證明了嚴肅知識性書籍，只要有合適的
詮釋，也能讓國人接受。暢銷書是社會集體底層情緒展現方式之一。
知識性書籍的暢銷，顯示知識類書籍正是人們所需要的。誠如林海
音說：

> 《改變歷史的書》本社自去年七月出版以來，造成空前的知
> 識之書的暢銷。這個現象，不是說明商業行為的可喜，而是
> 說明本省讀書現象的可喜。（註14）

這類文學智識類輔助讀物，擴大了正規課堂教學以外的知識
面，也增進大眾對知識尊嚴的敬重。往後林海音依然不斷尋求好的
知識性書籍出版，提升大眾知識品味能力。為知識性書籍由冷門到
熱門起了鳴鑼開道的作用。

第二節　迻譯文學佳構

施蘭姆認為訊息如欲達到可能的傳播效果，必須具備幾個條
件，其中有一條件即是「引起閱讀人之需要並滿足此需要。」（註
15）1970年代社會的穩定，民眾從單純平靜、內斂守舊的個性轉
為樂於接受新趨勢與異思想。因而翻譯書成為出版大宗。

林海音更基於「民國四十五（1956）年以後，再一代的年輕作
家陸續出現於文壇了。」無論台灣省籍或外省籍的孩子，新一代的

孩子，不再寫戰鬥、抗日的作品，「因為沒那種經歷和生活體驗，他們寫的倒是純文學作品多。而這時也更需要外來的文學，所以世界各國作品的翻譯文學，也不斷的供應給讀者。」（註16）

　　雖然1950年代起，許多文學雜誌已極力引進西方文學作品、文學理論。如《文學雜誌》、《現代文學》、《藍星》、《創世紀》然而雜誌的介紹畢竟是零星的，知識的累積也為片段式。林海音為提供年輕一代創作者西方養料，使其吸納國外思潮，拓展新眼界。因此純文學出版社以全本書籍的型態，廣邀海內外學養豐富的作者，將世界各國經典書籍做適當迻譯，以適合國人胃脾。

　　這些翻譯書籍使讀者眼界為之大開，也展露了林海音與世界接軌的強大企圖。利用域外文學藝術經驗以豐富本地學養，以便取他山之石以攻玉，如西格爾（E‧Segal）著／黃驤譯《愛的故事》（1971）雖是單純的情感故事卻散發攝人力量。諾曼‧文森‧皮爾（Norman Vincent Peale）著／彭歌譯《人生的光明面》（1972）一書，說明人們所追求的光明、勇氣賴於人民的信念。書中論述與事例相輔，標舉的主張平實而易懂，由於文中所述皆真人實事，更能激發人們積極向善的志氣。譯者彭歌說：

> 我所讀到的這本書，是法西特公司出版的紙面本，全書分為14章，共223頁。如果全部譯為中文，可能在30萬字以上。為了適合國內讀者的閱讀習慣與表達的方便，我對內容做了若干刪節，以期更為緊湊。但書中主旨所在，皆存其本來面目。（註17）

　　甚至厚達五百八十三頁具戰鬥精神（美）尤瑞斯（L‧Uris）著／彭歌譯《浩劫後》（1972）。全文分三部份，主要描述波蘭籍醫生柯亞丹，如何由第二次世界大戰劫後餘生，努力熬成英國爵士的過程。當中最精采的部份是柯亞丹在二次大戰時，被德軍強迫在集

中營內，以營中囚犯做一種極不人道的試驗，而後此事遭美國作家蓋冬波書寫成作品，而後兩人各自站在各自立場，對簿公堂激辯的過程。庭上的辯論，等於是對德國人戰時罪狀嚴厲的控訴。作者以猶太民族受害者角度發言，所譴責的對象，不僅是二次大戰期間納粹的暴行，更是一切違背人性的征服慾與暴虐狂。書中亦彰顯不同文化背景下價值觀念、人生善惡評價的衝突。

　　從中更可看出猶太民族所經歷的苦難，及他們不得不時時警覺惕勵，團結一體的心情。由於猶太人在歐洲，和中國人在東南亞一樣，雖然握有可觀的經濟力量，卻缺乏政治力量的保護。而猶太人更到處受排擠、猜忌、迫害，甚至被集體屠殺。在二次大戰期間，希特勒即屠殺了六百萬猶太人。後來猶太人建立了自己的國家，彼此團結一致。希望國家永續的信念更加堅固。譯者彭歌說：

> 我採取了稍加節譯的方式，主要如人名、地名的譯音，書和公文的格式，以及法律程序的細節，我都予以簡化以適合我們的閱讀習慣。至於故事本身則儘量求與原著相符合。譯事艱難，舛誤難免，但我之急於要將這本書介紹出來，與我個人最近的心情亦頗有關。（註 18）

台灣一連串的外交挫折在 1970 年後接踵而來。自遷台後，國民黨政府便相當依賴美國，然因東西冷戰結構及地緣政治考量，美國在外交、軍事及經濟各方面亦支持國民黨政府，然這種互利關係在 1960年代末期，因中國大陸與美國為應付蘇聯，彼此關係日漸密切而有了變化。加上越戰與中俄邊境衝突，使美國與中共關係更形緊密。

　　1970 年尼克森政府開始改變其地緣政治策略，以「和談代替對抗」的態勢下拉攏中共，1972 年更撤退駐台的美軍。在 1971 年國際上承認台灣的國家有 54 個，到 1978 年僅剩 21 個。到了 1978年 12 月美國總統卡特甚至宣布與中共建交，並與台灣斷絕外交關

係。此外釣魚台事件（1970年）、退出聯合國（1971年）、台日斷交（1972年）等事件，使台灣被迫一步步退出世界舞台。筆者相信彭歌急欲藉由《浩劫後》描寫猶太人的團體意識，乃希望國人能緊密團結共渡難關。正如彭歌於《浩劫後》一書中所表示：

> 我們需要反映真實人生與時代意義的戰鬥性作品，戰鬥決非僅限於戰場上，而適用於每一個人，需要每一個人能夠在大我的號召下有所奉獻。《浩劫後》給我這樣的啟示，我希望讀者能與我分享這一種滋味。（註19）

超現實主義（日）安部公房著／鍾肇政譯《砂丘之女》（1975），藉採集昆蟲的教師，誤陷沙洞。深達二十尺的沙洞卻不斷湧進沙，為求生存，只能不斷與沙搏鬥抗爭的經歷，隱現生存的現實情況。此書儼然為戰後日本的寫照，戰後日本的荒瘠即如書中的村莊。村落中的人民為了挽救村子，他們不顧一切的團結，不惜任何代價。愛鄉（國）的心是一樣的，唯有合作大家才能生存。這是否也暗示了我國的處境與書中的村莊一樣。書中將抽象道理以具體故事呈現，且文中比喻技巧的使用更令人讚嘆！

朱佩蘭翻譯的日本短篇小說集《夏流》（1976），書中收錄得過日本芥川獎和直木獎的作品。（俄）索忍尼辛著／沉櫻譯《瑪娜的房子》（1976）。（美）羅勃‧海萊恩（R‧A‧Heinlein）著／孫成煜譯《探星時代》（1978）等，這些至今仍為人們喜愛之作。

林海音更請杜國清翻譯當時尚無完整中譯本的波特萊爾（Charles-Pierre Baudelaire）著的《惡之華》（1977）。杜國清說：

> 關於《惡之華》的中文翻譯，除了一些選集的零星翻譯以外，就我所知，只有戴望舒的《惡之華掇英》（共23首）。因此，本書可說是到目前唯一的中文全譯本。（註20）

希望讀者在波特萊爾（Charles-Pierre Baudelaire）的詩作中尋找力量。

科幻文學乃一特殊文類，作者可藉此文類天馬行空，大膽想像。橫越已知的現世，虛構未知的將來。科幻文學亦能使讀者脫逸現狀，尋覓更寬廣的心靈空間。台灣文壇出現科幻文學乃自 1960年代末期開始。這是人心受到社會、環境拘限後的逃避心理，希望在作品中得到潛意識的需要與滿足。純文學出版社 1970 年代起即積極移植外國科幻文學，以加速台灣科幻小說的發展。張系國說：

> 好的科幻小說可以啟發少年人的心智，刺激他的幻想力，鼓勵他從事進一步的科學研究工作。我們的科學教育，近年雖有很大進步，但仍偏重實際知識的灌輸，比較忽略培養年輕人的想像力，日後從事科學研究工作，缺乏想像力往往成為一大障礙。因此介紹翻譯好的科幻小說作品，也許可以彌補我們科學教育這方面的缺陷。（註21）

張系國本人也為純文學出版社編譯《海的死亡》（1978）一書，書中顯示各國科幻小說的創作成果，以供國人學習參考。張系國說：

> 原則上，我希望從每國選出一兩篇有代表性的精采作品。選出的作品，最好能同時反映該國傳統、社會環境或政治制度的特色。再次，選出的作品又儘可能要包容各種不同主題、不同形式的科幻小說，最好每一篇都能介紹一個不同的科幻小說題材。……每篇作品後面都有簡短的附註，使讀者在讀完原作後，可以參考評註的部份，更進一步了解作品的背景及內容。……能擴充青年作者的創作領域，並且可作為有志從事科幻小說創作者的第一步參考資料。（註22）

翻譯屬一種「創造性的背叛」（註23）純文學出版社由一批新的讀者通過翻譯闡釋，使國外作品橫跨時空、超越語言重新在台灣

復活，獲得新生命。西方文學進入中國語境後，不僅外在型態改變，中文的精神也賦予在轉變文學中。讀者通過翻譯文學進而了解／接受外國文學。作家通過翻譯行為而吸收外國文學的精髓，並在翻譯創作中表現出來。如張秀亞翻譯（英）維金妮亞・吳爾芙（Virginia Woolf）著《自己的屋子》時說：「最近試譯全文，我的心靈才算真正的進到書裡——宛如法郎士所說，在其中作了一次靈魂的探險。」（註 24）

　　純文學出版社出版的翻譯書籍，大多譯筆清麗暢達，按文切理，語無增飾。能恰當地傳達出原作的情趣和意味。且譯者會在原著之外，復加補充說明，使國人更能接受。

　　林海音對翻譯書籍選定的眼光很高也很準，當年在純文學出版社翻譯出版的書，往往造成當年的暢銷。時至今日也證明這些書的確是值得一閱的好書。

第三節　引介少兒讀物

　　林海音早逝的童年，讓她不勝唏噓，因此以少兒文學推廣、創作、出版填補她童年的空白。林海音早年極力推廣少兒文學——參加何凡主持的世界兒童文學名著編譯計畫、擔任由台灣省國民學校教師研習會舉行的「兒童讀物寫作班」講師、「兒童文學研習會」講師、1964 年擔任台灣省政府教育廳兒童讀物編輯小組文學主編。林海音自第一篇兒童文學創作〈金橋〉後，陸續寫了不少兒童文學創作及譯作。以學童日常熟悉的事物為題材，敘述人性的關懷、人道的推廣，使兒童能透過閱讀、想像得到情感的抒發與知識的增長。更藉由純文學出版社出版了許多少兒圖書。

文學教育是人格教育的一部份。少兒是人生成長的重要階段，一個人長大後，是否喜愛讀書，跟孩提時所受教育與所接觸書籍有關，書籍影響少兒價值觀與文化理念至鉅。因此少兒讀物成為林海音致力出版的一個領域。

台灣早期可供孩童閱讀的書籍並不多。由光復初期國語推行委員會、東方出版社、台灣省教育廳、國語日報為兒童文學荒蕪園地開墾後，經過 20 年的蘊積成長，加以印刷、裝訂技術進步，政府及民間基金會設置兒童文學創作獎諸多因素，促成 1970 年代兒童讀物展現蓬勃昂揚的生命力。純文學出版社自 1976 年起不斷引介外國少兒讀物，使國內少兒文學更為豐富。

《波特童畫全集》已被十餘國翻譯，在台灣純文學出版社首次請曾子翻譯《波特童畫全集》（1977），書中以流暢用詞，加上色澤明亮的水彩畫吸引孩童。純文學出版社也以其原書的小版本形式出版，方便小孩的小手拿取。林海音編譯的《猛狗‧唐恩》（1978）、何凡譯的《小飛俠潘彼德》（1978）、《誰是賊》（1979）、盧慧貞譯《爸爸真棒》（1979）及一系列《世界少年童話故事》（1979）等，培養少兒們開闊心胸與遠見、使少兒體認人生應該行走的方向。

純文學出版社出版的少兒文學，大多以感性的筆調，描繪兒童們純真的心靈。讓兒童從書中得到教誨，並喚起內在理性。以真情替代冷硬的教條口號。利用潛移默化的陶冶方式改變少兒心性，引導其樹立遠大理想，領悟人生真諦、把握人生方向，達到輔導的作用。如（瑞典）林葛琳（A‧Lindgren）著／嶺月譯《少年偵探》（1980）文中描述少兒獨立的人格、追求真理的勇氣，給少兒良好的示範。李佳純譯的《灰狗公主》（1982）透過書中孩童的歷險過程，寓教於中。嶺月翻譯的《飛天大盜》（1983）內容充滿冒險犯難的精神，極具戲劇性、想像力，也描述了少兒們的正義感。金仲

達譯的《虎王》（1987）、林海音翻譯的《鴿子泰勒》（1989）更觸及久已掩抑的人性層面，引發讀者對人自身存在的思索。

由於孩童可塑性大「染於蒼則蒼，染於黃則黃」。因此林海音始終以最嚴謹的心態出版每一本少兒圖書。林海音說：「為兒童讀的，在寫時就先要有計畫，是給幾歲孩子看的？他們認識了多少字？他們喜歡什麼故事？可以說完全是伺候孩子，依孩子的意志而寫的。」（註25）純文學出版社亦出版國人自撰的少兒作品，如林煥彰的兒童詩集《妹妹的紅雨鞋》（1976）、楊喚的詩集《水果們的晚會》（1976）、純文學出版社編《我的小貓》（1978）、琦君的《琦君說童年》（1981）、卜貴美的《楊小妹在加拿大》、楊華瑋《楊小妹留洋記》（1982）、林海音撰《小朋友童話故事集》（1989）等。

少兒文學的讀者正處於人生觀、世界觀逐步形成的重要時期，此時文學中若能提供正確的行為指標，使少兒能在文學中找到對於人生、社會的答案，相信定能幫助他們正確認識和思考現實生活中的矛盾和問題。

林海音希望藉文學書籍的力量彌補教育上的不足，並在少兒心靈播下文學的種子，林海音及其所主持之純文學出版社，對少兒書籍的寫作出版，為台灣地區早期少兒文學發展作出了貢獻。

第四節　紛呈異域風光

人們物質享受滿足之餘，即欲追求精神食糧。希望藉由大眾傳播獲致生活娛樂。克雷波教授（J・T・Klapper）曾說：

> 傳播的娛樂是使受播者忘卻焦憂及問題，而獲得情感舒暢的活動。無論怎麼解釋，娛樂絕非世俗的趣味。這種傳播的功能足以調節人的感情與理性，產生心理上的平衡。（註26）

傳播媒介因消費者的需要而蓬勃興盛。台灣直至 1979 年 1 月 1 日政府才開放國人出國觀光（註 27），是故具娛樂性質的遊記文學，對 1970 年代猶然封閉的台灣讀者來說，充滿了新鮮的吸引力，畢竟異國神遊對大多數被嚴密拘禁的心靈而言，多少滿足心靈上片刻特權享受，更有放縱思維奔向廣闊空間的快感。

在台灣旅行文學尚未蔚然成風的年代。純文學出版社即出版了許多既具文學性，更富知識性的遊記散文，使讀者能在精神上四處神遊，尋幽訪勝。「忘卻焦憂及問題，而獲得情感舒暢。」如林文月的《京都一年》（1971）。是林文月於 1969 年經國科會遴選，赴日本研讀比較文學，在日本一年中所見所聞的紀實。林文月以寫景抒情的方式將京都對文化保存、文藝活動皆做了介紹。蔣鍾琇《雪山之旅》（1971）以質樸的筆墨暢談英國的交通、習性、流行文化等獨具風采。何凡的《何凡遊記》（1975），描述了日本、韓國、泰國、印尼、馬來西亞、越南等國，社會、軍事、政治、經濟、體育，及人物、景色的介紹。徐鍾珮《追憶西班牙》（1976）一書不僅是遊記散文，也是歷史。作者將西班牙的歷史融於景物介紹中，既寫山水之形勝，亦傳山水之性情讓讀者分享。

潘人木《哀樂小天地》（1981）中，以新疆為背景的生動故事，提供讀者迴異的生活實感。蓉子廣見博識的《歐遊手記》（1982）以溫柔纖細，婉約清麗的文字，將文學融合歷史知識的方式。介紹義大利、瑞士、西班牙等歐洲各國，開啟國人想像空間，感性與知性兼具。梁丹丰《漢聲揚北美》（1983）為讀者帶來文化差異的趣味及異國情調。梁丹丰《吾鄉·他鄉》（1984）書中行跡從地球最南端——智利的邦德雷納到最北端——挪威的娜維克，並以彩筆將各地景色呈現。保真《孤獨的旅人》（1986）書中的第二輯「冰島行」共七篇文章，生動摹寫冰島的地理、歷史、風物人情。余光中

《望鄉的牧神》（1968）、《焚鶴人》（1980）中雖主要為抒發對家國鄉土之感，然不乏對異域情景的生動描述。

　　此外朱梅先的《二姊的家信》（1976）、《歐美文壇雜話》（1976）、游復熙、季光容的《這些英國人》（1978）、楊孔鑫《霧裡看英倫》（1980）、林海音的《作客美國》（1982）、趙淑俠《賽納河畔》（1986）等。這些書籍既具經濟效益又有文化意義，更豐富人們的心靈之旅，助於國人了解他國風貌，殊方異俗、延伸國人視野，如今重讀仍覺餘味悠遠。

第五節　聚焦懷舊作品

　　「說『書』是文化，是因為它藉由白紙黑字的事業，傳遞了某個時代的社會景觀、生活方式、人文特色，並濡染著難以計數的生活理念。」（註 28）文學作品是表達作家思想情感的一種媒介。往往隱涵作家創作意圖、生命體驗、時代感受。文學作品部分固然是虛構的，然而虛構的形式卻抹滅不了建構其上的現實基礎。畢竟「夫鉛黛所以飾容，而盼倩生於淑姿；文采所以飾言，而辯麗本與性情」。（註 29）

　　出版往往反映了某些社會脈動與大眾心理趨勢。長達 40 年的戒嚴法使海峽兩岸遠隔，即使咫尺也恍如天涯。為喚起許多大陸來台人士遙遠的鄉土記憶。純文學出版社出版許多以大陸為背景的作品。尤其在開放大陸探親（1987）的前幾年，以迎合來台人士內心的悸動。

　　個人境遇與特有生活環境對作家創作內容具影響力。純文學出版社作者群中以 1949 年來台者為主力。逃難經歷和家鄉記憶成了他們永遠取之不盡的題材。《文心雕龍》一書說：「詩可以窮居而易

安。」作家經歷了大時代的浩劫，有所感慨，但囿於政治顧慮，有意將心中所懷、所感轉為懷鄉清音。文學書寫成了其宣洩思鄉情緒的一種方式。

當然其中亦不乏大陸風貌再現。如琦君的《琦君說童年》（1981）描述了浙江的人物、生活和風光。琦君說：「我常常在想，我若能忘掉親人師友、忘掉童年、忘掉故鄉；我若能不再哭、不再笑，我寧願擱下筆，此生永不再寫，然而，這怎麼可能呢？」（註 30）可見家鄉的一切，牽引著她的情感。喜樂自寫自畫的《喜樂畫北平》（1985），以質樸俏皮的筆法，保留了老北京的風貌。也將家鄉風光一一留在畫布上。喜樂說：「也許爸爸最不能忘懷的，還是他的老家北平。每個人都會戀舊、懷鄉，但是北平人特別懷念他們的故鄉。……有時在報刊雜誌上看到北平的圖畫相片，心中竟也倍覺親切，因為那是爸爸媽媽童年成長的地方。……他們念念難忘的，其實不是一座城，而是那段歲月、那種情感」（註 31）

林海音《城南舊事》（1969）中，以書中人物英子，描寫林海音幼時居住的北京城，寫北京的風土人情、風俗習慣。在讀者面前展現一幅幅色彩絢麗的北京風光，把讀者帶入一個散發北京鄉土味的天地中。林海音《燭芯》（1985）、《婚姻的故事》（1981）中更追憶生活在北京城中的人物。此外《家住書坊邊——我的京味兒回憶錄》（1987）亦銘記北京生活點滴。畢竟林海音在北京「住得太久了，像樹生了根一樣。童年、少女，而婦人，一生的一半生命都在那裡度過。」（註 32）那個古城曾傾瀉她所有的感情。此外枝巢子《舊京瑣記》（1970）、楊明顯《城門與胡同》（1982）描述故都——北京的風物，並寄予思鄉之情。即如楊明顯所言：「對於那些消逝的歲月，我留戀、惋惜，帶著濃郁的情意：那些花、樹、小蟲，寬敞的四合院，高高的城樓，還有風箏、雪人、鴿哨和駱駝項下

叮零——叮零——響動的銅鈴，似乎夜夜縈繞在我的夢境中。」
（註33）

畢竟「蹂躪依舊蹂躪，患了梅毒依舊是母親。」（註34）也許
有些人會認為這些不啻為個人廉價的傷感，然而對來台人士而言卻
是心中難以抹滅的記憶圖像，篇篇蘊含真情。「家鄉」、「故土」，縱
使隔著遙遠時空，仍令他們魂牽夢縈。

「就傳播的效果而言，凡是雙方的共同經驗重疊範圍愈大，則
傳播的效果必然相對提高，反之則必然降低……但是傳播的主要目
的，就是要讓閱聽人分享、同意傳播者的思想與觀點。」（註35）
「須知傳播者所發出的理念與訊息，如果無法與受播者的經驗重疊
而建立共同性，傳播的效果便會大大降低。傳播效果不佳，意味著
附和的讀者必定不多，而無法形成氣候。」（註36）反共抗日的經
歷是許多來台人士（創作者與閱讀者）的共同體驗。更是純文學出
版社主事者林海音的切身經驗。感念於那樣一個苦難的時代，為追
憶那樣的艱辛歲月。加以有感1970年代鄉土論戰的蔓延，1980年
代大眾文化消費性格所產生的諸多問題，如生活腐化、道德輕忽、
行為乖戾、人性迷失、沉溺於觀感刺激、文學商品化等不良社會現
象。相較昔日——1950年代人們團結一致對抗外侮，忧惕時艱的
心態早已消失無蹤。立足台灣之時的憂勞煩苦、窘迫生活亦忘卻。
人們不再共同奮鬥團結一心，反極力劃分你我。政局擾攘，國事蝟
蝟，社會亂象叢生，一股不安、擾亂的暗流，潛伏在社會中。

因此1970年代起，純文學出版社接連出版了一系列彰顯時代
軌跡的懷舊文學。更有以台灣1950年代困阨背景所創作的寫實文
學，呈現了文學的再現功能。不無提醒國人莫忘昔日艱困，更加珍
惜今日的警惕意味。

　　1949 年渡海來台的作家,「反共抗日」乃其切身經驗、不需刻意經營,無須另類構築,即以作品反映當時社會情境。書寫「反共抗日」的題材,不必然皆為迎合國家政策。有些人乃出於自由意識,發而為文,如金兆所言:

> 我在共區生活二十六年,青春斷送在赤土紅塵裏。從肉身的感覺,從良心的知覺,我不能不反共。我想將自己的感受告訴未經共黨欺凌蹂躪的人們。可是我沒有說理的本事,便只好訴之於感性的形象。(註37)

楊明顯亦說:

> 我是一隻啞鳥,憤怒、痛苦,迫使我唱出反抗的歌,這歌聲凝結我的愛,我的懷念,我的眼淚和憂傷。(註38)

　　1937 年起,對日抗戰是我民族為求生存之大事件。歷時漫長,尤其東北為最早淪陷之地,因此東北同胞反抗最烈、感觸最深,紀剛、李春陽是東北人,描寫東北事更覺貼切。

　　《滾滾遼河》是紀剛以 23 年時光完成的一本巨著。以客觀史料為背景,描繪東北愛國青年的抗日行為,具歷史性和文學性。文中飽含激切情緒亦有深刻情思、潛實感悟。紀剛說《滾滾遼河》是寫「我們那些年那些人,那種鐵的生活、火的情感、血的工作」(註39)憫時傷亂,生動、真實地表現人們在當代歷史進程中的艱難歷程,字裏行間反映當時人們的苦痛與憂思。此書,更重新喚起人們當年抗日的慘痛經驗與沸騰賁張的愛國情感。純文學出版社出版後,甚至造成一股抗日文學熱。林海音說:

> 不但擁有廣大的讀者群,更使人人讀後不但感動,而且激動,咸認為這是一部「生命寫史,血寫詩」的著作。東北老鄉的讀者,引發了他們回想到家鄉在日本侵略下的日子和「偽滿」

的生活;青年讀者,認識了他們的前輩,在學生時代的抗日
反共地下工作是多麼的壯烈!(註40)

李春陽對大陸的淪陷感傷則藉《蒼天悠悠》抒發。《蒼天悠悠》
以中國東北於抗戰時期的烽火戰亂為背景,富時代意義。紀剛說:
《蒼天悠悠》「是寫那個時代那個地區的全體同胞,無語問蒼天的
苦難人生。」(註41)徐鍾珮的《餘音》全書論及抗戰前十年間,
人們在時代風浪中,所見所感國家處境。讀者可藉書中情節拼貼抗
戰十年的圖像。徐鍾珮無半語隻字正面批判共產黨,但文中側寫大
哥、薇姊的遭遇,映現共黨猙獰可怖面孔。馬思聰之女馬瑞雪的《三
度空間》描述共黨暴政迫害的經過,將空間幅度跨越中國大陸廣及
台灣延至美國。

《藍與黑》以男女情愛演述亂世悲歡,展現知識青年帶有浪漫
色彩的愛國情操,亦是對日抗戰的忠實紀錄。以簡潔文字稱譽的潘
人木以《蓮漪表妹》一書,描述女性在戰亂中的遭遇,表達知識份
子在苦難歲月中的心理轉折過程,進而揭示共黨禍國殃民的事實,
背景為抗戰前夕至共匪竊據大陸止。潘人木說:故事中的人物「無
論外貌與性格,都是根據好幾個真人的外貌與性格,而加以取捨混
合塑造的。」(註42)藉由此書,潘人木對共黨的憤恨也得以排解。
羅蘭《飄雪的春天》、《綠色小屋》皆以抗戰年代為背景,刻畫人生
的故事。正如朱樺在《文學社會化的當代探索》一書中所指陳:

> 藝術儘管體現著個體精神,它的本質卻是社會性和人類性
> 的。個體藝術創作中的非自覺性意識,必然與人類的非自覺
> 性意識有著深刻的聯繫。這種非自覺意識的獲得,來自作家
> 對生命的體驗。(註43)

如果沒有深厚的生活累積，光憑想像與藝術技巧，也難創作出不朽作品。反共抗日經驗不可挪移、不容假借。羅蘭說：「生命中鐫刻著那段歲月的國仇家恨和自己前途夢想被剝奪的傷痛。」（註44）世代遞嬗中，最難得的莫如經驗的移情。反共抗日的歲月使作家受盡磨難、歷盡艱辛。對於生存於 1980 年代擁有反共經驗的人們而言，反共抗日為其共擁的集體經驗。能喚起人們共同的時代感覺。一代代身歷反共抗日的作家逝世後，相信也無人能有此情懷寫此經歷了！

徐鍾珮、紀剛、李春陽、王藍、潘人木、馬瑞雪、羅蘭對於那個苦難的時代，以在純文學出版社出版的書籍喊出生命的經歷，傳播個人獨特的經驗，為歷史做了最佳見證。其透過筆墨迸射出的感染力，即使經過多年仍令人震撼與感動。

隨著時移事易，1949 年來台的作家逐漸認同台灣的土地與人民表現，欲在台灣這小島重新尋找安身立命的新契機，進而生根台灣。畢竟「一片大陸，算不算你的國？一個島，算不算你的家？一眨眼，算不算少年？一輩子，算不算永遠？」（註45）他們日漸融入台灣風土，對台灣這塊土地漸生孺慕之情，他們想回過頭來認識自己，進而認識自己所踏的土地。因而創作主題背景也由大陸轉為台灣現實社會。具某種程度現時性及反映時代的意義，當然紮根本土的理念也隱然而生。

方蘭生於《傳播原理》書中指出：「我們所要談到的傳播內容，若欲達到所冀求的效果，就必須儘量降低經驗上的差距。」（註46）因而純文學出版社出版了許多，以大家共同胼手胝足，渡過貧困生活、克難歲月的 1950 年代台灣為書寫背景的作品。畢竟那是許多人共同走過的歲月。有相同經驗者可享受熟稔之情，即使未曾親履那個時代的讀者，也可藉這些書籍感同身受，得到替代感覺。達到

「淨化作用（Catharsis Theory）：此種作用是透過接觸媒介而有一種替代性的參與作用，能感同身受。」（註 47）使讀者感動地沉緬於往事。

1950 年代的台灣被秉棄於國際舞臺上，乃為最淒苦時期，經濟蕭條、生活匱乏，人人撙節用度過日。林海音《冬青樹》（1980）所收錄作品寫作背景年代為 1950-1955 年，作者以警敏的眼光觀察 1950 年代台灣社會脈動，鋪寫成文。其中如〈分期付款〉描述當時台灣窮困拮据的生活情景，許多物質的購買必須以薪資分期付款方式購買、〈墮胎記〉則突顯多子的社會現象，因第六個孩子即將來臨而面臨是否墮胎的掙扎，文中更有夫妻間情感含蓄寫照。對照今日的少子化現象實不可同日而語。〈竊讀記〉因貧窮而在書店每日貪婪地偷偷閱讀的情景。反觀今日部分書店甚至提供 24 小時自由閱讀空間，無論貧富，在 1980 年代「閱讀」時時刻刻皆可光明正大了！〈玫瑰〉提出了台灣社會中童養媳的問題，反映出當時養女制度對少女心靈的破壞性，具深刻思考性。

林海音《綠藻與鹹蛋》（1980）以簡潔文字描述 1950 年代對生活的感受、視察，如〈窮漢養嬌兒〉以父母對孩子的親子之愛為著墨的對象，道盡台灣 1950 年代的生活窘況。〈標會〉描述在苦難日子中，為了孩子醫藥所需，不得不以高得離譜的底標標到會款。文中除彰顯人性的狡訐貪婪外，更顯出母親為子女不惜犧牲的心境。潘人木《哀樂小天地》（1981）反映 1950、1960 年代台北小家庭的生活情形。這些篇章保留了 1950 年代社會情境的相關文獻。

作家總要寫他所熟悉，感觸深的素材。何凡以家庭和日常生活為寫作題材，創作許多細緻生活體驗的佳作。如以台灣為書寫背景的《窗》（1972）、《人生於世》（1979）、《不按牌理出牌》（1980），紀錄台灣成長過程的艱困行跡。子敏以純樸、真摯之感，書寫生活

感懷如《和諧人生》（1973）、《在月光下織錦》（1974）。鄭清文以
真誠凝視社會現實，以鮮活的語言，呈現台灣城鄉生活景況，創作
了《最後的紳士》（1984）、王信的《蘭嶼‧再見》（1985）以一百
三十多幅與蘭嶼相關的照片，紀錄蘭嶼自然景觀及文化模式的變
遷，照片中的鏡頭為歷史留下印記，讓讀者透過視覺語言對蘭嶼有
更深的認識。這些作品也顯現了台灣社會，步履蹣跚走過戰後調適
期的經歷。

第六節　關注女性問題

孟瑤所寫〈弱者，你的名字是女人！〉篇章中提到：

> 這句話（指弱者，你的名字是女人）像根針，總把我的心刺
> 得血淋淋地。是的，「母親」使女人屈了膝，「妻子」又使
> 女人低了頭。家，給了我一切，但它同時也摘走了我的希望
> 和夢。……我沒有看見家，我看見的只是粗壯無比的鎖練，
> 無情地束縛了我的四肢和腦；我沒有看見孩子，我所看見的
> 只是可怕的蛇蠍，貪佞地想吞掉我的一切。（註48）

孟瑤針對「家」這無形的牢籠對女性所造成的無形桎梏，提出嚴厲
的控訴。

　　女性一向被化約為家庭成員的身分，缺乏獨立人格與自我意
識。「女性主義」一詞源於19世紀的法國。然因使用廣泛，隨處援
用而被賦予不同意義。終極意義乃為提昇婦女地位，尋回女性自主
性，不再附屬男性。

　　台灣戰後女性意識崛起，然受政治力介入，除執政黨刻意扶
持，營造反共愛國、敬軍愛民形象的婦女組織外，其他自主性的婦
女組織可說毫無生存空間。因而女性意識也逐漸退縮了。直至1970

年呂秀蓮倡「新女性主義」將理性、自主與平等，等自由主義理念傳達給女性。更於 1976 年 3 月 8 日成立「拓荒者出版社」經由出版刊物傳播女性思想。加以 1982 年李元貞等人創辦「婦女新知雜誌社」積極引進西方女性主義論述，民間也陸續產生了許多婦女團體，凝聚婦女動能。

解嚴後，國家政治體制轉型，經濟、政治等結構變更，政治力量對婦女運動干預消弱，婦女研究興起。使蟄伏已久的女性意識不斷加強。婦女運動與婦女研究逐漸多元化，婦女的聲響也更為理直與壯大。

五四新文化運動時，由於受到世界範圍內女權運動與新文化思潮的影響，婦女雖然爭得戀愛、婚姻自由，卻礙於經濟上未能自主，終無法逃離男性附屬品的命運。台灣 1970 年代起婦女大量進入就業市場（註 49），婦女從家庭角色轉換為就業角色，面臨的困境更是龐雜多元。

林海音受新式教育啟蒙（註 50）及世界婦運啟發，對女性由意識形態的悲憫——作品表達舊式婚姻制度下受迫害女性堪憐處境，企圖為其伸張正義公道。如《婚姻的故事》（1981）中的正妻與小妾、《城南舊事》（1969）中為了改善家境而當人家下堂妻的蘭姨娘、為了一家溫飽遠離愛兒們的宋媽、常年等待流連煙花巷陌父親的母親。進而發表婦女相關議題的篇章——林海音自《婦週》第 4 期（1949 年 4 月 3 日）起以《跛足的女兒》一文，加入《婦週》。「總計林海音是所有女作家在《婦週》寫稿總量的第二位，僅次於鍾梅音，她總計寫了 48 篇文章。」（註 51）

甚至出版以婦女本身的生活經驗與文化，為書寫基礎的問題小說、家庭倫理作品。以柔和的方式，協助女性接收各式新知，自我成長。畢竟體制或政策的改變不是一人可決定的，因此林海音只能

先由教育、啟蒙方面著手，希望為婦女提供精神、生活、文化等不同層面的協助。以召喚女性的自覺力量，培養女性擁有獨立思維及解決問題的能力。

如藉純文學出版社出版沉櫻翻譯奧地利文豪褚威格（S‧Zweig）的《一位陌生女子的來信》將女主角內心幽微的情感變化描述出來。書中表達作者對女主人公的悲憫心境。當然更出版堅強、獨立女子為主角的文本，隱約透露鼓舞女性自主的理念，如張秀亞翻譯（英）維金妮亞‧吳爾芙（Virginia Woolf）著《自己的屋子》（1973），（A Room of One's Own），書中名言：「一個女性假如要想寫小說，她一定得有點資財，並有一間屬於她自己的屋子。」（註 52）此書被視為婦運宣言。吳爾芙也因此書，成為現代西方女性主義的先驅者。雖然第一次將維金妮亞‧吳爾芙的名字介紹到我國的是商務印書館的《小說月報》。1961 年 1 月的《現代文學》也為她出了一個專號，但她的第一本在台灣出版的作品卻是由純文學出版社所出版的。

此外林海音更藉由純文學出版社出版品中的女性角色，顯揚女性走出宰制命運的遠景。如徐鍾珮／《餘音》（1978）中的主人公多頭，個性剛烈，她批評買賣式教育，在抗戰氛圍中更熱情投入抗戰行列。秉持「不以夫為貴」、「當自己的主人」的信念。潘人木《蓮漪表妹》（1985）中的白蓮漪勇於反抗媒妁的婚約，爭取婚戀自由。蓮漪大聲喊出心底的聲音：「我要退婚！我不能接受這種陳舊制度的束縛！我不能！我白蓮漪不能！」（註 53）她不僅辭退婚約、甚至參與學運。潘人木《馬蘭的故事》（1987）中的母親及馬蘭面對生活的困境以堅韌的生命力一一解決。

林海音本身小說創作中，女性相對於男性而言，大多較為堅強、勇敢、果決。而男性總是較為懦弱、怕事、畏縮的，此中意味

著林海音潛意識裡有女性主義成分的存在，這是一種心靈上、精神上的女性主義。林海音《孟珠的旅程》（1983）中，孟珠以自己的力量供妹妹唸書，並勇敢與現實搏鬥進而成長。林海音《春風》（1983）中的靜文，以女校長的身份將學校經營得有聲有色。林海音《曉雲》（1983）中，曉雲對愛情的堅定執著，不計後果的追求。這些女子已不同於林海音早期創作中僅能默默哭泣自己悲劇性命運的女子，她們逐漸走出父權文化與傳統高牆，尋得自己的一片天地。姑且不論其需付出的代價有多大。

　　出版物能使讀者在閱讀過程中，無形中受圖書內容影響觀念。林海音想藉出版品啟動女性對自身思考，追求獨立人格與生活，為自己的困境解套。林海音曾說：「擺在面前的事實是我們可以看到我們中國在這方面（婦女讀物方面）就貧乏得可憐！」（註 54）雖然嶺月說：

> 不過我擔心的是我們社會的家庭主婦，沒有很好的讀書風氣和買書習慣，她們會注意到這本書（《鄰居的草坪》）嗎？以她們為對象出書，是不是太不可靠了？……這樣的書銷路會不會成問題？（註55）

　　一語道破當時出版的景況，購書階層中，婦女並非大宗，以其為出書對象，常理而言獲利較低。然而林海音卻說：「我以為，每個家庭應有幾本可閱讀的書，而不是實用性的美容、烹飪書籍。」（註 56）。正為使「每個家庭應有幾本可閱讀的書」因而純文學出版社出版的「純美家庭書庫」將一向被忽略的婦女層面，納入純文學出版社的出版領域。

　　台灣由於歷史與地緣因素，文化深受美、日兩大勢力影響。純文學出版社之「純美家庭書庫」中有關婦女的圖書多譯自日本。林海音說：「我想日本和我們同是東方人，倫理的觀念，生活的習俗，

總是相近的，所以中國讀者一向喜歡日本小說，我也是一樣。」（註57）透過日本文學，讀者可觀看日本人的民族性及國情以為借鑑參考。因此林海音請人翻譯了多本日本家庭倫理小說，使婦女在面對困難時得到抒發，甚至解決之方。作品中的現代性更易引起讀者共鳴。如（日）平岩弓枝著／嶺月譯《午後之戀》（1980）述及中年婦女離婚的問題、（日）佐藤愛子著／嶺月譯《秋雨來時》（1983）論及中年婦女的情感課題。（日）橋田壽賀子著／嶺月譯《鄰居的草坪》（1981）此書是一本以婆媳問題為主要內容的小說，婆媳糾葛乃古今爭論不息的課題，閱讀此書可讓讀者思索，如何減少婆媳之間相處的磨擦。（日）北泉優子著／嶺月譯《海的悲泣》（1982）則鋪演夫妻情感的微妙關係。（美）皮爾（N・V・Peale）著／簡宛譯《為妻的心路歷程》（1986）述及兩性關係、婆媳問題，也道盡了為妻的艱辛歷程。（日）廣池秋子著／劉慕沙譯《愛與勇氣》（1986）對男女之間情感的疑惑提出諍言。在純文學出版社出版書籍中女性微弱的呼喊也得到了適當回應！

小結

　　本章以宏觀研究〈純文學出版社的出版品特色〉，剖析隱藏在純文學出版物中的信息密碼。發現純文學出版社出版知識性書籍，乃著眼於提昇普羅大眾閱讀層次的襟懷，開啟民智協助國民現代化。讓讀者看到知識的光譜與位置，供應社會智識需要。

　　此外純文學出版社出版品，更化身為引介世界文學的橋樑，出版翻譯圖書。在迻譯過程中，以外國文學消融形鑄為我們自身風貌。提供西方文學為國人參考範本，進而演繹發展國人對文學的鑑

賞能力、創作才華。更極力吸取國內外兒童文學資源，為孩童人文基礎扎根，意義非凡。

「文學」基本上是社會產物，它是作家與社會辯證關係的結果。純文學出版社出版的懷舊書籍題材上富時代特色。朱樺說：

> 每一件藝術作品都留著產生它的時代痕跡，有著獨一無二的、不可重複的性質。不同的文學作品有著各自獨特的社會文化價值。（註58）

由純文學出版社所出版的懷舊書籍中，可透視作家們的體驗，藉由文本時代背景的鋪衍，社會遞嬗、歷史場景將於書中一一展現。讀者亦可藉此了解作品本身、創作者和使它得以產生的社會。純文學出版社更不忘為女性精選好書出版，替婦女困惑難題紓解。

好書的產生不僅是出版社之幸，作家之功，更是廣大群眾的福氣。純文學出版社作者們與經營者，殫思竭慮為大眾創造啟發人們智慧、激盪群眾心靈的書籍。提供讀者教養與娛樂、專業性與普世性並重的出版物。即使經過多年，作品一樣能讓人們感動、受益。

【附註】

1. 朱樺：〈文學作品與文學價值的社會化〉，《文學社會化的當代探索》（上海：學林出版社，1994年8月），頁121。

2. 《文心雕龍·時序》。

3. 葉淑燕譯，R.Escarpit 著：《文學社會學》（台北：遠流出版社，1990年5月），頁10。

4. 夏祖麗編：《風簷展書讀》（台北：純文學出版社，1984年7月）。

5. （法）羅貝爾·埃斯卡皮著；于沛選編：〈文學性和社會性〉，《文學社會學——羅·埃斯卡皮文論選》（杭州：浙江人民出版社，1987年8月），頁134。

6. 文藝社會學：「文藝社會學的研究對象可以分為兩大部分：第一，文藝作品和社會的關聯性，第二，文藝活動和社會的關係。」（頁14）「它在社會產品的意義上，研究文藝作品和文化背景的深刻關聯……研究人的文藝活動及社會體制對它的制約。」（頁8）參花建、于沛：〈文藝社會學的理論體系〉，《文藝社會學》（上海：上海文藝出版社，1989年5月），頁8、14。

7. 「現代化過程是促成生活的改變，而形成社會的改變，也就是『現代生活形態的建立』」。參鄭貞銘：〈大眾傳播與社會〉，《新聞學與大眾傳播學》（台北：三民書局，1994年1月），頁419。

8. 李廉鳳：〈我譯「裸猿」代序〉，《裸猿》（台北：純文學出版社，1988年4月），頁1。

9. 彭歌：〈前記〉，《愛書的人》（台北：純文學出版社，1976年5月），頁7。

10. 賴金波：〈一本改變歷史的書〉，夏祖麗編：《風簷展書讀》（台北：純文學出版社，1984年7月），頁382。

11. 彭歌：〈悲憤的譴責——「紅色漢明威」穆納谷及其「權力的滋味」〉，《純文學》月刊第5卷第5期（1969年5月），頁81。

12. 彭歌：〈深情永不舊——林海音與何凡〉，《文訊》第257期（2007年3月），頁52。

13. 彭歌：〈新版前記〉，唐斯博士著，彭歌譯：《改變歷史的書》（台北：純文學出版社，1975年5月），頁1。

14. 林海音：〈讀者‧作者‧編者〉，《純文學》月刊第 5 卷第 2 期（1969 年 2 月），頁 181。

15. 鄭貞銘：〈大眾傳播的回饋與民意〉，《新聞學與大眾傳播學》（台北：三民書局，1994 年 1 月），頁 403。

16. 林海音：〈回顧台灣文學的啟蒙與成長〉，《寫在風中》（台北：純文學出版社，1993 年 7 月），頁 107。

17. 彭歌：〈前言〉，《人生的光明面》（台北：純文學出版社，1994 年 8 月），頁 4。

18. 彭歌：〈關於「浩劫後」〉，尤瑞斯著，彭歌譯：《浩劫後》（台北：純文學出版社，1986 年 11 月），頁 10。

19. 彭歌：〈關於「浩劫後」〉，尤瑞斯著，彭歌譯：《浩劫後》（台北：純文學出版社，1986 年 11 月），頁 10。

20. 杜國清：〈譯者後記〉，波特萊爾（C‧Baudelaire）著，杜國清譯：《惡之華》（台北：純文學出版社，1981 年 7 月），頁 400。

21. 張系國：〈漫談科幻小說──代序〉，羅勃‧A‧海萊恩著，孫成煜譯：《探星時代》（台北：純文學出版社，1978 年 5 月），頁 2。

22. 張系國：〈科幻小說的再出發──代序〉，張系國譯：《海的死亡──科幻小說精選》（台北：純文學出版社，1978 年 10 月），頁 4。

23. 翻譯的舉動「它把作品置於一個完全沒有預料到的參照體系（指語言）裏；說翻譯是創造性的，那是因為它賦予作品一副嶄新的面貌，使之能與更廣泛的讀者進行一次嶄新的文學交流。」
（法）羅貝爾‧埃斯卡皮著，于沛選編：〈附：埃斯卡皮的文學社會學評介〉，《文學社會學──羅‧埃斯卡皮文論選》（杭州：浙江人民出版社，1987 年 8 月），頁 268。

24. 張秀亞：〈譯者前言〉，（英）維金妮亞‧吳爾芙（Virginia Woolf）著，張秀亞譯：《自己的屋子》（台北：純文學出版社，1973 年 4 月），頁 1。

25. 林海音：〈談談兒童讀物〉，《文壇》第 43 期（1964 年 1 月），頁 37。

26. 鄭貞銘、賴國洲等編：〈傳播媒介與教育文化〉，《傳播媒介與社會》（台北：國立空中大學，1989 年 9 月），頁 453。

27. 1987 年 11 月 2 日開放國人大陸探親。

28.陳銘磻：〈當代書籍與出版業的發展演變〉，《掌燈人》（台北：行政院
文化建設委員會，1987 年 6 月），頁 20。

29.《文心雕龍·情采第三十一》。

30.琦君：〈留予他年說夢痕〉，《煙愁》（台北：爾雅出版社，1984 年 10
月），頁 264。

31.喜樂：〈爸爸七十歲〉，《喜樂畫北平》（台北：純文學出版社，1985 年
6 月），頁 171-172。

32.林海音：〈苦念北平〉，《寫在風中》（台北：純文學出版社，1993 年 7
月），頁 120。

33.楊明顯：〈後記〉，《城門與胡同》（台北：純文學出版社，1982 年 1 月），
頁 185。

34.余光中：〈忘川〉，《在冷戰的年代》（台北：純文學出版社，1984 年 2
月），頁 94。

35.簡恩定：〈五四新、舊文學傳播的評議〉，中國古典文學研究會主編：《文
學與傳播的關係》（台北：台灣學生書局，1995 年 6 月），頁 69。

36.簡恩定：〈五四新、舊文學傳播的評議〉，中國古典文學研究會主編：《文
學與傳播的關係》（台北：台灣學生書局，1995 年 6 月），頁 77。

37.金兆：〈志同道合〉，《聯合報》副刊（1981 年 9 月 16 日）。

38.楊明顯：〈後記〉，《城門與胡同》（台北：純文學出版社，1982 年 1 月），
頁 186。

39.紀剛：〈蒼天有眼〉，《蒼天悠悠》（台北：純文學出版社，1988 年 4 月），
頁 9。

40.林海音：〈生命寫史血寫詩—為《滾滾遼河》日譯本出版而寫〉，《芸窗
夜讀》（台北：純文學出版社，1982 年），頁 67。

41.紀剛：〈蒼天有眼〉，《蒼天悠悠》（台北：純文學出版社，1988 年 4 月），
頁 9。

42.潘人木：〈我控訴（代自序）〉，《蓮漪表妹》（台北：純文學出版社，1993
年 9 月），頁 11。

43.朱樺：〈文學家的社會角色與文學創造〉，《文學社會化的當代探索》（上
海：學林出版社，1994 年 8 月），頁 101。

44.羅蘭：〈塑造人物的重要性與樂趣〉，《文訊》第 247 期（2006 年 5 月），頁 35。

45.余光中：〈江湖上〉，《純文學》月刊第 7 卷第 4 期（1970 年 4 月），頁 111。

46.方蘭生：〈傳播內容的構成〉，《傳播原理》（台北：三民書局，1988 年 11 月），頁 153。

47.鄭貞銘、賴國洲等編：〈傳播媒介與教育、科技及社會功能之關係〉，《傳播媒介與社會》（台北：國立空中大學，1989 年 9 月），頁 167。

48.孟瑤：〈弱者，你的名字是女人〉，《婦週》第 59 期，《中央日報》，1950 年 5 月 7 日，第 6 版。

49.「1970 年代以後，台灣工業急速發展，以家族為經營中心的中小企業如雨後春筍，紛紛成立。中小企業對勞力的需求孔亟，卻又須降低成本，以求生存；於是婦女常被僱為臨時工或廉價勞工。此一時期的婦女勞工主要集中於技術水準不高而屬於勞力密集的早期製造業。許多農村婦女即於此時離開傳統農業，而投身於製造業。社會變遷中的台灣女性，即由傳統的妻母角色融入了職業角色。」「在 1960 年代末期、1970 年初期，台灣正值勞力密集的加工出口擴張期，各類工業區正大量開發，紡織與新興電子兩大工業亦大量吸收農村勞動力，特別是以年輕的女工為主。婦女在此時廣泛地投入社會生產、製造、服務，成為推動台灣經濟搖籃的手。」參許俊雅：〈從楊青矗小說看光復後台灣社會的變遷〉，《台灣文學論：從現代到當代》（台北：南天出版社，1997 年 10 月），頁 313、328。

50.1919 年的五四運動雖是由外交問題而引發的愛國運動，但也加速了文學革命與婦女解放。當時的婦女人權思想主要提出男女平等、反對包辦婚姻，要求社交公開、戀愛自由、婚姻自由、廢除娼婢、廢除裝飾、大學開女禁、各機關開放任用女職員等。

51.封德屏：〈遷台初期文學女性的聲音——以武月卿主編《中央日報・婦女與家庭週刊》為研究場域〉，李瑞騰主編：《永恆的溫柔：琦君及其同輩女作家學術研討會》（中壢：國立中央大學中文系琦君研究中心，2006 年 7 月），頁 19。

52.張秀亞：〈一〉,（英）維金妮亞·吳爾芙（Virginia Woolf）著,張秀亞譯：《自己的屋子》（台北：純文學出版社,1973 年 4 月）,頁 2。

53.潘人木：《蓮漪表妹》（台北：純文學出版社,2001 年 4 月）,頁 96。

54.林海音：〈婦女與文學——女作家空中座談會〉,《中央日報》第 6 版,1951 年 5 月 9 日。

55.嶺月於 1977 年 6 月 27 日給林海音的信中所言。（夏祖麗提供）

56.程榕寧：〈林海音談寫作與出版〉《大華晚報》,1979 年 10 月 7 日。

57.林海音：〈流水十年間——主編聯副雜憶〉,聯副三十年文學大系編輯委員會編：《聯副三十年文學大系——史料卷》（台北：聯合報社,1982 年 6 月）,頁 104。

58.朱樺：〈文學作品與文學價值的社會化〉,《文學社會化的當代探索》（上海：學林出版社,1994 年 8 月）,頁 132。

第六章　純文學出版社的作者群

　　物以類聚，人以群分，社會是由各個群體（註1）所組成的綜合體。群體的出現與當時社會環境、人們理念有關，且對文學發展具影響力。每位作家皆可通過籌辦刊物，或共築自己專屬的文學場域來實踐其文學主張，進而形成不同文學群體或流派，文學群體其實是一種社會空間組織型態，其聚合是文學存在的一種方式，亦是文人生存的一種文化生態。誠如明人方几敘所述：

> 夫士必有所聚，窮則聚於學，達則聚於朝，及其退也，又聚於社，以托其幽閑之跡，而忘乎關寂之懷。是蓋士之無事而樂焉者也。古之為社者，必合道藝之志，擇山水之勝，感景光之邁，寄琴爵之樂，愛寫諸篇，而詩作焉。（註2）

五四以來，中國文人往往因一份雜誌、一家出版社而形成一個小圈子。或以一位（或數位作家）名氣或人脈為號召，經營出版社以實現夢想。如魯迅的「三閑書屋」、「野草書屋」；巴金的「文化生活」與「平明出版社」；邵洵美的「金屋書店」；張競生的「美的書店」、余上沅的「新月書店」等。

　　「文學生產是一個作家群的事實。」（註3）文學群體是文學史構成的一個因素，具文化研究上的意義。林海音寬廣的心胸器識，為人謙和，良好的社會網絡及人際關係，藉由純文學出版社，通過出書，培養、壯大出版行伍，糾結同道，宣揚文學。

　　傳媒能否持續興旺發達，人才匯聚是重要因素之一。無論哪家出版社都需要一支相對穩定的出版隊伍。純文學出版社其在出版場域的位置，乃因其集結了許多純文學創作者，形成自身獨特優勢，

建立自己專屬版圖。雖然「純文學出版社作者群」組織形式鬆散，團體成員為表現出版物綜合性要求，故撰稿人亦具多向性——此群體乃由自由撰稿人、刊物同仁、工作同事、同趣友朋聚合產生。然其具文學社群自覺意義追求。在歷史形成中亦逐漸形塑純文學出版社特有的文學場。

它雖不是嚴格意義的文學團體（如「文學研究會」、「創造社」有固定組織形式和社團標誌。也非純粹地域性文學流派，如古代的「江西詩派」、「公安派」、「竟陵派」等；也不似「山藥蛋派」、「荷花淀派」具共同地域性創作風貌。）然其成員表現，可看出他們有共同原則和傾向，顯現了團體特徵性。

筆者姑且將純文學出版社出版書籍的作家們視為社群成員。以作者群為切入點，運用埃斯卡皮（Escarpit）理論中的「世代（generation）與班底（group）」、「文人圈」（literati group）（註4）、及布爾迪厄（Bourdieu）的場域（field）概念（註5），援引文獻計量學（註6）的核心理念，將純文學出版社視為一個文學場，透過量的觀察以審視此團體的組成特性，分析文學場的內部成員如何凝聚成形？在社會變遷下此一社群如何消長？

第一節　組成原因

純文學出版社作者群凝聚之因，不外主事者林海音個人主導性邀約，及純文學出版社機構的存在，並以生產圖書實際功能運作結果。且出版書籍長期良好銷售量，即是對成員們無形的引力。

純文學出版社乃小型出版社，主事者（林海音）扮演了此一機構的領導角色，出版物走向，寫作者來源，皆由其決定。社會地位能夠給予行動者擁有一定社會權利，人們都是在一定場域中，在某

種位置上利用某些資本展開實踐行動。林海音擔任《聯副》主編
10 年，經營《純文學》月刊 3 年期間皆與作家們維持良好關係，
並得到眾人尊敬。在經營純文學出版社時，林海音調動、運用其人
力資源關係網絡，建構以純文學出版社為中心的文人圈。

　　林海音將純文學出版社的寫作主體彼此串聯，並善用網絡相聯
繫的作家們所擁有的個人資源，藉此擴充純文學出版社的能量。作
家們聚集於此，並無成文法令強制約束彼此關係。然透過長期互
動，甚至同質性生活經歷，並經由出版活動機制，自然結成一非
正式社群。

　　一份刊物或出版社成員的離合聚散，皆涉及作者們對此刊物或
出版社的情感歸屬問題——認同／疏離。純文學出版社作者群，聚
合了各種複雜的成員，乃是文化各界人士的組合群體，純文學出版
社作者群社群性薄弱，對於作者們沒有巨大約束力。若具體考察他
們的作品，反覺各人特色較為明顯，社群特色反顯黯然失色。當然
此亦表示此社群的外延性寬廣，是濃重文化傾向的文學社群。

　　整體而言，此社群由作家藉出版社而集中，並以張揚主體觀
念、意識指導創作，他們不以形式的嚴謹，而是以思想、文化方面
的認同及社交、人際的無形紐帶維繫此社群。較不同於走向市場的
文人群集，反似文人彼此酬唱屬性。概言之其凝聚之因不外以下
數點：

一、親屬友人

　　楊洪承說：「總的說來，任何群體的形式從歷史和觀念的演變
過程看，其精髓不外乎血緣、地域的親情倫理觀念的擴展和延續。」
（註 7）在傳統社會中，人際關係的重要紐帶即為血緣。林海音藉

純文學出版社使家人、友朋情感緊密結合。林海音本人除蒐集文稿出版外，更親自操刀為出版社撰寫許多文章出版。有反封建思想內容的，如《燭芯》、《婚姻的故事》。亦有描寫台灣實況的故事，如《春風》、《曉雲》。丈夫何凡的作品更是以在純文學出版社出版為主，如《何凡遊記》、《人生於世》、《不按牌理出牌》而子女們身處文學家庭，亦多能寫作。如女兒夏祖麗的《年輕》、《握筆的人》、兒子夏祖焯的《夏獵》、《最後一隻紅頭烏鴉》；甚至女婿莊因的《莊因詩畫》、張至璋的《飛》還有孫子張凱文、張安迪的《哥兒倆在澳洲》皆在純文學出版社出版。

基於對公公的景仰，林海音出版了公公夏仁虎的《清宮詞》、《舊京瑣記》。亦出版表舅張我軍（註8）的《張我軍文集》。

此外林海音與多位女作家因寫作此一興趣，彼此往來漸成好友，如張秀亞、徐鍾珮、琦君、孟瑤、王文漪……等。這些朋友大多成為日後純文學出版社的成員。

這些女作家在當時已擁有不少讀者群，她們有不少早在純文學出版社成立前即已開始創作，並有作品出版，如張秀亞《大龍河畔》（1937）、《三色菫》（1952）、《同心曲》（1939）；徐鍾珮的《英倫歸來》（1948）；孟瑤《忘恩負義》（1949）、《柳暗花明》（1955）、《流浪漢》（1959）；王文漪的《大陸婦女的悲劇》（1954）、《青年之神》（1953）、《晚來的明珠》（1956）等。這些作家無論是基於累積純文學出版社商譽或利益輸送，甚至強化文壇權力，都有助於純文學出版社建立傳媒在文學市場的空間位置。

林海音不會因慕名何人或為追趕流行風潮而出版，反藉邀約友人創作出版，以出版的動作彼此激勵共創優質作品，並使情誼更加篤實。

　　25 年的京城生活，使林海音受京城喜好文會習氣薰染——「五四」後北京城各種文學沙龍和文人聚會甚為流行。如 1924 年前後，在聞一多家中常舉行的詩歌朗誦會，周作人在八道灣的「苦雨齋」經常高朋滿座，甚至徐志摩、胡適等新月派的同人在松樹胡同七號定期舉行的餐會。而三十年代中期，東總布胡同林徽音家的「客廳沙龍」亦是諸多知識份子聚會的場所。雖然林海音未及親臨這一場場的盛會。然京城的這種風氣，無形中影響了林海音。以致於來台後亦喜聚集志趣相投的朋友至家中（註 9），將其客廳營造為開放性的藝文天地。使文友們藉由林海音的引見而熟悉，並藉機拉拔新人。林海音更藉與文友往來兼拉稿件，因此稿源豐富。

　　林文月說：「海音姐極熱心好客，她和夏承楹先生的家，常藉海內外文人的往來，便有大小宴聚，儼然成為台北藝文界的一處沙龍。」（註 10）潘人木說：「因為我確知在那萬盞燈光中，有一盞燈是我可以依賴的，可以向之傾訴的，可以前去取暖的，那就是海音的家。」（註 11）林良說：「林海音性格豪爽、樂觀、易相處、以好客有名。」（註 12）應鳳凰更說：

> 林先生的熱情好客是遠近聞名的，三江五嶽，南來北往的朋友之多，從他長年公私兩忙可以看出來。經常是原計畫請某一兩位遠到來客，但屆時一定變成七、八人，或一下子忽然圍繞成一大桌，每有不知從哪裡掉進來的朋友，可以想見林先生是何等熱力四射的人。（註 13）

　　林海音運用熱情對作者形成凝聚力，她的社交活動儼然成為一種可創造社會價值的行為。她營造了一個專屬文人們聚會的民間文壇（即林海音的家）。無怪乎人們常說林海音家的客廳，即是半個文壇。

正因為林海音以誠心與人相待，朋友們亦投以同樣的情感。使純文學出版社稿源不絕。林海音廣闊的社會面網絡，善於網羅各方優秀人才，並開創社群間密集互動，「導致雙方能夠在不同層次上共享某些價值觀，包括對文化的尊崇，對文化資本向經濟利益轉換的追求等等，這最終導致了雙方合作的簡便性，因為熟悉遊戲規則，大家無需多費口舌，就能心領神會。」（註14）增強作家們對純文學出版社的認同。因此眾文友與林海音合作愉快，一本本優秀的出版品也持續出版宴饗讀者。

因為丈夫何凡的關係，純文學出版社也囊括了國語日報任職的友人，如張劍鳴、洪炎秋、梁容若等人，日後皆成為純文學出版社寫作成員。甚至何凡主編《文星》雜誌時常撰文發表的余光中，也成了純文學出版社的基本班底。

二、傳媒因緣

「社會資本」相當一個人的人脈關係。布爾迪厄指出：

> 社會資本是由社會關係所構成，個人或群體因而有相對穩定且一定程度上的制度化互動關係網絡，逐漸累積而形成的資源總和。所以社會資本就是指人際關係，這種人際關係是一種制度化的網絡關係，不是靠親戚或血緣關係建立的，是存在特定的工作關係、群體關係和組織關係之中。特定行動者占有的社會資本數量，是依據行動者可以有效地加以運用關係網絡規模的大小，依據與行動者有聯繫的個人其所占有資本數量的多少而定。（註15）

根據所佔位置即意味著把持了這一場域中特定的權利。林海音早期擔任聯副主編（1953-1963），當時「編輯」象徵副刊的領導者，主

導副刊走向，並決定入其版面之人選。當年作品若能在副刊面世，即代表取得進入文壇的通行證，因此許多創作者皆與編者保持良好關係。蔡詩萍指出：

> 副刊一向有濃厚的人際關係取向，尤其在報禁、限張的年代，強勢副刊的主編雖然必須抵擋來自黨國體制的干預、壓力，但主控副刊的位置卻也使副刊主編在文學社群裡享有一定的影響力。（註 16）

也因在副刊主編的位置，使林海音營建的文化資本（註 17）反比學院裡的教授們來得多，藉《聯副》主編之職，結識了許多文友。這些文友，即成了純文學出版社基本作家。

　　余光中說：「只記得來往漸密是在 1960 年代之初。我在聯副經常發表詩文……我們的關係始於編者與作者，漸漸成為朋友，進而兩家來往，熟到可以帶孩子上她家去玩。」（註 18）又說：「海音為人，寬厚、果決、豪爽。不論是做主編、出版人或是朋友，她都有海納百川的度量。我不敢說她沒有敵人，但相信她的朋友之多，交情之篤，是罕見的。」（註 19）

　　在經營《純文學》月刊期間，林海音以不設門戶的開明作風，吸收不同風格、流派、觀點的作家。《純文學》月刊僅 62 期，卻囊括作家人數高達 374 人。甚至一向派別色彩濃厚的不同詩社成員竟皆在《純文學》月刊出現，如藍星詩社的余光中、夏菁、張健、蓉子、羅門；創世紀詩社的辛鬱、洛夫、葉維廉、管管、葉珊、鄭愁予；笠詩社的白萩、杜國清等。更網羅了當時文壇上多位優秀作者，如彭歌、隱地、陳克環、顏元叔、夏志清、陳芳明、水晶等。日後經營純文學出版社時，不僅承繼《純文學》月刊的宗旨，還延續其人脈及刊物體裁。

　　總體而言，純文學出版社的班底，即是林海音主導傳媒（《聯副》、《純文學》月刊）時期，藉由編者與寫作者往來線絡架構而成。由（附錄一、純文學出版社作家來源表）及（圖 6‧1、純文學出版社作家來源比例圖）可見純文學出版社可考作家有 98 人，其中 41 人為《純文學》月刊撰述者，32 人為《聯合報》副刊撰述者。同時為《純文學》月刊與《聯合報》副刊撰述者為 22 人。其他只有 25 人（21%）。可見純文學出版社作者群與《純文學》月刊、《聯合報》副刊作者有相當程度的重疊性。

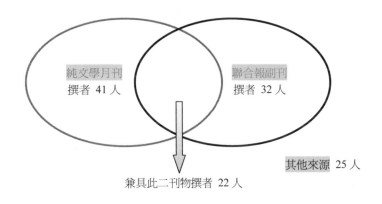

圖 6‧1：純文學出版社作家來源比例圖

　　策略的運用是各行動者實際握有資本總量的一個組成部分。林海音善於運用文藝界廣泛人脈和機構關係，因而對純文學出版社作者群的構成，有重要的影響。

　　林海音以純文學出版社為核心，運用其領袖型氣質魅力及良好人際關係，憑一己之熱忱、喜好及認知，策畫、邀約、吸引志同道合的朋友共同為純文學出版社創作出版。從而形成一股不容忽視的文學力量。

三、英雄相惜

李瑞騰說：

> 雜誌是一個活動場域，在編輯者的管理之下，可以進入場域
> 中的創作者，須與編輯者有某種人事、理念的關聯存在，文
> 學觀是否接近？文學口味是否適合？此種關聯性的建立十分
> 重要，因此常有編輯和作家成為一生要好的朋友，如同伯樂
> 和千里馬。（註20）

「出版社」不也是如此嗎？情趣相投，理念一致，乃團體基礎。
純文學出版社作者群乃非正式組織型態，作者們以書籍的出版，除
達成相同意識的擴散──即將好的文學作品、有益的知識推介給國
人，提高國人對「文字」的尊敬，對「文學」的喜愛，並提昇社會
閱讀風氣外。更重要的是林海音藉出版社機構的運作，表達其對志
趣相同友朋故舊甚至新手的惜才之情。林海音以多元廣納的理念，
不限制作家的寫作傾向，讓作家盡其本性發揮，並對各文藝路線作
家的接納拔擢，因而此社群作家們各具特色，間接也導引台灣文壇
發展為多姿風貌。

純文學出版社創立初期，不同作者間能有所認識聯繫，實賴於
林海音的牽引串聯推進。林海音除提供出版機構以書籍出版為互動
媒介，更藉由發表會、選集出版促進作家們的交流，使理念得以互
融，情感得以凝聚，才華得以展現。

林海音成立純文學出版社所秉持的信念即如《純文學》月刊發
刊辭所言：「『純文學』也是一樣，文學以外，不予考慮。」以出版
文學書籍為主。每位作家在不同關係上和林海音及純文學出版社產
生文學性互動。純文學出版社作者群間已產生某種同類意識，此意
識乃以林海音的編輯思想與內在精神，建構為群體的文學傾向。成

員們如林良、何凡、彭歌等人大多認同其理念而願意進入純文學出版社所營建的場域內，將心中潛在意識轉為文本創作，建構屬於他們具品味、高格調的文學場。

四、時代轉變

創作本身不僅是文本價值和意義的追尋，更是創作實踐與群體融為一體的文化意蘊。現代文人結成一社群，亦需一些自然條件的輔助，讓團體成員有聯系的理由和條件。林海音本人的凝聚力固然重要，文友們的共同理念亦不容小覷，但若作家們心無所感，無言可暢，則作品勢難呈現。因此「時代」是不容忽視的因子。畢竟創作本身源於作家情感性地抒發。埃斯卡皮考察文學史的發展，發現改朝換代、革命、戰爭之類的政治事件，將會引發或促成一批批的作家群聚成某一個文學集群。

19 世紀中的鄧納，採取社會學中的實證精神進行文學研究，認為民族、環境和時代是文學創作的法則。斯達爾夫人也說：「文學不是作家天才的創造物，而是由社會環境決定的。」（註 21）「時運交移，質文代變」（劉勰《文心雕龍·時序》）、創作文理與世推移，文學不僅是作家的創造物，更是社會環境所決定的。

群體的存在具時代性。特定歷史時期，讓作家有了其他時代作家不可獲得之豐富生活體驗。他們通過自己的思考和感受，以創作體現時代精神，藝術地真實反映時代圖卷。

1949 年對台灣而言是歷史關口的轉折點。世界大戰結束，台灣光復，國民政府退守台灣，力圖將台灣建設為反共基地，此使在此之前或之後於台灣出生、成長的人，和從大陸來台的人們，在生活經歷上有所不同。

生活於類似情境中的人，有雷同的生命經歷、思想情感，此乃特定歷史狀況所造成的現象。阿諾德‧豪澤爾說：

> 世代並不具特殊的歷史意義。只是當他與特定環境的整體、與其他世代和社會階層聯繫起來的時候，才會獲得這種意義。……世代由出生日期來確定，但它的特徵是由所處的社會歷史環境決定的。（註22）

要了解一群文學家必須正視他們所屬時代狀況。純文學出版社寫作群之成員多數為由大陸來台者，經驗相似──他們追憶戰亂過程與遷徙來台間所遭逢的困苦。以自己的經驗回溯、反映大時代變遷。其跌宕沉鬱處，非過來人不能及。如紀剛抗日行動的切身體驗、李春陽抗戰淪陷的動亂記憶、馬瑞雪受共黨暴政迫害經過，皆藉由作品重返歷史傷痕現場。

或書寫輾轉流離，異地生存之苦痛。如徐鍾珮《我在台北及其他》寫初來台北的重重憂患，聲聲克難。潘人木《哀樂小天地》內容描述1949年定居台北的情形。甚至冀望藉由書寫穿過時空、拆解鄉愁，描寫自己的離情別恨，如林海音、喜樂、琦君等人作品中融注對家鄉景物的縷縷絲情、對家鄉親老的深深眷戀。純文學出版社適時提供了一個暢所欲言的管道，不論是欣喜或憂傷，皆可直書無礙。共同時代體驗也成了此群體聯繫因素之一。

此外純文學出版社成立的1960年代，商業媒體興起，媒體喜用海外稿件，以便試探性地衝撞國民黨言論，因而1960年代旅居海外作家亦倍受重視。誠如隱地所說：

> 那年頭，有誰能到美國，可是天大的事，光到松山機場送行，經常親朋好友三、五十人，圍住一個要去美國的年輕人，幾乎是集體叮嚀，弄到後來，淚灑機場，彷彿天人永隔。再說

> 喝過洋墨水從美國回來的人立刻身價百倍,連寫文章,如果
> 文末註有寄自紐約、華盛頓或舊金山……這篇稿件被選用發
> 表的機率,也多了百分之五十。所以,那也是崇洋的年代。
> (註23)

此時較為年輕一代的作家如張系國、馬瑞雪、黃娟,多為旅居海外
人士。旅居海外的人士有極高聲望,「這些移民(移居北美洲的)
不僅在台灣的社會裡,有其特定身分族群意義,也是那個時代社會
思潮的特定指標。」(註24)且當時在海外許多作家,因身分特殊
牽扯政治因素,國內出版社為求自保也不敢與其打交道。林海音藉
其威望與勇氣並勤於通信,與海外作家一直保持良好關係。文人們
彼此相傳,當他們希望出書時,自然想到林海音的純文學出版社。

林海音充分整合海外寫作資源(在海外的台灣作家),純文學
出版社作者群中海外人士佔54%(圖6‧2)純文學出版社作者群
中,居住地資料可考者共76位,其中有41人曾於海外求學、任職
或旅居海外。另有5人無法考證其居住地。

人數

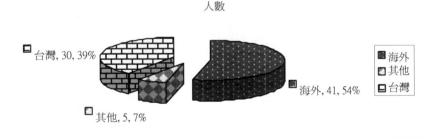

台灣, 30, 39%

海外, 41, 54%

其他, 5, 7%

海外
其他
台灣

圖6‧2:「純文學出版社作家群」居處地人數比例圖

因居於海外,故創作內容大多偏於遊子情思、留學生涯的寫
照,亦有探討異文化的作品。如吉錚《海那邊》、《拾鄉》是以留學

生為中心的小說，描寫海外華人的苦悶、徬徨。黃娟《愛莎岡的女孩》敘寫 1960 年代許多來台外省籍人士，體認故鄉歸夢難成，於台灣又融合困難，因此希冀遠渡重洋，所形成的留美潮情形。楊安祥的《學生老師》描寫在美國生活的困苦、異鄉的悵惘。朱梅先《二姊的家信》反映 1960 年代美國社會的一面。趙淑俠的《塞納河畔》寫離鄉背景的華人心酸。其實在海外的生活並不全然如人們所想像的美好，蔣鍾琇即說：

> 最初精神上甚感孤單，為此常想回國，可是我的親長師友們認為我的機會難得，一再寫信鼓勵，給我精神支持，才在英停留到現在，我打算在此再耽擱一個時期回國。……來海外的人，雖然也小有收穫，但付出的著實不少，例如這種緊張的生活，和寒冷的天氣，都足以引致健康失常。（註25）

張系國作品中更飽含許多漂泊異域的海外情懷，及對台灣的繫念。他們在純文學出版社找到了共同棲身之所，且林海音在主編《聯副》時即重視海外文學的介紹，因此純文學出版社便結集了許多海外創作者，如美國的夏志清、陳之藩、鄭清茂、楊牧、杜國清、張系國、喬志高、張光直、莊因。及曾經在美國待過一段時間的彭歌、余光中。還有香港的黃維樑、法國的程抱一、西班牙的王安博。歐洲地區的徐鍾珮、保真、游復熙、季光容等。

第二節　組成特性

「一個場的存在總是已具備好雙重條件的，一方面必須相對自主，形成自己內部的供需生態及生態內的競爭……另一方面又是依賴的，無法在空間獨存，一個場如果無法與其他場進行兌換，那麼

此場也將不存在。」（註 26）出版社所形成的作家區隔，通常不是非常明顯，甚至有許多重疊處。

出版社對創作者的規範一般較為寬鬆，因此成員易與其它出版社成員疊合交集。僅在純文學出版社出版一本書者眾多，有古華、簡宛、吉錚、向明、朱介凡、朱佩蘭、朱梅先、童元方、黃驤、陳紹鵬、李永熾、李春陽、孟瑤、林太乙、羅門、蘇雪林、羅青、鄧禹平等。

純文學出版社作者群組成成員是複雜的個體，他們各自的文學創作與選擇皆具高度自由。雖然有相對固定的撰稿人隊伍，有鮮明的文學和美學特徵，但團體特性並不顯著。以下筆者試圖將純文學出版社作者群結構化，檢視其年齡、學歷、性別三個變項以分析其組成特性。

一、老壯年為主體

歷史上許多不同「世代」（generation）的作家群，反映了每個世代結合了共同的社會背景，擁有專屬這個世代的特色。透過作家的筆，反映當時作家所處的時代。

純文學出版社寫作群的成員囊括出生於 1890 至 1979 年代的寫作人才。由（圖 6・3：「純文學出版社作家群」出生世代人數比例圖）可見其成員的組成，以出生於 1900-1919、1920-1929 此二世代（註 27）老壯年為出版社作者隊伍的中堅樑柱。

即使 1929 年出生者，在純文學出版社成立時已近 39 歲，擁有豐富社會實踐經驗，文化心態大多已穩定，寫作風格、題材取向大致定型，品味格調亦顯現。他們不拘一格地反映時代生活豐富多采

面貌。並將他們的歷史和社會經歷，藉由書籍出版，表現屬於他們
時代的集體特色。

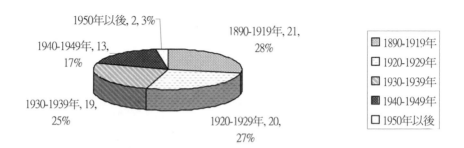

圖6‧3：「純文學出版社作家群」出生世代人數比例圖

此二世代年齡乃與林海音相仿（林海音生於 1918 年），故多為
林海音友人，為純文學出版社基本班底成員，活動力旺盛，且書籍
出版量也較多。他們作品的走向，不外知識性（如朱介凡、夏志清、
喬志高、蘇雪林等人之作）和文學類書籍（如林海音、張心漪、徐
鍾珮、琦君、紀剛、潘人木等人之作），還有許多翻譯之作（如梁
宗岱、沉櫻、彭歌、何凡、程抱一等人之作），此也奠定了純文學
出版社未來的走向。

1930-1939、1940-1949 此二世代（註 28）的寫作者，以純文
學出版社成立的時間來看，屬於青年階段，此二世代作家表現的題
材多樣化，有閒適性風格，如莊因、梁丹丰、游復熙、季光容等，
亦開始對家庭生活投注關心如嶺月、劉慕沙、郭晉秀等，此二世代
的本土作家也日漸浮出檯面，努力在文壇展露頭角，加上林海音的
鼓勵，開始加入純文學出版社創作行列，如鄭清文、杜國清、黃娟、
鍾肇政。

　　純文學出版社中 1949 年以後出生的作家相當少，即年輕作家較為缺乏，年輕作家一般而言思想活躍，對新事物有較敏銳觀察力和接受力，是出版社擴大作者隊伍的重要組成因素。也正因為此團體以老壯年為主，擁有較為穩定的水平。相對因世代過於緊密侷限，跨不出世代界線，人才無法擴展，為純文學的退位埋下伏筆。

二、學院菁英導向

　　資本只有在相互關係所組成的社會網絡中呈現出來，並發揮其實效，才對場域的形成和運作具有意義。純文學出版社乃以菁英階級為主要創作群。羅致了許多高學歷的俊才碩彥為其創作，由（圖6‧4）中可見純文學出版社作者群，大專以上學歷者佔 83%。

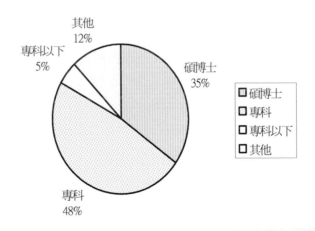

圖 6‧4：「純文學出版社作家群」學歷分佈比例圖

　　菁英色彩所形成的群體，使此團體無形中肩負起對讀者訊息給予、教化啟蒙的任務。雖然學歷並不能代表其作品即具高水準，但至少有一定基本水準及光環存在。林海音以提升國人智能學識為主

的知識性書籍與文學類翻譯書籍為純文學出版物主幹。知識性書籍的撰者必須具相當程度／範圍的知識訓練、語言知識，甚至良好翻譯技巧。

「翻譯」也是一種創作，翻譯的人不但要對原文瞭解力夠，中文表現力強，且知識豐富，才能譯出原稿精髓。純文學出版社寫作群中的梁宗岱、童元方、程抱一等人，他們的譯筆成為純文學出版社的招牌標記。

余光中即稱許梁宗岱的翻譯說：

> 梁宗岱的譯筆頗能奉行自己的美學，對於原文的句法、段式、迴行、行中的停與頓、韻腳等等，莫不慇勤追隨。讀者若能與原文對照賞析，必有所獲。（註29）

袁則難也稱許鍾肇政對於《砂丘之女》的譯文，他說：「鍾先生譯筆洗練圓融，把安部公房文字特有的風格都譯出來了。」（註30）

當年碩博士的學歷可謂相當難得，純文學出版社竟能匯聚如此多高學歷魁儒碩學。實因純文學出版社是當時規模完善的純文學出版社。且林海音的聲望與為人表現，中規中矩，甚得作家們信賴，因此多位文人皆樂於讓作品藉由純文學出版社付梓成書。如艾倫・萊特曼更主動邀請童元方翻譯，並推薦給純文學出版社。林海音說：艾倫・萊特曼著的《愛因斯坦的夢》這部書出版以來，佳評如潮，高踞暢銷和長銷書不衰，因此各國爭譯，獨缺中文譯本。「萊特曼自己特別把此書及其譯者哈佛大學的博士候選人童元方女士推薦給本社（純文學出版社）」，萊特曼很高興地給林海音寫信說：「我很幸運，能有這樣懂詩的譯者來譯我的書。」（註31）

將純文學出版社作家名單羅列觀之，不免令人心頭一振，個個皆為今日學界或文壇有名望之人。如為純文學出版社寫《迦陵談詞》的葉嘉瑩教授，是蜚聲海內外的著名學者，從事中國古典文學的教

學、研究和創作如今達六十年之久，曾在海內外多所著名學校任教。1990 年以優異成績被授予「加拿大皇家學會院士」榮銜。為純文學出版社翻譯西班牙作品《阿貝桑傑士》的王安博，是國內第一位翻譯西班牙書籍的作家。為純文學出版社翻譯《和亞丁談法國詩》、《和亞丁談里爾克》的程抱一，2004 年 6 月 13 日更當選為法國最高榮譽機構「法蘭西學院」院士，是近 400 年來法蘭西歷史上唯一一位入選的亞裔人士。

　　林海音藉純文學出版社，讓學者由學術高塔走下，從各種不同學問角度，抒發個人獨特學思心得。將學院中的文學創作人才資源轉化為社會資本，達到傳媒系統與學院系統的嫁接。使具學術背景之夏濟安、喬志高、夏元瑜、徐鍾珮、琦君、余光中、夏志清、洪兆鉞、程振粵、何欣、張光直、林文月等人，以學術力量參與文壇。這些日後真的成為「當代名流」的作者，當年聲望當然不如今日燦爛耀眼，然林海音即一一將其納入純文學出版社的場域中，促成文人與學界的交遊，成為一股文學勢力。有此更可證林海音慧眼識人的能力。

　　菁英是國家重要形塑者，這些學者的加入，使純文學出版社寫作隊伍素質文化水平獲得提升。這些質量高的作者為出版社帶來盛名，累積起來，就是一筆鉅大的無形資產。

三、男性作家居多

　　日據時期台灣的新文學基本上以男作家為主，女性較少。因日據時期日本當局的教育政策大大限制了台灣女子受教育的機會，因而女作家寥寥可數。而大陸方面的新式教育卻對女作家的湧現產生重要作用──1912 年中華民國第一任教育總長蔡元培，親自制定

了「壬子癸丑」學制，第一次從法律上規定了女子有受教育的權利。女子受了教育，因而能筆為文。林海音及純文學出版社的女作家大多屬新式教育下的女子。

　　大陸來台女作家的出現，恰巧填補了台灣女性文學的缺角。如徐鍾珮、琦君、沉櫻、張心漪等。她們在 1950 年代台灣開始大量創作。然而女作家書寫的題材類型同質性太高，大多僅反映自己所熟悉、受感動的家庭、個人與社會生活，因而眼界稍嫌狹隘，劉心皇認為女作家「讀她們的作品，彷彿不知道是在這樣驚天動魄的大時代裡。」（註 32）而男作家寫作格局較大，往往描述寬廣的時間領域，遼闊的空間跨度，作品中充滿時間意識與歷史意義。且當時海外作家以男性居多，因而在純文學出版社作者群中以男作家較多。純文學出版社作家群中性別可考者共 74 人，其中女作家有 32 人，男作家 42 人。

圖 6 · 5：「純文學出版社作家群」性別分佈比例圖

小結

　　由本章的探討，可知一個文學社群的形成，不外基於相同或相近的思想意識與審美趣味，成員的思想原不必也不會完全一致。素樸年代文人集結多由家庭家族成員、朋友關係漸漸擴散，基於情感組合，並無強烈性主張。乃以情感為連結創作主體的線絡，畢竟「群

體創作世界並非孤立的文本現象,而是生命形式的聯系和精神現象的表現方式與類型,及其情感線索的交織。」(註33)

　　純文學出版社作者群的形成,乃奠基於林海音從事傳媒相關工作所累積的人脈資本。林海音以邀稿的熱誠、格外重視與作家的溝通,尊重作家的態度,吸引同好,使作家樂於與其共事。許多作家與林海音建立了良好互動關係,也願意將作品交由純文學出版社出版。如杜國清給林海音的信中說:

> 拙譯出版以來,不知銷路如何?希望不至於教你們虧本才好。……真希望下次有書出版時,能夠再得到您的幫忙。
> (註34)

　　嶺月也在給林海音的信中說明自己能成為純文學出版社寫作群之一員的榮幸。她說:

> 因為能擠身「純美」(純美家庭書庫)陣容,是我最大的奢望,也是最大的光榮。當然,我會珍惜這樣難得的機會,我將盡全力用心翻譯。能得到前輩的鼓勵和提拔,是我最大的幸運,我不知如何表達我心中的感激。(註35)

　　有時情感的結合反比紀律的規範擁有更強約束力。林海音將分散的寫作個體整合為一個社群力量,形成某種以出版社為中心的知識群體。藉出版品呈現他們的想法,充實文壇能量。

　　藉由出版事實所集合的群眾,本來組合因素即顯薄弱。它的存在依賴銷售量及經營者的態度。純文學出版社的銷售情形良好,林海音對知識性、文學性的堅持也是不變的作風,因此純文學出版社的文學場,能緊密結合作家們,共同創作持續27年。

　　「出版」除與社會大環境、技術層面相關外,與人的交往不容忽視。畢竟我們是人性的社會,出版品所呈現的僅是成品的面貌,

然而在出版過程中，出版人無形的力量卻潛蘊其中。文學團體總受著內部與外部力量的拉扯推進。純文學出版社作家群的匯聚，實與林海音遇合因緣相關。林海音的文學勢力，營造了特定的文學環境。加上社會現實的牽繫結合，使純文學出版社作者群持續存在。然而當林海音身體微恙，不堪繼續經營出版社，加上通俗文學市場勃興，反觀文學市場窄仄，作者群日漸老邁凋零。純文學出版社走向解體，化身為歷史記憶，也不足為奇。在純文學出版社結束營業後，隱地感傷地表示：

> 想起林先生，會有一種想哭的衝動，自從她離開之後，文壇上真的似乎減少了陽光。文友和文友之間的聚會少了，而且有了藍綠之後，文友們似乎已不是一國之人，大家各有想法，見了面，仍然微笑，多了客氣，卻少了誠懇。如今的文壇，大家各忙各的，性情中人多半沉默著，如果林先生還在，文友們把酒言歡的場景可能會繼續在她家的客廳蕩漾開來……
> （註 36）

然而純文學出版社，以脈脈情感鏈接為根基。聚集而成的寫作群，在歷史上必令人難忘！

【附註】

1. 埃斯卡皮說：「『群體』就是指一個包括所有年齡的作家集團，這個集團在某些事件中『採取共同立場』」。參（法）羅貝爾·埃斯卡皮著；于沛選編：〈文學生產〉，《文學社會學——羅·埃斯卡皮文論選》（杭州：浙江人民出版社，1987 年 8 月），頁 23。

2. 明·祝時泰等輯：〈西湖八社詩帖·序〉，《西湖八社詩帖》一卷，收錄於《叢書集成續編》223 冊，（台北：新文豐出版公司，1989 年 7 月），頁 641。

3. （法）羅貝爾·埃斯卡皮著；于沛選編：〈文學生產〉，《文學社會學——羅·埃斯卡皮文論選》（杭州：浙江人民出版社，1987 年 8 月），頁 15。

4. Robert Escarpit 著，葉淑燕譯：〈文人圈〉，《文學社會學》（台北：遠流出版社，1990 年 12 月），頁 92-93。根據 Escarpit 的定義，「文人圈」的概念是指由「那些受過相當的智識培育及美學薰陶、既有閒暇從容閱讀，手頭又足夠寬裕以經常購買書籍，因而有能力作出個人文學判斷的人們」所形成的交流圈。相對於此，則是「大眾圈」，指那些「所受教育尚不足以掌握理性判斷與詮釋能力，僅粗具一種直覺的文學鑑賞力，而工作環境與生活條件也不利於進行文學閱讀或養成文學閱讀習慣，甚至收入也不容許他們經常購買文學書籍」的讀者。

5. 「場域」，可被定義為在各種位置之間存在的客觀關係，的一個網絡（network）或一個構形（configuration）。正是在這些位置的存在，和它們強加於具特定位置的行動者，或機構之上的決定性因素之中，這些位置得到了客觀的界定。其根據是這些位置在不同類型的權力（或資本）——佔有這些權力就意味著把持了這一場域中利害攸關的專門利潤（specific profit）參（法）·皮埃爾·布爾迪厄、（美）華康德著，李猛、李康譯：〈反思社會學的論題〉，《實踐與反思——反思社會學導引》（北京：中央編譯出版社，1998 年 2 月），頁 133-134。
「場域」乃法國社會學家布爾迪厄（Bourdieu）的文學社會學理論。他曾經提出一套系統的「文化生產領域」理論，他首先提出「場域」（field）的概念，認為每種「場域」「都是由無數個基本單位組織而成的『有機

整體』例如『文化生產領域』就是由無數作家、作品、出版機構、各文學社團、協會等等不同『個體』或『位置』組織而成。」參應鳳凰：〈林海音與台灣文壇〉,《林海音研究論文集》(北京：台海出版社,2001年5月),頁114。

6. 文獻計量學又稱書目計量學,「利用數學、統計學和邏輯學的理論和方法,對各類型文獻的本質和結構數量、品質和運用上的研究與分析」。

7. 楊洪承：〈現代中國文學社群文化結構模式〉,《文學社群文化形態論》(合肥：安徽文藝出版社,1998年4月),頁184。

8. 1923年前後,台灣新舊文學論戰展開,張我軍於1924年在《台灣民報》第2卷第7期,發表了〈致台灣青年的一封信〉,又陸續發表〈糟糕的台灣文學界〉、〈為台灣文學界一哭〉等文章,向台灣舊文壇發出炮火,此運動最後促成了台灣新文學的誕生。參古繼堂：《台灣小說發展史》,(台北：文史哲出版社,1996),頁27-33。

9. 如林海音於1953年12月為小女兒辦滿月酒,而後成立了「女作家慶生會」與許多女文友每月聚餐,輪到是誰生日的月分,則壽星不用出錢。直至1984年為止。

10. 林文月：〈兩代友情〉,傅光明、舒乙編：《林海音研究論文集》(北京：台海出版社,2001年5月),頁21。

11. 潘人木：〈天空多了一顆星〉,《國語日報》(追思特刊)(2001年12月21日)。

12. 周曉春：〈君子三變的林海音先生〉,傅光明、舒乙編：《林海音研究論文集》(北京：台海出版社,2001年5月),頁18。

13. 應鳳凰：〈林先生她總也不老——永遠的林海音〉,《風範——文壇前輩素描》(台北：正中出版社,1996年),頁18。

14. 陳霖：〈大眾傳播與作家身份〉,《文學空間的裂變與轉型——大眾傳播與20世紀90年代中國大陸文學》(合肥：安徽大學出版社,2004年5月),頁45。

15. 周新富：〈布爾迪厄再製理論的基本概念〉,《布爾迪厄論學校教育與文化再製》(台北：心理出版公司,2005年6月),頁46。

16. 蔡詩萍：〈解嚴後台灣報紙副刊「文化評論」的興起〉,《世界報紙副刊學縱論》(台北：行政院文化建設委員會,1997年11月),頁202。

17.「布爾迪厄發展了一系列有力的暗喻,來說明社會世界與文化的階層
化中,權力與支配運作的微妙關係;這是他對當代研究的主要貢獻。
其中最重要的一項則是他從政治經濟學的辭彙中,借用了『文化資本』
的概念在社會空間中,散佈著一種文化資本;它可藉由繼承或投資而
轉移,以使人們獲得教化。」參 Chris Jenks 著,俞智敏、陳光達、王
淑燕譯:〈布爾迪厄與文化再生產〉,《文化》(台北:巨流圖書公司,
2002 年 9 月),頁 217。

18.余光中:〈另一段城南舊事〉,李瑞騰、夏祖麗主編:《一座文學的橋—
—林海音先生紀念文集》(台北:國立文化資產保存研究中心籌備處,
2002 年 12 月),頁 9。

19.余光中:〈另一段城南舊事〉,李瑞騰、夏祖麗主編:《一座文學的橋—
—林海音先生紀念文集》(台北:國立文化資產保存研究中心籌備處,
2002 年 12 月),頁 11。

20.李瑞騰:〈文藝雜誌學導論〉,《文訊》第 213 期(2003 年 7 月),頁 7。

21.(德)阿爾方斯‧西爾伯曼著;魏育青、于汛譯:〈西爾伯曼和德國文
學社會學研究〉,《文學社會學引論》(合肥:安徽文藝出版社,1998
年 1 月),頁 8。

22.阿諾德‧豪澤爾著,居延安譯:〈藝術與社會的互動〉《藝術社會學》(上
海:學林出版社,1988 年 9 月),頁 42-43。

23.隱地:〈一條名叫時光的河——屬於我們的年代(1960-1969)〉,《漲潮
日》(台北:爾雅出版社,2000 年 12 月 10 日),頁 156。

24.許素貞:〈回土歸流的黃娟〉,《2001 台灣文學年鑑》(台北:文建會,
2003 年 4 月),頁 139。

25.卜少夫:〈悼蔣鍾琇女士〉,蔣鍾琇:《雪山之旅》(台北:純文學出版
社,1970 年 1 月),頁 230-231。

26.莊瑞琳:〈應用波笛爾〉,《當代》第 174 期(2002 年 2 月),頁 34。

27.1900-1919
如蘇雪林、豐子愷、張我軍、梁宗岱、沉櫻、何凡、蕭乾、喬志高、
朱介凡、夏元瑜、張心漪、喜樂、徐鍾珮、琦君、紀剛、林海音、潘
人木、孟瑤、張秀亞。
1920-1929

夏志清、何欣、張裘麗、王藍、丁樹南、林良、葉石濤、鍾肇政、鄧禹平、夏菁、李春陽、彭歌、侯榕生、林太乙、張劍鳴、蓉子、余光中、郭晉秀、程抱一。

28.1930-1939

楊喚、趙淑俠、張光直、楚戈、薇薇夫人、鄭清文、楊孔鑫、莊因、鄭清茂、林文月、嶺月、朱佩蘭、梁丹丰、劉慕沙、吉錚、楊明顯、李永熾、簡宛。

1940-1949

張至璋、夏烈、杜國清、古華、馬瑞雪、張系國、黃娟、黃維樑、夏祖麗、羅青。

29.余光中：〈鏽鎖難開的金鑰匙──序梁宗岱譯莎士比亞十四行詩〉，梁宗岱《莎士比亞十四行詩》（台北：純文學出版社，1992 年 5 月），頁 35。

30.袁則難：〈山窮水盡疑無路── 評安部公房的「砂丘之女」〉，《書評書目》第 27 期（1975 年 7 月 1 日），頁 86。

31.林海音：〈本書原作者萊特曼簡介〉，艾倫・萊特曼原著，童元方翻譯：《愛因斯坦的夢》（台北：純文學出版社，1995 年 3 月）。

32.劉心皇編：〈五○年代〉，《當代中國新文學大系──史料與索引》（台北：天視出版公司，1981 年），頁 80。

33.楊洪承：〈現代中國文學社群文化載體中的文學實踐〉，《文學社群文化形態論》（合肥：安徽文藝出版社，1998 年 4 月），頁 267。

34.杜國清於 1972 年 8 月 8 日給林海音的信中所言。（夏祖麗提供）

35.嶺月於 1977 年 6 月 27 日給林海音的信中所言。（夏祖麗提供）

36.隱地編：〈爾雅叢書三十年──寫在《書名篇》之前〉，《書名篇》（台北：爾雅出版社，2005 年 7 月），頁 6。

第七章　純文學出版社的編輯表現

　　編輯具體實踐為圖書生產把關的責任，有權主導何類文學進入其掌控的文學場域，進而為出版社塑造一個明確形象。所以出版社編輯的性格，往往決定了出版社的走向與風格。

　　林海音以主編兼出版者身份（註1），營造純文學出版社之選題風格、品牌形象，為純文學出版社奠下良好口碑。1990年更因主編《何凡文集》獲行政院新聞局頒予出版類圖書主編金鼎獎。

　　林海音作為一個出版家和文化人的功力，具體呈現在選書與編輯上。林海音說：「我不但喜歡寫，我更喜歡編。不管是編報或編書，只要我編的東西是讀者愛看而又對他們有益的，我就滿心快樂，工作再忙再累也不覺得苦！」（註2）因此在經營純文學出版社過程中，林海音積極策劃編輯出版，並將其理念灌注至出版物上。

　　有鑒於此，本文嘗試用媒介分析的眼光，考察純文學出版社編輯體制的運作，聚焦於林海音與各界菁英於純文學出版社出版書籍編輯上的表現。進而彰顯純文學出版物的編輯個性與特點。間接肯定林海音於編輯上的個人成就，及其擔任純文學出版社編輯在文學傳播中所起的作用。以下分為二大項述說，一為稿源部份，二為編輯製作部分。

第一節　稿源

　　編輯工作是一種創造性活動。編者在作者勞動基礎上，衍創作者精神產品價值。所有作品的展示皆是編者與作者不斷交互活動、相互對話成形的。

　　書刊編輯需依出版社訴求，以確認編輯方向。進而蒐集整理資料，編次成書使之流傳。因此稿源處理對出版社而言是相當重要的部份。

一、主動徵集稿件

　　編者為展現出版社風格，並顧及讀者感受，除被動接受投稿外，更需主動邀稿、策劃出版，營造出版社書籍特色。

　　純文學出版社組稿方式自由來稿較少，大多為林海音邀稿。林海音具較強社會活動能力，善於與專家學者打交道，勤於物色合適議題的作者，組織落實選題，加以書籍出版後，品質的肯定，使作家們對純文學出版社有了信任，漸成了純文學出版社固定的稿源。

　　當文學作品經過出版，作為讀物進入圖書市場後。其尋求的「讀者」即是實際上的書籍購買者。因此在擇取撰寫人或書籍文本時，具知名度的作家即為出版社考慮的對象。林海音藉由主動出擊，選擇合乎自己意圖的作者，以約稿方式編織純文學出版社園圃，貫徹其編輯方針，實現其編輯構思。

　　純文學出版社徵稿對象，主要為學者、作家。學者，在某一領域有較深造詣，發言較令人信服具威信。至於作家部分純文學出版社出版多位來台女作家作品如張秀亞、琦君、潘人木、徐鍾珮、孟瑤、梁丹丰、趙淑俠、沉櫻等，這些女作家初來台時即在報刊發表

作品，大多已擁有固定讀者群。林海音利用名人效應，出版其作品，不但奠定純文學出版社的口碑，也受到讀者廣泛喜愛。

這些聲譽卓著的學者、作家除在客觀上為純文學出版社創造文化產品，塑造文化品味外，他們本人的加入，也具有某種意義上的名人效應。名人的資歷、名望與社會關係能夠增加出版物的社會力量。這些名人無形中以其身分為純文學出版社進行一種文化宣傳。

二、先發表後出書

在雜誌或報紙上先行發表後出書的模式，乃自 19 世紀以來即為人們樂於接受的一種文字發表形式，在台灣 1950 年代更為興盛，如《文學雜誌》刊後於明華書局出版；《傳記文學》刊出後於傳記文學社出版；文星書店的「文星叢刊」幾乎都是在報章雜誌刊載過的。林海音擔任純文學出版社編輯時，早期出書方針乃以《純文學》月刊上連載的文章結集出版為上。這些文章先以「月刊」形式通過民眾檢測，出版後亦不負所望，帶來令人滿意的銷售成績。如《一個美的故事》、《權力的滋味》、《砂丘之女及其他》、《柳塘樹》、《學生老師》、《先知》等。

甚至曾刊載於其他刊物上的作品，純文學出版社後亦結集出版，如《何凡遊記》先在《文藝研習》月刊上陸續發表，後由《中華副刊》逐期轉載。《美食當前談營養》則是將「在民族晚報發表的『淺談營養』和『淺談食品』兩專欄作品，及散見於《學前教育》雜誌、《農業周刊》等處的文章」（註 3）匯集成書。《我在台北及其他》內容乃是於 1940 年起連載於《中央副刊》上的作品。《餘音》曾連載於《大華晚報》。《海的悲泣》曾以〈海的幽咽〉之名於《大華晚報》連載。《愛的故事》原為黃驤譯好在《國語日報》「家庭版」

上連載。《馬蘭自傳》1955 年 2 月起於《文藝創作》第 46 期連載，後純文學出版社結集出書。子敏《陌生的引力》書裡的文章為「發表在國語日報『茶話』專欄、國語日報『書和人』半月刊、『中國語文』月刊、『婦女雜誌』月刊的作品中選出來的。」（註 4）至於《和諧人生》一書，子敏提到：

> 收在這本書裏的文章，除了很少數的幾篇並不是「最近的」以外，都是這一兩年來我在國語日報家庭版「茶話」專欄發表的「不嚴肅的論文」。（註 5）

因為作品在其他地方刊載過，更可代表此作品至少有一定水準存在，讀者接受程度亦可掌握。況且作家的作品先刊後出版，作家也有了雙份收入。對於經濟困窘的作家而言，經濟上的助益是頗大的。

孟樊在《台灣出版文化讀本》中提到先刊後書的模式即為「一魚兩吃」「對出版社而言，『一魚兩吃』是有它的方便之處，譬如文章先發表，等於是免費的宣傳廣告，書未出版即已『先聲奪人』了。對作者而言，『一魚兩吃』可以讓口袋兩次進賬，何樂不為？尤其國內作者的版稅收入確實有限，先拿一次稿酬總是不無小補。」（註 6）在雜誌或報紙上先行發表後出書，也成了純文學出版社出書的一個既定模式。

三、依舊書而造新

在未解嚴的年代，出版業背後有一張查禁的法網，為免誤觸法網惹來不必要的事端，加上美國亞洲協會在台辦事處，協助美國學界蒐集亞洲中文文獻資料（註 7），一些書局、出版社皆大規模翻印古書。如藝文印書館、台灣商務印書館、廣文書局、中華書局、學生書局等。（註 8）

　　林海音則另闢蹊徑，將許多其他出版社出版過，本質優異的現代文學書籍。根據不同時代精神，在既有基調上衍變創新，以符合當代人的需求。埃斯卡皮說：

> 在一個已然明確的群體內部，重新另行排列評價，乃具有一種「詮釋」的性質，最常見的情況是：設想新讀者的需求而融入新的訴求，取代作者那已湮滅不可辯解的原有意圖，這樣的手法我們稱之為「具有創意開發力的背叛」。（註9）

畢竟前人的作品在後人意識中或許有不同的解讀方式。「設想新讀者的需求而融入新的訴求」林海音將舊書重出時，不但請作家本人再撰新序，或邀熟悉作者作品的專家來寫新序或後跋，甚至作者本身亦進行內容調整，給予舊書新生命，此舉不僅延長了作品生命，更令舊書在新時代中持續散發新意與光彩。不因原出版社的結束而面臨書籍的生命消逝，當中也隱涵了懷舊情素的發酵與經典再塑造的意義。如紀剛所言：

> 海音先生主持純文學出版社，對純文學作品做了卓越的發掘與發揚。純文學出版品自然以文學價值為標準，但其出版的作品卻都叫好亦叫座，尤其是對早年出版而未得時得地流行的幾本現代古書，經其重刊後都再發光露臉，《蒼天悠悠》也不會再消沉寂寞了。（註10）

《蒼天悠悠》一書本於1960年由香港亞洲出版社出版，經純文學出版社於1987年再版而重現眾人眼前。此外《藍與黑》1958年由王藍自辦的紅藍出版社出版，然1977年改由純文學出版社出版。《舊京瑣記》則是複印自中央研究院院藏本，原本為無標點符號，但林海音覺得無標點符號對讀者而言，相當不方便，因此純文學出版社出版前，找了林文月、林良和柯劍星幫忙加上標點符號，以適應現

代讀者的閱讀習慣。何凡說加了標點符號的《舊京瑣記》「這像是把老酒裝在新瓶裏，但卻無損於原有醇厚風味，反便於飲者。」（註 11）

《蓮漪表妹》1952 年由文藝創作社出版，出版前在《文藝創作》連載，廣受讀者討論。1970 年時，林海音念念不忘此書，不斷慫恿潘人木重出，潘人木說她手邊無此書，欲再出版實有困難。林海音乃動用所有關係找到四本《蓮漪表妹》，請潘人木進行修改，經過幾年的修改後，在 1985 年由純文學出版社出版。擴充內容近三十萬字，由初版（文藝創作出版社）的 100 頁增至（純文學出版社）631 頁。內容有了許多更動。「關於寫法原來的安排是採第一人稱的寫法」重出後，分為兩部份「第一部仍由表姊寫表妹」「第二部（原第 26 至 43 章）則以蓮漪手記原形出現。」（註 12）人物的作用亦有所更動，人物的性格如小唐在性格描述上增加篇幅予以深化，也加入新的人物即黃書記。此外更加重「控訴」的力道，反共意識更勝於初稿。這些更動乃是潘人木根據多位老友的提議加上經過 30 年的沉潛而做的更動。

徐鍾珮第一部也是唯一的長篇小說《餘音》一書，本於 1960 年於大華晚報副刊連載後，1961 年重光文藝出版社出版（分兩部），直至 1978 年由純文學出版社將其重新排制合成一本，不僅加入 42 篇散文，更請徐鍾珮交往半世紀的友人姚葳為其寫序。

《我在台北及其他》1951 年重光文藝出版。1986 年純文學出版社加了 22 篇散文以新面貌出現。《作客美國》1966 年 7 月由文星書店以一貫風格的 40 開本無任何插圖形式出版，純文學出版社於 1983 年改以老五號字重排為 32 開本，並以銅板紙彩色印製多張照片，置於書前。《城南舊事》1960 年由光啟社出版，1969 年純文學出版社出版，正文包含了五個短篇，若加上〈冬陽童年駱駝隊〉

（該文本為原書之後記，1969 年純文學出版社重排時挪至前，再補〈後記〉一篇），1983 年重排時，由純文學和爾雅兩家出版社共同出版。《金盤街》原為英文寫成，1964 年由美國 World Publishing Co 出版，後來由 Mayflower Publishing Co 出平裝本，並且有六種歐洲文字版。1979 年 10 月中文版由純文學出版。此外《曉雲》、《英倫歸來》等皆是舊書重出。

其中潘人木的《哀樂小天地》、徐鍾珮的《餘音》都是林海音請夏祖麗至報刊中一一找出其原稿拼組再版，林海音覺得這些好書若在歷史中消失太可惜了，且潘人木、徐鍾珮皆為頗具名士風之人，對出書一點也不在乎，若無林海音的極力奔走，此兩書必然淹沒在歷史洪流中了。

這些文學作品，故事語言、形式或許陳舊，但文學的意念、美感精神卻是歷久彌新的。誠如樂蘅軍所說：「古老故事的消隱只是在時光的機軸運轉下，收卷去它的現實性，而它的永恆性卻留下來。」（註 13）林海音將過去世代所遺留下的價值系統、美學導向、文學品味透過文學書籍的形式，在新世紀中穿透時空，持續發揮影響力，使作品重新煥發生命光輝。

四、進行企劃編選

選題策劃是知識性的創意產物，更是出版社所具核心競爭力，有人把選題策劃稱為出版社的血脈，也有人稱為「生命線」。每個出版社在進行選題策劃時對外在環境的分析是必要的。

林海音在捕捉、篩選和運用信息的能力相當強，對讀者需求的把握相當準確，因此策劃的書籍總獲好評。林海音根據時代的轉變、讀者閱讀的取向，分析制定各式選題，以契合國人需要。

（一）執歷史之命──中國選題

　　林海音將歷史責任化為編輯理念，以落實自己的使命感。人們在 1960 年代西化潮流沖擊下，崇洋媚外流風中，漸忽略中國優良美好傳統，加上大陸的「文化大革命」（註 14）使中國文化慘遭嚴重破壞。林海音秉歷史使命為保存傳統，在文化重整與建設中，擔負起承先啟後的使命，傳遞中國人文精神。

　　根據其對中國文化的了解和自己思想意圖，並為慶祝中華民國建國 60 年。規畫一系列以「中國」為主題的書籍。以編輯行為，邀請擅長此主題的作家創作。進行相關議題的創作聚集、重整、組織出符合其精神的作品，使中國文學煥發生機。在方師鐸給林海音的信中提到：

> 承賜「竹字頭兒」題目，因時間迫促，恐難應命；敬將資料（隨函繳還大漢和辭典資料 7 頁）璧還。（註 15）

由信中可知，林海音不僅主導篇目，請作者撰寫相關篇章，更提供可資參考資料給予撰者。林海音希望藉由相關內容作品，經科學化、系統化的整理、安排，出版一系列井然有序以「中國」為題的書籍。

　　日後出版了《中國豆腐》、《中國竹》、《中國兒歌》、《中國近代作家與作品》等書（圖 7‧1），藉由豆腐、竹子、兒歌這些民間文學資產的彙編出版，不僅宣導了知識的涵養，更將民族文化進行傳承。

　　《中國豆腐》書中眾論豆腐，包括專家的研究考証、以「豆腐」為主題的篇章、甚至豆腐食譜，將中國的飲食文明做了介紹。《中國竹》一書中，論述與竹子相關的文字、諺語等資料，亦論及屬於「竹」的精神文明。《中國兒歌》除對兒歌有體系纂述外，更有關於兒歌產生背景的釋說，為流散民間的兒歌做了保存工作。

圖 7‧1：純文學出版社以「中國」為題的書籍書影

　　在反共前提下，中國左翼文學受到封鎖。當時在台灣的讀者對中國大陸新文藝作家缺乏認識，《中國近代作家與作品》一書，共收 1920、30 年代新文藝的十八位作家，四十九篇作品，內含長篇小說、中篇小說、短篇小說、散文、詩及評介二十篇，篇篇皆具時代意義。

　　林海音說：「重刊這些作品的目的，是為了彌補現代讀者對近代中國文學作品的脫節現象。」（註 16）更說：「我們雖有心要為這一脫節現象作一番彌補的工作，但也沒有這麼簡單，只能做到哪兒是哪兒。……像我們這種編法的，倒還沒有看見。」（註 17）當時一般文學性出版社很少做主題企劃出版，可見林海音的編法在當時尚屬前衛。在《中國近代作家與作品》所編選的篇章中，可發現

林海音偏好以女性為故事主角的篇章，如〈春桃〉、〈海濱故人〉、〈繡枕〉、〈邊城〉、〈笑的歷史〉等，此書不僅留下當時名家的作品，也不失為一本替女性表述心跡、描述女性故事的書籍。

在國共關係仍緊張的情勢下，此一系列以民俗、兒歌、飲食為主題的書籍，使大陸作家作品，更有彈性地，在台灣出版法嚴格規定中突圍。讓中國傳統文化在海峽此端亦弦續而上。如林海音所言：「在大陸上被摧殘的文化，反而要靠我們來保存和整理了。」（註18）

編輯活動的本質，在於編者通過與作者的潛在活動，編創出「作品」，影響讀者進而影響社會。編輯出版活動雖為社會經濟活動之一環，固然以出版物的流通獲得直接的經濟價值。更重要的則是藉由出版物對傳統文化進行延續，對人們產生精神上的影響。

讀者所形成的群體會影響編者的編書策略，而編者也可能引導讀者。林海音編輯系列「中國」為題的書籍，無形中喚醒許多讀者對中國文化的關注。將許多已漸失落的傳統以書籍形式永遠地記錄保存。

（二）啓思索之鑰——文本互參

「編輯學是一種社會科學，它以出版的需要，讀者的閱讀心理為依據，蒐集資料，有系統地加以鑑別、選擇、分類、整理、排列、組織，製作標題，表達思想，引起美感，進而為增進人類文化的一種學術。」（註19）林海音在編輯過程中以讀者的閱讀心理為依據，在一本書中儘量站在讀者立場思考，協助讀者迅速進入書中世界，如《純文學短篇小說選譯》每篇文後皆有譯者對作者寫作背景交代，甚至評介本篇作品。這些資料使讀者不僅能認識譯者，也可對

作品更加了解。特別是平日較少接觸的韓國、菲律賓、加拿大等國的作品，它們便顯出卓越的導讀功能。

　　《海的死亡》文末附上精簡肯綮的解說，使讀者對文中所述及的各國社會背景、風土人情有所認識，進而對其選錄的科幻小說創作意涵，能深入了解。《中國近代作家與作品》一書則在每篇選刊作品之後，請一位對該作家作品有所研究的人，寫一篇對這位作家的介紹及評論。林海音在《中國近代作家與作品》序文中說：

> 本書收集的都是這些作家們的代表作，也是受到當年廣大讀者熱烈反應的作品。也許現代的讀者讀起來，會覺得有些作品的用字遣詞與現在不太一樣，的確，算起來它們有的是五、六十年前的作品了。我倒希望讀者們，尤其是年輕一代的讀者，能從他們的文學、題材、表達各方面與現代的作品做個比較，使我們在欣賞這些位著名的上一代中國作家作品之餘，或許有更大的收穫吧！（註20）

　　希望讀者能藉由不同世代的文學作品，體會作品所表現的方式、內涵，進而激發國人的創作潛能。

　　《中國兒歌》收錄近兩千首的兒歌。以類別做區分，而不以地區做分類，乃是希望讀者藉此，將同一題材的兒歌相互關照。為使讀者對兒歌的根源及意義更加了解，在書後附錄了六篇與兒歌相關之學術性論文，如李家瑞的〈乾隆以來北平兒歌嬗變舉例〉、齊如山〈「繞口令」條幅〉等。《小小說的寫作與欣賞》內容乃針對寫作小說的方法論述，然在每章之後皆附佳作選例，供觀摩學習。《少爺》一書中收納夏木漱石的三篇短篇小說。每篇小說後皆附上一篇評析文章，供讀者參考。

　　純文學出版物中甚至在同一本書中，編排可相互對比輝映的篇章，方便讀者進行比對。如《瑪娜的房子》一文中雖以（俄）索忍

尼辛的作品為主,然在書中更加入紀伯倫的小品文與索忍尼辛的小品文作對比,亦編入索忍尼辛所景仰的屠格涅夫散文作品。

(三) 證史實之影──照片呈顯

照片能夠傳遞信息,令人產生歷史感情,更不失為一藝術品,可使書籍版面生動變化。林海音非常喜歡照相,加上早年在報刊當編輯的訓練,因此重視圖文相映的效果。在編輯時,這種習性也影響她的出版品。尤其編輯純文學出版社的書籍時,總不忘添加些許照片。林海音曾說:

> 印刷術的日益進步,我們從事出版業者,如果不善用之,實在可惜,所以近年來純文學出版社所編著的書籍,附有圖片的很多。一方面可以給讀者增加實際的「見證」,一方面為配合文章,也有此必要。(註21)

因為照片總能給人真實和親切感,讓人感同身受,照片更具紀實性,是客觀存在事物與現象的記錄,也是證據,使你深信不疑。照片所能達到的直觀效果比繪畫或裝飾圖案強烈。

《八千里路雲和月》附有彩色照片四十幅,不僅囊括大陸風光,更有作者(莊因)與沈從文、曹禺、劉賓雁、豐子愷之子等作家的合照,極具史料價值。《寫在風中》附有多張林海音生平經歷相關照片、《哥兒倆在澳洲》以張安迪、張凱文初至澳洲的生活照穿插文本當中。《寫在風中》、《哥兒倆在澳洲》這兩本書皆以圖隨文走的編排方式,使讀者在閱讀過程中即藉由照片印證,增加閱讀樂趣。此外如《她們的世界》、《年輕》、《握筆的人》、《人間的感情》、《芸窗夜讀》、《追憶西班牙》、《京都一年》等,皆附有照片為書本增彩。

　　老照片總能喚起人們的集體記憶，林海音「以一種存真、存史的心情獻給讀者。」（註 22）的信念，編輯許多書籍皆加上歷史性照片，讓照片述說歷史。使今日讀者能越過時間之流，回到昔日。也讓讀者藉著照片重返現場，觀看種種歷史痕跡。如《作客美國》，是林海音應美國國務院邀請，訪美回來後的作品，內容記錄了她訪問美國的一切。1966 年由文星書店出版，1982 年由純文學出版社再次出版時，林海音在編排上即增加了近百張照片重排，這些照片都是有關林海音當時訪問所見，紀念性及歷史價值都很高，書中各地景物照片更延長了讀者視線。

　　林海音說：「選擇照片時，除了與文中有關的，有紀念性的，還有故去友人的。」（註 23）《芸窗夜讀》在書首扉頁後以銅板紙精印作家生活剪影多幅，使讀者在欣賞文章之餘可進而一睹作家風采。

　　林海音在編輯上廣泛應用照片，作為文章解說、裝飾之用、甚而躍居為文章內容的主角。《剪影話文壇》是一本作家照片最多的書。書中留下 162 張珍貴作家照片，敘述 128 位作家軼事。書中可見諸多文人半生交遊行跡。「有影才寫，無影不錄」是林海音寫作此書的原則。林海音說：「我寫本書的重要動機之一是平日愛拍攝及保存照片，因睹人而成文。」（註 24）書中的「影」不僅僅是一張張照片而已，更重要是影中人背後故事。讓讀者藉由張張新舊照片所組成的時光隧道，認識作家點點滴滴。

　　林海音一向將政治性排除在編輯書本外，藉著保存作家們歷史性照片的編輯方式，既可減低政治對文學的支配力，亦能客觀地集存文學史料。

（四）迎時代之需──選集彙編

　　為滿足民眾日益增長的精神需求，更為因應現代人們匆忙的生活步調、講求快速時效，選集被視為最經濟的手段。林海音為人們披沙揀金，將好作品彙編成書，省卻讀者於茫茫書海探詢的時間，也間接保留了好作品。編選，牽涉到主編個人意識形態和喜好。

　　林海音一向喜愛文學，更堅持「純文學」，此觀念亦表現在其編選以「純文學」為標題的書籍中。林海音並非隨便拿起剪刀漿糊貼補成冊，而是擅用彙整、整編的概念，將其眾納多文，展露多姿文采的想法融入編選書籍中。她以文類為集合點彙編成書，將好作品藉由結集方式，保存流傳。

　　林海音希望藉由彙編的書籍，以小窺大，以管窺天，見到文學演變軌跡。選集前皆請人或自寫一篇導言，其實導言已經是一篇經過梳理的文學史片段。

　　林海音將 1967 年 1 月至 1971 年一些曾刊載在《純文學》月刊的好小說，精選編為《純文學好小說》。林海音說：

> 本書(《純文學好小說》)的編輯工作，是我和祖麗完成的，……編輯過程，卻也煞費苦心：先是把 54 期中的短篇小說全部統計出來，刪除前數已經收入本社所出版其他集子的，然後由我先選出「記憶深刻」「沒話說」的好作品，這時便有了曾刊載多篇好作品而難以取捨的現象。其它則由祖麗篇篇閱讀，做初步的選擇，再和我商量。（註25）

　　由林海音個人直覺判斷「記憶深刻」、「沒話說」的作品，使《純文學好小說》呈現多樣面貌，更可看出當時寫作者取材、寫法、觀念的不同。保留 1960 年代小說史的階段發展面貌。對所有愛好小說的讀者而言，「不僅是閱讀經驗上多讀了 40 篇的精采小說，且另

含有撫今追昔的意義；對於整個文壇，也顯示了回顧與前瞻的雙重作用。」（註26）

誠如林海音自述其編輯理念：

> 如果問我們出版這本集子（《純文學好小說》）的目的何在？
> 除了為讀者出一本「好小說」以外，無他，自民國56年-60
> 年的1960年代裏，中國台灣的小說面貌之一般，可以從這本
> 小說集裏看到，這也是我們對中國文學史上的一丁點兒貢獻
> 了。（註27）

> 在時間的經歷下，也許更見其有保留的價值。（註28）

林海音說：「中國讀者談到散文，就會想到人物、地方、自然界的懷念，以及身邊瑣事的文章，而工業越發達國家的讀者或作者，已經沒有這種閒情逸致去讀、去寫這類文章了。這種情形，與其說他們是工業發達，到不如說他們是無福消受吧！」（註29）為使好散文得以流傳，林海音編了《純文學散文選集》。

此書是一本選稿嚴謹的散文選，選錄自1967年1月至1971年6月，發表於《純文學》月刊上的作品。共選50多位作家作品，包括了香港、台灣、美國等。不但題材廣泛，也有不少具獨創性的佳作。且在書中附錄〈夏志清談散文〉為散文定義下註解。這本散文選集的排列方式，是依照月刊出版的前後順序，呈現井然的次序。

基於曾刊於《純文學》月刊翻譯之作「絕大部分都未收入譯者個人的集子，這樣消失埋沒在合訂本裡，豈不令人遺憾」因此林海音「作為一個當初的編者和現在出版者的我（林海音），是有義務並應以喜悅的心情來把它們輯集起來的。」（註30）編成了《純文學短篇小說選譯》，書中的23篇作品，包含美國、加拿大、法國、德國、西班牙、俄國、日本、韓國、菲律賓9國的20位作者。由

此書也可見編者遼闊的眼界。《純文學翻譯小說》則映照出
1960-1970 年代，譯者們在世界小說中，所偏好的內容與敘述模式。

　　編輯雖然沒有直接發表其對文學評價的準則，但通過對文學生
產過程的介入，在文學價值評判和價值導向上同樣起著舉足輕重的
作用。「文章匯編」正展現編者、入選文本、彼時文化情境三者間
複雜錯綜的關係組合，由林海音所彙編的《純文學散文選集》、《純
文學好小說》、《純文學短篇小說選譯》、《純文學翻譯小說》（圖 7·2）。

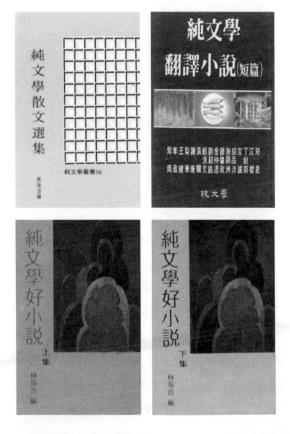

圖 7·2：《純文學散文選集》、《純文學翻譯小說》、《純文學好小說》書影

　　除肯定《純文學》月刊作者們的耕耘外，更使舊日一些傑出作品得以藉匯編形式而傳之久遠。且林海音想保存好文章的理念亦藉由編輯活動呈顯出來。

　　選書的過程和標準，自然會反映編者個人的態度和品味。由林海音所選編的書中，可見其用心篩選，格調高雅。亦可發覺林海音對詩歌領域較不擅長，其本身詩作亦僅有高中時期所寫的一首〈茶花女〉刊於《北平畫報》，所以編選作品中，並無詩集。

第二節　編輯製作

　　一本完美的書籍不但要有好的內容，還要有一個美的形式，兩者融為一體，這樣才能成為完整的藝術品。文學作品存在的意義乃在其審美和文化價值。書籍製作不僅意味著作者個人成就，更展現圖書出版與藝術創作間的互動關係。

　　林海音在北京城度過 25 年，「京派的審美理想，原是以追求沖淡平和、讚頌原始、純樸的人性美、人情美為尚。」（註 31）此審美理念也成為林海音創作上、編輯上所追求的一種方向。無論主編《聯副》、《純文學》月刊、純文學出版社書籍，她總希望展現的是「沖淡平和、純樸的人性美、人情美」。純文學出版物呈現的是一派簡單高雅的格調。封底、書背都僅以簡單的文字排列，沒有任何圖案的裝飾。摺頁部分更是保留空白的純淨，最多僅是寥寥數字交代封面的設計者。至於蝴蝶頁部分僅書寫書名、作者、叢書編號。

　　林海音於文壇寬廣的人脈，使其易於凝聚各方人才，共同為純文學出版物進行編輯加工。不但使純文學出版物丰姿　呈，也顯現林海音徵集人才的能力，更印證林海音於文學場中的重要地位。

　　編輯加工涉及領域廣袤。礙於篇幅，筆者於此僅探討純文學出
版社出版書籍封面裝幀、內頁編排二大特色。

一、封面裝幀

　　稿件內容經編者審閱並做技術性加工後，還要設計它的外觀，
編輯風格乃由內容和形式兩方面的獨特性所構成。裝幀是編輯工作
的延續，尤其封面設計，可提前將書籍內涵轉化為視覺傳達形式，
體現書稿內容。讓讀者一眼感受圖書出版品藝術美感所在，間接體
現出版社形象。

（一）封面素樸典雅

　　翁翁說明封面的重要性：「我們無法期待一本封面能夠持續永
久，但是一本好書，一幀讓人印象深刻的封面，卻可能讓你一輩子
記憶心中，永難忘懷。」（註32）純文學出版物起始，乃以排字為
封面，配以單一色底，無任何圖案。利用文字本身的形象結構與意
蘊，將書的內容陳述出來。顯得古樸典雅，給人以文質彬彬之感。
如：《十雨集》（1969）、《三疊集》（1969）、《五風集》（1969）、《磊
磊集》（1971）、《落落集》（1971）（圖7‧3）封面雖僅用少數字體
的變化，然以字體、字身、字形的變化，豐富了方塊字的表情，突
出文章性格。
　　1950-1960年代流行統一格調，制式面容的封面設計，具商標、
招牌作用。各家出版社都有自家的制服，書籍一但穿上自家服飾，
即宣告其所屬出版社，如三民書局（1953）、文星書店（1963）、志
文出版社（1966）等。林海音甫成立純文學出版社時（1968），即
用心為純文學出版社出版的書籍，設計了二套簡潔雅緻的制服封

面。以一種素雅的圖案，單色套印，每次新書皆以此二種圖案（圖7‧4）為主，僅換封面底色及圖案顏色，使書容呈現典雅大方，簡潔俐落之風。這二套素淨美觀的封面，形成純文學出版社獨特標誌。

1950 至 1969 年間，文學圖書封面設計變化不大。幾乎都很簡單，講究質樸、素潔。早期封面設計資源有限，多用一張張現成作品複製於封面上。1970 年代起，漸有採用「銅板紙」當封面的，使封面亮麗起來，書的價值感也增加不少。

政治解嚴後，政府體制改革使出版社有更多自主權。加以社會各方面的進步、印刷技術的創新，使圖書出版進入另一種格局。文學圖書出版開始重視市場導向，走向商品化。出版商基於創造利潤，用包裝行銷文學。

圖 7‧3：《五風集》、《如此集》書影　圖 7‧4：純文學出版社制服封面二幀

L · 查事勒博士說：

> 包裝是建造市場行銷骨架時的第二個重要的要素。包裝所具
> 的重要性是僅次於商品本身而已，包裝常代表了產品。包裝
> 就是商品的形影，是商品的象徵。消費者不是判斷產品來購
> 買，而是根據包裝來購買的。是包裝把產品品質是否優秀，
> 是否吻合需要的信息傳達給購買者的。在二十幾年前，包裝
> 不過是裝東西的物理存在罷了，稱斤量兩，處理東西的道具
> 而已。但是，在今天的銷售條件之下，「包裝是心理的銷售
> 手段，無言的推銷員！」（註33）

1980 年代為配合市場需求，出版社漸重視書籍的包裝。將封
面設計當做一種藝術表現形式，增加書籍欣賞的藝術價值。強調書
籍造型藝術、設計的觀念逐漸確立並深化。

林海音順應時勢，與各路人才通力合作，為純文學出版社所出
版的書籍創造新穎封面。運用各式與圖書主題相聯繫的視覺設計手
法，增添書籍風采。

《楊小妹留洋記》以彩色玻璃照片為封面。《琦君寄小讀者》、
《琦君說童年》二書，曾慶漢利用繪畫方式，作出剪紙效果，將傳
統藝術鑲嵌於現代設計上，找到傳統與現代的契合點。單純、簡潔
孩童圖案讓人有親切溫馨感覺，也符合文中童趣。《作客美國》一
書的封面乃採梁丹丰的水彩畫（紐約市街高樓）封底則以其鉛筆素
描大峽谷，與書題相映。此外羅青以水墨畫的方式，利用墨的線條
與濃淡層次變化，設計具中國味濃厚的《中國近代作家與作品》、《芸
窗夜讀》、《詞人之舟》等書籍封面。亦尋找名家如莊喆、韓湘寧、
曹俊彥、林順雄、夏陽等，以各種繪圖方式塑造形象，設計封面，
使讀者得到更多聯想。

　　攝影之作能在封面的二度空間中，表現三度空間的立體感。純文學出版社找了攝影名家如林柏樑、王信、羅繼志、莊靈等以攝影作品當封面，增加純文學出版社書籍魅力、美感。

　　《中國竹》封面綠意盎然的溪頭竹林，彰顯書籍內容的陳述主題。《最後的紳士》以物件集合的安排攝影，利用帽子、西裝、拐杖，傳統士紳的基本配備，隱含書中理念於形象張力中。（圖 7・5）

　　一張自然的照片能以有限的形象反映寬廣內容，更勝千言萬語。《家住書坊邊》一書，以林海音托腮沉思神情的照片為封面。《和諧人生》、《蒼天悠悠》以簡潔畫面表現深刻內容。子敏說：

> 純文學出版社是一個品質管制嚴格的出版社，非常關心出版品字跡的清晰，非常關心出版品封面的更新。保持一本書永恆的新鮮感，是他們所重視的工作之一。（註 34）

圖 7・5：《最後的紳士》書影

　　純文學出版社書籍再版時，為配合時代潮流，封面換下素容，改以多變面貌出現。對於讀者而言，純文學出版社出版的書籍，除

可品味作家著述的內文外，尚可欣賞設計家、攝影家或畫家的傑作。堪稱一種文藝方面的雙重享受。

　　視覺信息以圖像為媒介，建構讀者抽象的思維空間。外在形態是內在意義的外化和物化。封面設計不單是版面形式美，更著眼於與內容相適應的形式美。純文學出版社所委託的美術編輯，在封面設計中，大多能理解作品涵義，創造合乎圖書主題要求的藝術形象。如林柏樑為《孤獨的旅人》一書所拍之封面，乃以嶙峋山脈，簡約圖像，表達旅人孤獨心境的深邃內涵。《蓮漪表妹》以曹俊彥所繪設計性造型人物，一女子面色凝重，想必其則為身歷抗戰苦難的蓮漪表妹。莊喆為《最後的一隻紅頭烏鴉》所繪的封面中，憑其主觀想像，以抽象畫方式，利用幾何圖案，復以強烈色彩對比，繪製具力感的「一隻紅頭烏鴉」。莊靈則在《潛逃》一書封面中，以饒具個人風格的技巧，表現沉靜、自然、和諧的創意之美。《餘音》的封面則是由陳裕堂根據徐鍾珮一張學生時代直髮造型設計所繪的封面。李建臣說：

> 出版物既是一種藝術品，又不是一種自由創作的藝術品，而是具有藝術性的信息的載體，它的版式設計須服從於傳播信息這一特徵，又要努力創造出能給人以美感的藝術形象，使其具有藝術的生命力。（註35）

封面設計需從屬書籍的內容，把握作品論題性質，關注作品總體風格，從而讓讀者了解這本書是關於什麼的。《聽聽那冷雨》、《焚鶴人》韓湘寧利用照相寫實，繪製余光中肖像為封面。真實捕捉了詩人神韻，配合了文稿氣質。

　　經典性、嚴肅性較強的著作如《清宮詞》呈現較端莊、嚴肅的封面格調。《遙遠的海》以單一圖案符號、《護生畫集》綠底白蓮紅蜻蜓圖案利用含蓄手法表達無盡詩意，而「純美家庭書庫」系列的

書籍屬普世性讀物，則表現出活潑面容。純文學出版社其它一般文藝性作品則以清秀、美麗為基調。

　　圖形、色彩、文字是封面設計的三大要素。封面不僅要求空間的協調，色彩的配置也不容忽略。顏色是無聲的藝術語言，純文學出版社所出版的青少年叢書，力求圖案簡單色彩亮眼，多以暖色系為主。高斯、洪帆主編的《圖書編輯學概論》一文中說道：

> 紅、橙、黃屬於暖色，青、紫色屬於冷色；明度高的色輕、明度低的色重；明度高而彩度低的色軟，明度低而彩度高的色硬。一般地講，暖色調能取得歡樂、熱烈、興奮的效果，冷色調給人以高雅、沉靜、和諧的感覺。根據實驗心理學的研究，人類隨著年齡的增長，生理結構的變化，色彩所產生的心理影響隨之而異，有人做過統計：兒童大多喜歡極其鮮明的顏色，如大紅、中黃、碧綠；女孩比男孩更偏愛白色……。
>
> （註 36）

「紅、橙、黃屬於暖色」「暖色調能取得歡樂、熱烈、興奮的效果」，《林海音童畫集‧動物篇》以黃色襯底輔以豐富的圖案、《林海音童畫集‧故事篇》以黃色、白色為主。《水果們的晚會》夏祖明以亮綠色為底，畫上紅色、綠色的水果在五線譜上跳躍。此外純文學出版社所出版的多本書籍，乃採取低色調為背景，配以高色調主體。使畫面主次分明，突出書題，如《獨遊》以白、黃、淺綠組成封面，封面上僅繪一孩童在小徑上茫然無依。《誰是賊》以淺黃為底，搭配明黃字體，繪一簡單圖案。《我的小貓》以淺綠為底配上一樸拙繪法的小貓，顯得稚拙可愛。（圖 7‧6）

圖7．6：《獨遊》、《誰是賊》、《我的小貓》書影

　　《虎王》以蔡素行畫的一隻無辜面容幼虎為封面，渲然書稿主題。「作封面的圖片不僅畫面要明朗、單純，主題要簡單、突出，而且訴諸力要廣，趣味感要重。」（註37）純文學出版社的封面，喜愛以單純的風景、動物做封面，主要是因為這些素質有寬廣的訴諸力，讀者易對它們感到興趣。整體言，純文學出版社出版的書籍，封面呈現簡潔明快的佈局，顯得單純明淨。

　　1970 年代出版社對出版詩集沒什麼信心，詩集的出版一般仍限定少數已成名詩人之作。林海音率先以大成本，編輯詩文結合的彩色詩集。畢竟詩畫合一，為中國自宋元以來文人畫的傳統。如楚戈自寫自畫的《散步的山巒》、羅青《不明飛行物》、莊因詩書畫集《莊因詩畫》，而席慕蓉二十幅細膩針筆畫，加上鄧禹平精采詩作而成的《我存在・因為歌・因為愛》皆帶來可觀成績。

　　《我存在・因為歌・因為愛》1983 年 4 月初版 5000 冊，1983年 5 月即立刻再版 5000 冊，1983 年 6 月又接續再版 5000 冊。《散步的山巒》1984 年 8 月初版 3000 冊，1984 年 12 月立刻第二次印刷。（註 38）這樣的成績對一向是市場毒藥的詩集而言，真是令人歡欣，也間接帶動其他編者進而仿效，努力將詩集以圖畫編輯妝點，以便推入市場。

　　純文學出版社書籍，在內文與外貌皆作了最完美的結合。杜國清給林海音的信中說：

> 　拙譯出版以來，不知銷路如何？希望不至於教你們虧本才
> 好。不論是編排、紙張、封面設計、字體、顏色，都有一種
> 清新的秀氣，我感到非常滿意。內容上我還沒看到一個錯
> 字呢！在字行間的重點符號一點也不馬虎，更是令我覺得
> 毫無遺憾。真希望下次有書出版時，能夠再得到您的幫忙。
> （註 39）

> 　很高興看到《惡之華》已經出版，封面的設計和配色都相當
> 優雅。四五年來的心血，結晶於此，覺得有點安慰。……一
> 輩子的努力，到現在才覺得開始開花和結果。謝謝您支持我
> 的著作。我會再努力下去的。（註 40）

206 · 文學引渡者——林海音及其出版事業

表達撰者對純文學出版品製作品質的認同與肯定，也希冀再次合作的意願。

1980 年後有了電腦輔助，設計者更可天馬行空馳騁想像，將漫無邊際的空靈幻想予以實現。然電腦設計的精準，總少了一份人性真實、樸拙、古意感，甚至忽視封面與內容的關連性。雖然，今日看來，純文學出版社出版的書籍，封面設計感略顯不足，簡單、樸實，影像品質效果更不如今日電腦影像處理精密。但單純透明心境的呈現，雖然顯得稚拙，生命活力卻呈展其中。更在出版中留下令人難忘的情感記憶。

反觀 1980 年代後，很多書籍不靠內容充實與否，爭取讀者青睞，反以其裝幀來實現商品化。文勝於質，形式重於內容，過於譁眾取寵，於是每本書都失去自己的性格，沒有自己的主體性。色彩斑斕的封面，有時甚而喧賓奪主，成了書籍的主體。實為可惜！

（二）書名簡鍊明晰

埃斯卡皮說：「書名的選定，對一本書的銷售是至關重要的。」（註 41）「書名」是一本書的縮影／代表，具提示文章內容的作用。能激發讀者需求，誘導讀者注意與興趣，使讀者看了興致大增，進而購買閱讀內文。

書名的選定背後承載的是複雜的編者思維。如何將書籍豐富的內涵僅以數字適切地表達，實為不易。《小太陽》、《滾滾遼河》、《望鄉的牧神》都是令讀者難忘的書名。純文學出版社所出版的書籍，書名大多具文題簡鍊、主題突出的特色。

單純、簡單有力，使人易於把握中心的書名如《孟珠的旅程》、《春風》、《和諧人生》、《張我軍詩文集》以簡明精煉的文字令人易

於記憶。基於群眾求知欲的需求，在書名上即提點書籍功能，亦是引起讀者關注的一種方式，即如張覺民所說：

> 求知的欲望：閱讀心理的第二部分，便是滿足讀者求知的慾望。讀者為何要閱讀，除了興趣的關係以外，他還需要從閱讀中得到更多的見聞。而求知慾的滿足，首先要從標題上得到啟示，假如標題上沒有指示出可以使讀者得到新知的要點，讀者便很難繼續去尋文章的內容。所以，從標題的內容上說，求知慾望的滿足，是第一要務。（註42）

相對地，書名的訂定亦需由書名上讓讀者得到啟示，吸引讀者翻閱內容。純文學出版物如《古典小說散論》、《詞人之舟》、《清宮詞》、《圖書分類與管理》以揭示學科專業定為名稱。而《純文學好小說》、《剪影話文壇》、《莎士比亞十四行詩》、《書與讀書》、《詩的效用與批評的效用》，則以內容主題、基本功能定名。同時涉及讀者對象為其命名立足點的則有《不按牌理出牌》、《關於人生——歌德篇》。

　　并句式書名，具對仗工整、文句生動、提綱挈領的特色。如《愛情・社會・小說》、《山水與古典》、《城門與胡同》、《我存在・因為歌・因為愛》、《藍與黑》、《吾鄉・他鄉》、《蘭嶼・再見》、《猛狗・唐恩》等。書名以肯定的敘述句表達者如《人生的光明面》、《作客美國》、《霧裏看英倫》、《滿城風絮》、《中國竹》等，將書中主旨直接敘說，使讀者一目瞭然。

　　此外更有以比較式的語句表達主題，勾起讀者好奇心如：《最後的紳士》、《世界十大小說家及其代表作》、《惡之華》、《最後的一隻紅頭烏鴉》、《在冷戰的年代》。甚至有簡潔有力、音韻鏗鏘口號式的書名如：《改變歷史的書》、《權力的滋味》、《改變美國的書》、

《浩劫後》、《文學的前途》、《飛》、《人生的光明面》、《不明飛行物來了》、《海那邊》。

書名的決定有時是經過一波多折、再三思索的結果,如《人生的光明面》一書,彭歌言及書名訂定的經過:

> 本書的原題《積極思想的驚人效果》後來覺得唸起來實在不順,亦曾考慮以《現代人的荒漠甘泉》然《荒漠甘泉》一書流行已久,怕造成混淆後來我們斟酌再三,決定以《人生的光明面》為題,因為皮爾博士所鼓吹的「積極思想」,其最基本的構想就是在追求人生的光明,勉勵人以積極與達觀的努力,臻至光明之境。(註43)

《在月光下織錦》一書,子敏原本欲以「藍色的花」、「在房頂上散步」、「中國的月亮」、「書裡的秋天」等擇一為書名,然林海音看了此書序文標題為〈在月光下織錦〉,認為此標題充滿詩情,因此提議以此序名為書名。子敏提及《和諧人生》一書書名的由來:

> 「人跟人的和諧」是一切「和諧」的基礎,甚至是「內心的和諧」的基礎。有了「人跟人的和諧」,我們內心的和諧才能夠不遭受破壞,我們才能夠有好心情去探索「人跟機器的和諧」,我們才能夠有寧靜的心境去體會「人跟宇宙的和諧」,去做一個純真莊嚴的「沉思者」。「和諧人生是我思想的主題」。(註44)

> 書名《和諧人生》有兩個來歷。第一,它是全書最後一篇的篇名,不但說明了這本書的真正性質,並且也幾乎就是這本書的「結論」。第二,我在寫「這本書裏的文章」的時候,心中所充滿的,恰好就是這追求「和諧人生」的熱誠。(註45)

張讓說：「林先生出了我生平第一本書：達爾的《丹尼・世界冠軍》中譯，書名林先生重新取為《爸爸真棒》。」（註 46）紀剛著的《滾滾遼河》原名為《滾滾的遼河》，林海音將「的」字刪除，使「滾滾遼河」磅礡的氣勢剎那湧現。《馬蘭自傳》由潘人木更名為《馬蘭的故事》。鄭清文《最後的紳士》書名由林海音選定，鄭清文說：

> 紳士是一種品質。在較早的社會，它代表著優雅和高貴。但是，另一方面，他也代表著虛偽和卑俗。這種品質，是否已成為過去？又什麼是新的品質？每一種事物的消失，總要帶來一些懷念和惆悵，而對於新事物的來臨，又是怎樣的一種情況？（註47）

林海音針對《最後的紳士》一文中，對人性原生的悲劇性格，及人們可笑的執著、荒謬、堅持定了此一極具象徵意義的書名。

吉錚《海那邊》，本來古錚定的書名為《海的那邊》，林海音建議刪除介詞，改為《海那邊》，顯得更簡潔有力。至於楊明顯著的《城門與胡同》一書，林海音說：

> 當這本 30 篇故都風物散文集發排時，曾為了書名，與住在香港的楊明顯，往來信函商量了許久。她的這些文章，有的曾在海外報刊發表，用的題名是《故鄉風物》現在結集出版，用這四個字做書名就顯得太籠統了。（註48）

書中所述皆為北平之風土人情，然以「故鄉風物」四字無法彰顯故鄉所指，乃改以《城門與胡同》表達其主題特色。此乃因「城門」為北平具歷史性之物名，而「胡同」更是典型北平對街巷的術語。因此選擇這樣一個具地方特性的書名，更能適切顯出書中所欲

表述的內容。純文學出版社出版書籍的書名大多為林海音所選定，
皆有明暢易曉的特點。子敏說：

> 林海音女士對「取書名兒」有獨到的心得。凡是能夠虛心向
> 她求教，由他斟酌命名的純文學出版社出版的新書，都有令
> 人滿意的錦繡前程。堅持己見，特別聲明不願她勞神的，由
> 後來的事實看來，沒有不是換得她一聲「惋惜的嘆息的」。
> 因此這本書的書名（《和諧人生》），像《小太陽》一樣，
> 也是由她斟酌選定。（註49）

純文學出版社的書名大多一閱即知內容說些什麼，子敏說《中
國豆腐》：「這個書名對中國人來說，它就含有『咱們的，值得自豪
的』意味。對外國人來說，它的意義等於：『一種代表東方文化特
色的中國民間食品。』」（註50）

《不按牌理出牌》乃延用何凡為《文星》雜誌寫的發刊辭題目，
即是想姑且一試之意。《不按牌理出牌》一書中所收的雜文範疇寬
廣，如言及兩性的〈妻之過〉、〈夫之過〉，言及日常生活者如〈拜
年〉、〈日本澡〉、〈談湯〉、〈茶讚〉甚至〈員工十誡〉、〈談尊重私生
活〉等，不知讀者接受度有多少？因此取此書名即表示作者心中的
顧慮，欲姑且一試。

親切的書名，使人印象深刻如《妙爸爸》、《我的小女生們》、
《我的小貓》、《為妻的心路歷程》、《我在台北及其他》、《送給故
鄉的歌》等。

《孤獨的旅人》，此書名含有雙層喻義：一為書中內容總旨，
二為保真（作者）在異鄉天涯遊子的心境寫照。保真說：「諾貝爾
的『資料』、冰島的『資料』，都可以在完善的圖書館中查到（書中
分兩輯一為與諾貝爾相關，另一為冰島遊記），唯有我的心境情感
是只屬於我的，這也是為什麼這本新書叫《孤獨的旅人》的原因。

書中其他關於瑞典的散文，也都反映了一個旅人的心情。」(註51)
(美)尤瑞斯(Leon Uris)著／彭歌譯《浩劫後》書名的由來譯者
彭歌說：

> 我將此書的名稱由《女王法庭第七庭》改為《浩劫後》，有
> 其雙關的意義。因為書中這樁誹謗官司是由於「浩劫」那本
> 書所觸發的。同時，這些論辯都是因二次大戰那場浩劫而起，
> 這是戰爭罪惡的餘波，也可以說是戰爭中人性衝突的劇烈化
> 之延長。(註52)

書名正具寫實性。綜觀純文學出版社所出版之書名或寫實或象
徵，皆引人入勝，達到用字求穩、立意求合的效果。反觀1980年
代晚期後現代主義興盛，許多書籍的書名乃是極近誇張詭譎之能
事，刻意違反固定一對一的結構關係，書名竟是意符與意指的不
相稱。

(三) 書法藝術題簽

林海音相當喜歡我中國的國粹——書法藝術，因此許多書題皆
請名家題書，美化書籍字面，增加封面的秀雅韻致。李瑞騰說：「中
國書法是一種空白藝術，全憑筆墨的優美點線活動以及黑白對
比，所呈現的空間立體感，來引發欣賞者各種不同的情緒反應。」
(註53)

書法，是漢字文化中的特殊藝術，抑揚頓挫的線條，加上疏密
濃淡的墨色變化，充滿節奏韻律感。使觀者在流覽時，感受連串張
力，造成視覺快感，激起許多類比聯想。書法藝術除能呈現文字如
手寫般的氣勢外，每一種字體、字型的文字，都是以筆畫粗細曲直，

表達寫者的思想、情感。更蘊含豐富的中國風味，其獨具之形式美，更少了後來電腦設計的匠氣味。

　　純文學出版社一系列以「中國」為題的書籍，大多由朱介凡以瘦金體簽題如《中國豆腐》、《中國竹》其瘦金體書法，挺拔秀麗、雖飄逸亦遒勁。更請臺靜農先生以流暢溫秀行書字為《剪影話文壇》題書。《生活者林海音》、《豐子愷連環兒童漫畫集》、《莊因詩畫》則是莊因以流暢線條，豪放瀟灑的行草題名，呈現活潑歡暢的格調。《和泉式部日記》由郭豫倫為封面題字。此外如匡仲英、陳子和、傅狷夫、王靜芝等皆曾為純文學出版社出版書籍題名。

　　書法是建構在漢字基礎上的線條藝術。同樣也傳承了漢字延伸而來的文化認知、傳統藝術美。林海音將人們心中已形成共識的傳統藝術，運用在封面設計上，從而拓展出更新、更深層次的理念精神，使其更具文化性與社會性。

　　封面的設計不僅是對商品信息的傳播，完成其經濟功能，同時還具有傳播意識型態的文化功能。林海音讓書畫家共同參予純文學出版社書籍的製作，對書法傳統在新環境意義做重新詮釋。也間接表達純文學出版社，出版書籍的中國風。更使這些名家的才華，藉由書籍傳播獲得宣揚。讓讀者透過書法藝術，體認其背後的文化認知。對於書法家而言，亦可藉著刊物大量的印行，使作品廣被各階層人士所欣賞、注目。

二、內頁編排

　　目錄乃是在著者主旨和文章脈絡上成形。目錄可看作是宣傳書籍內容文章的一種手段。蔣學廣說：「如果把封面比作人的面目的話，而目錄則為著作的神彩和肋骨。」（註54）目錄頁的主要功能

即讓讀者了解書籍內容，知道作者或編者在書中要闡明哪些問題和闡釋之道，以便讀者檢索。

純文學出版社出版的書籍，目錄拆開為各自為營的小題目，合起來即為「編體」之脈絡，前後連串，以條貫為特色。如《婚姻的故事》、《中國近代作家與作品》、《中國兒歌》、《書與讀書》、《中國文學在日本》等。目次頁的版面編排清晰簡潔，具穩重樸雅之感。在版面鋪排上以舒坦自在為主。採統一字體，無花俏手法，使讀者一閱，即能迅速找到需要篇章，助於讀者查閱。

在編輯純文學出版社所出版的書籍時，林海音除注重文字內容外，也很在乎圖文的密切搭配，講究插畫（註 55）藝術。雖然插畫，原為裝飾書籍，增加讀者興致，但那力量，能補文字所不及，也是為書籍加分的手法。

林海音為使《林海音童話集‧動物篇》、《林海音童話集‧故事篇》這兩本童話集更為豐富，每一故事依據故事內容分節，圖畫也依分節內容表現。配合書中內容，請了不同風格的畫家為故事加上繪圖，如請善於描繪中國舊傳統風味的莊因繪〈爸爸的花椒糖〉、〈蔡家老屋〉；喜樂繪〈童年樂事〉，以圖案加重說明、將文字內容具體化、明確傳達文字意涵。林海音說：「我希望少年讀者喜歡我的作品，更喜歡這些畫家的畫。那麼，我編印這兩本書的目的就達到了。」（註 56）

《誰是賊》、《我的小貓》二書在有限的版面空間，利用單色白描法，以線條為主，僅加些許墨色渲染，線條筆觸簡單俐落。有了這些圖像敘述空間的補充，文字將有更多解讀空間。《水果們的晚會》則以圖文各佔一個跨頁的版面配置，以簡單、扼要的彩色插畫方式，強化文字內容，達到提綱挈領的作用。《獨遊》以跨頁圖文各半的形式，利用插圖引導故事，每一插圖皆重複出現主人公，且

具相同造型，藉此將故事整體進行串連，使孩童在閱讀過程，更易理解故事。

基於「豐子愷的漫畫，是以兒童為題材的佔大數，即使是其他各類的漫畫，也常常由兒童為出發點作畫。」（註57）且豐子愷以毛筆來畫漫畫，展現軟筆特有的筆觸情感。因此純文學出版社，積極與香港明窗出版社協商，以取得《豐子愷連環兒童漫畫集》的版權，在台出版宴饗讀者。此外如《艾莎的一生》、《長白山下的童話》、《護生畫集》、《喜樂畫北平》、《吾鄉他鄉》、《不明飛行物來了》、《莊因詩畫》、《琦君寄小讀者》、《一家之主》等皆以插畫搭配，圖片與文本互相詮釋，相得益彰，書中軟性氣氛濃郁引人，令人愛不釋手。

小結

本章探討〈純文學出版社的編輯表現〉，由編者構想而發展出來的書籍，型塑了出版社風格。作者的才能藉由編者而開花結果。編者在實現作者創造性思維物化呈現的同時，也實現了編者個人的本質特色。畢竟編者的特質、喜好品味、作風思想、學養格調及文化情致會影響出版品樣貌。

編輯工作者對社會負有教導責任，林海音擔任純文學出版社的編輯，除出版新的文學創作外，為承繼傳統文學精髓，乃以主題企劃方式，邀請專家學者共同研討，精心編印了一系列以「中國」為題首的叢書，對遺失的文化發出呼喚的聲響，喚起國人對傳統的重視，為保存傳統文化極盡心力。

舊作新出的編輯策略，使人人皆有機會一窺先進的佳構奇篇。讓舊書能歷久彌新，不再僅能於歷史中遙見其微弱光芒。且在民眾有限購買能力下，知名作家的圖書，自然有其口碑。舊作新出，亦

為純文學出版社帶來銷售佳績。此外純文學出版社更藉由編選方式，彙集好文章。使文學佳作得以綿延流傳。由純文學出版物中，可看出林海音對傳統文化繼承，對時代精神把握的用心。

　　一本完美的書籍不但要有好的內容，還要有一個美的形式，兩者融為一體，這樣才能成為完整的藝術品。在純文學出版社的成品中，更可見林海音對於各路人才的凝聚整合能力強大，使純文學出版物能散發璀璨光華。

　　封面設計的總體構思，能體現出版物的獨特內涵與個性風格，令人萌生購買意念。純文學出版社所出版的書籍，是文學美感呈現、藝術形式表徵。在封面設計方面，除早期制式封面外。乃根據書稿內容選取適當圖片、照片製成封面。以視覺藝術手段，表達封面構思和構圖，選用適當裝幀材料，創造豐富多采的式樣。畫面構圖、色調和諧統一，文學組織均衡完整。恬淡、質樸、含蓄、深沉風格為其基調，更適時加入中國書畫藝術。著意提煉作品內容主題，體現圖書特點和時代風貌，創造既有思想性又符合科學、優美的封面作品。

　　純文學出版社出版物，書名的選定既有以情緒興趣為名者，亦有於內容求知為重者，整體言皆能適切與圖書內容相應。

　　編輯活動須有相適應的社會文化環境。不同年代即有不同的編輯手法。純文學出版社在編輯上走的是較為保守的路線，少見突兀、奇俏的藝術形式。多為溫婉優美的丰姿。這些出版物，在台灣出版史中，留下燦爛的一頁。

【附註】

1. 林海音於 1968 年 12 月至 1976 年 12 月擔任純文學出版社主編。此後
   雖由夏祖麗擔任主編，但實際主導編輯工作者仍為林海音。因此純文
   學出版社出版物仍可視為林海音的編輯成果。

2. 季季：〈玻璃墊上的儷影──何凡、林海音美遊歸來〉，《聯合報》第 37
   版，1978 年 10 月 21 日。

3. 邱清華：〈為民族營養紮根〉，章樂綺：《美食當前談營養》（台北：純
   文學出版社，1981 年 4 月），頁 2。

4. 子敏：〈新鮮多汁的水蜜桃──「陌生的引力」的序〉，《陌生的引力》
   （台北：純文學出版社，1975 年 1 月），頁 4。

5. 子敏：〈輕鬆的人生論文──序「和諧人生」重排本〉，《和諧人生》（台
   北：純文學出版社，1994 年 8 月），頁 17。

6. 孟樊：〈作者、作品與版稅〉，《台灣出版文化讀本》（台北：唐山出版
   社，2002 年 9 月），頁 160。

7. 美國亞洲協會在台辦事處，這個機關當時是以學術研究的立場，大力
   幫助美國學界蒐集亞洲中文文獻資料，也因為這個機關對相關文獻的
   大量收購的推薦，台灣的出版界曾經掀起過一波翻印古書的熱潮，造
   就了成文、南天、藝文、廣文、鼎文、新文豐等出版社的業務興隆。
   參萬麗慧：〈用出版疼惜台灣──專訪龍文出版社發行人周崑陽〉，《全
   國新書資訊月刊》第 89 期（2006 年 5 月），頁 35。

8. 藝文印書館翻印了《二十五史》，世界書局翻印了《四部刊要》。商務印
   書館從 1954 年到 1958 年中，出版了數量可觀的古籍書，如《涵芬樓祕
   笈》、《四部叢刊》、《百衲本二十四史》、《中國文化史叢書》、《四庫珍本》
   等。中華書局，印有《四部備要》、《冊府元龜》等。1950 年代三民書局
   開始大規模規劃古籍注譯的工作，出版《古籍今注新譯叢書》。

9. Robert Escarpit 著，葉淑燕譯：〈時勢造作家〉，《文學社會學》（台北：
   遠流出版社，1990 年 12 月），頁 37。

10. 紀剛：〈蒼天有眼〉，《蒼天悠悠》（台北：純文學出版社，1988 年 4 月），
    頁 8。

11.何凡：〈校讀後記〉，《舊京瑣記》（台北：純文學出版社，1975 年 6 月），頁 3。

12.潘人木：〈我控訴（代自序）〉，《蓮漪表妹》（台北：純文學出版社，1993 年 9 月），頁 9-10。

13.樂蘅軍：〈自序〉，《古典小說散論》（台北：純文學出版社，1984 年 12 月），頁 1。

14.「文化大革命」：（1966 年 5 月至 1976 年 10 月），此革命不僅是政治、權力的鬥爭，也是文化、思想的鬥爭。鬥爭中提出「破四舊」即破除舊思想、舊文化、舊風俗、舊習慣。也就是破除中華傳統文化，移植共產主義文化。

15.方師鐸於？年 7 月 18 日給林海音的信中所言。（夏祖麗提供。因此信並無記載何年，故此以？代替）

16.林海音：〈一點說明——「中國近代作家與作品」前言〉，《芸窗夜讀》（台北：純文學出版社，1982 年），頁 228。

17.林海音：〈一點說明——「中國近代作家與作品」前言〉，《芸窗夜讀》（台北：純文學出版社，1982 年），頁 229。

18.林海音：〈此老耐寒〉，《芸窗夜讀》（台北：純文學出版社，1982 年），頁 270。

19.張覺民：〈編輯學概述〉，《現代雜誌編輯學》（台北：台灣商務印書館，1980 年 8 月），頁 39。

20.林海音：〈一點說明〉，《中國近代作家與作品》（台北：純文學出版社，1990 年 5 月），頁 2。

21.林海音：〈重排「作客美國」雜感錄〉，《作客美國》（台北：純文學出版社，1985 年 8 月），頁 5。

22.林海音：〈寫在風中——自序〉，《寫在風中》（台北：純文學出版社，1993 年 7 月），頁 7。

23.林海音：〈重排「作客美國」雜感錄〉，《作客美國》（台北：純文學出版社，1985 年 8 月），頁 5。

24.林海音：〈書前的話〉，《剪影話文壇》（台北：純文學出版社，1984 年 12 月），頁 3。

25. 林海音:〈往事與回顧──「純文學好小說」編選隨想錄〉,《純文學好小說》(台北:純文學出版社,1982 年 7 月),頁 5。

26. 郭明福:〈江山代有才人出〉,夏祖麗編:《風簷展書讀》(台北:純文學出版社,1985 年 1 月),頁 80。

27. 林海音:〈往事與回顧──「純文學好小說」編選隨想錄〉,《純文學好小說》(台北:純文學出版社,1982 年 7 月),頁 6。

28. 林海音:〈往事與回顧──「純文學好小說」編選隨想錄〉,《純文學好小說》(台北:純文學出版社,1982 年 7 月),頁 2。

29. 林海音:〈編著的話〉,《純文學散文選集》(台北:純文學出版社,1981 年 6 月),頁 2。

30. 林海音:〈寫在前面〉,《純文學短篇小說選譯》(台北:純文學出版社,1981 年 8 月),頁 2-3。

31. 梅家玲:〈女性小說的都市想像與文化記憶──林海音與凌叔華的北京故事〉,《性別,還是家國?五 0 與八、九 0 年代台灣小說論》(台北:麥田出版社,2004 年 9 月),頁 145。

32. 翁翁:〈關於文學創作出版品的設計案例──涉入文學的另一種角度〉,《書的容顏──封面設計的賞析與解構》(台北:黎明文化公司,2005 年 3 月),頁 28。

33. 陳俊廷:〈銷售商品的方法〉,《營銷與廣告戰略》(台北:國家出版社,1986 年 1 月),頁 59。

34. 子敏:〈輕鬆的人生論文──序「和諧人生」重排本〉,《和諧人生》(台北:純文學出版社,1994 年 8 月),頁 9。

35. 李建臣主編:〈選題與組稿〉,《圖書編輯學》(北京:北京師範大學出版社,1993 年 8 月),頁 320。

36. 高斯、洪帆主編:〈圖書的裝幀設計〉,《圖書編輯學概論》(南京:江蘇教育出版社,1995 年 8 月),頁 272-273。

37. 張覺民:〈圖片編輯〉,《現代雜誌編輯學》(台北:台灣商務印書館,1980 年 8 月),頁 208。

38. 根據夏祖麗所提供之「純文學出版社帳本」。

39. 杜國清於 1972 年 8 月 8 日給林海音的信中所言。(夏祖麗提供)

40. 杜國清於 1977 年 4 月 8 日給林海音的信中所言。(夏祖麗提供)

41.（法）羅貝爾‧埃斯卡皮著；于沛選編：〈文學的發表與發行〉,《文學社會學──羅‧埃斯卡皮文論選》（杭州：浙江人民出版社,1987 年 8 月）,頁 46。

42.張覺民：〈標題設計〉,《現代雜誌編輯學》（台北：台灣商務印書館,1980 年 8 月）,頁 191。

43.彭歌：〈前言〉,《人生的光明面》（台北：純文學出版社,1994 年 8 月）,頁 2。

44.子敏：〈輕鬆的人生論文──序「和諧人生」重排本〉,《和諧人生》（台北：純文學出版社,1994 年 8 月）,頁 15-16。

45.子敏：〈輕鬆的人生論文──序「和諧人生」重排本〉,《和諧人生》（台北：純文學出版社,1994 年 8 月）,頁 17。

46.張讓：〈您不認識我……從《爸爸真棒》回憶林海音先生〉,《中央日報》第 18 版,2002 年 1 月 29 日。

47.鄭清文：〈創作的信念 ──代序〉,《最後的紳士》（台北：純文學出版社,1986 年 5 月）,頁 4。

48.林海音：〈在「胡同」裏 ─序楊明顯的「城門與胡同」〉,《芸窗夜讀》（台北：純文學出版社,1982 年）,頁 317。

49.子敏：〈不「嚴肅」的論文──「和諧人生」的序〉,《和諧人生》（台北：純文學出版社,1994 年 8 月）,頁 17。

50.子敏：〈茶話豆腐〉,夏祖麗編：《風簷展書讀》（台北：純文學出版社,1985 年 1 月）,頁 451。

51.保真：〈旅情──「孤獨的旅人」後記〉,《孤獨的旅人》（台北：純文學出版社,1987 年 6 月）,頁 249。

52.彭歌：〈關於「浩劫後」〉,尤瑞斯著,彭歌譯：《浩劫後》（台北：純文學出版社,1986 年 11 月）,頁 5。

53.李瑞騰：〈鳶飛戾天,魚躍於淵──談「彩色書法」〉,《文化理想的追尋》（南投：南投縣立文化中心,1995 年 6 月）,頁 157。

54.蔣廣學：〈形式編稿論：信息流通與社會科學書刊的編排規範〉,《編學原論》（南京：南京大學出版社,2000 年 4 月）,頁 263。

55.插畫是將文章內容作視覺化的解說,或補充文章、裝飾文章的圖畫。林俊良為插畫下一定義：「將文章的內容或故事的情節或產品的重點,

以繪畫的形式加以表現，其目的的在於圖解內文、強調原稿，且具有
完整獨立性的視覺化造型符號，則通稱為『插畫』。」林俊良：〈插畫〉，
《視覺傳達設計概說》（台北：藝風堂出版社，2004 年 11 月），頁 77。

56.林海音：〈寫給少年朋友〉，《林海音童話集》（台北：純文學出版社，
1987 年 3 月），頁 22。

57.林海音：〈一點說明〉，豐子愷：《豐子愷連環兒童漫畫集》（台北：純
文學出版社，1989 年 9 月），頁 7。

第八章　純文學出版社的營銷策略

　　文人辦出版社常忽略經營之道，故難成大業，然而純文學出版社營業時間卻長達二十七年（1968.12-1995.12）。更橫跨了台灣出版界文學單一的出版景觀，過度到多彩的景象，也由文人出版演變至商業導向。更重要的是它帶領了往後純文學出版社的蓬勃發展——純文學出版社（1968年）創設後，大地（1972年）、爾雅（1975年）、洪範（1976年）、九歌（1978年）出版社相繼成立，彼此共以「純文學」為號召。

　　純文學出版社因屬家庭式出版社，規模小，開銷不大，負擔也少，每年只須出版十本書籍，即能生存下去。更何況純文學出版社出版了許多暢銷且長銷的書。暢銷書能負擔挹注資金，穩定現金流量。而長銷書因能不斷再版，具自己的生命力，是出版社穩固的基石。

　　所以純文學出版社的營運狀況，在當時而言，可說相當良好。隱地曾說：「林海音的純文學出版社有穩固銷售事實。因此書商大多喜歡賣『純文學出版社』的書，因為『純文學出版社』的書絕對賣得出去，且是多人爭相購買。」（註1）如《包可華專欄》「第一集出版於59年9月，到61年4月印行了6版，平均每3個多月一版。第二集出版於60年10月，到了61年3月印行了4版，平均每一個半月一版。」（註2）《我存在，因為歌，因為愛》在短短四個月即印刷三版（註3），《滾滾遼河》重印達五十餘次，銷售達五萬七千本。《小太陽》由1972年5月至1995年5月共銷售二十一萬五千本；《和諧人生》由1973年12月至1994年8月共銷售十二

萬七千本。(註 4)彭歌說:「《人生的光明面》在三年之間印行了四十餘版。」(註5)此書自 1972 年 10 月初版至 1994 年 8 月共印 93 次。(註6)這些數據今日觀之實無可訝異之處,然對當時的出版業而言可謂相當驚人。隱地更說:「當年的書店若無『純文學出版社』的書,則不可稱為一間『書店』。」(註7)徐開塵亦說:「早年純文學的出版品是書店通路極力爭取的。」(註 8)經由純文學出版社書籍銷售狀況,我們稱其為一家「成功」的出版社實不為過。

純文學出版社因是文人(林海音)所主持經營的,其出版物走向、經營方式與商人經營方式自有相異之處。「林海音說,出版家其實也是商人,如果沒有一定的利潤,再崇高的理想也等於是空中樓閣。但文人與純粹的商人有些不同的觀點和作法。『純文學』的經營方式是她一路摸索而來的,也成為一套獨特的文人經商作風。」(註9)

本章想藉純文學出版社經營面貌進行觀察,並依據觀察探討林海音如何利用個人優勢及規劃能力提供出版物,加以行銷通路、廣告宣傳等產銷關鍵的配合,營造一出版社,從而分析其成功與失策要素。此一觀察除可重建昔日文人出版社的經營概況外,也提供經營出版事業的參考模式。

第一節　善用優勢出版文學書

黃盛璘說:「出版是一場掙扎——在理想和市場之間尋取不可能的平衡。」(註 10)書和任何民生必需品同樣,是商品的一種,既然是商品就必須遵行市場法則,謀求生存之道,考慮商業利潤。正如〈試談文學場域中的現代傳播媒介因素〉一文所論及傳媒的商業性是不容漠視的:

在法蘭克福學派看來，現代傳媒與一般商品並沒有本質的區別，在資本的贏利上表現出驚人的一致：傳媒必須擁有穩定的消費者群體，在不斷地激起消費者群體消費媒體產品中，爭取到媒體自己的生存市場，這樣，媒體才能支撐和維持自身的存在和發展。因此，現代傳媒有著不可避免的商業性追求。（註11）

既然要經營一家出版社，單憑熱情是不夠的，還要懂經營之道。郝廣才認為：

作家一但躍昇為一個文化事業的經營者，就不能光憑理想與情感做事。身為經營者就要能承擔更多的責任，所以，作家出版人還要能扮演更複雜的角色才行，不僅要懂作家，要懂編輯，還要懂發行、行銷與財務規劃管理等經營之道。（註12）

經營策略，基本上它是觀念的架構，但實質上又是企業經營的工具／利器。所以「策略」的運用實不容忽視。「策略（strategy）究竟是什麼意思？我們可以很簡單地說，策略的內容，包括選擇達成特定目標的途徑，與各項資源的調配。它的目的在於　得全面的戰爭。」（註13）對於媒介本身來說，任何傳播機構，都有自己的出版方針和政策。一家出版社也會有自己所揭櫫的策劃方向與目標。

　　文人因對出版的商業性較不了解，因此其出版策略主要以其所擅長之領域為發展方向，展現個人品味。因而在1950、1960年代的文人小型出版社如穆中南的文壇社、柏楊的平原出版社、梅遜的大江出版社等，多展現其相異姿彩的個人特色。

　　林海音創辦出版社時正值49歲，以其對文學濃厚興趣，加上人生歷練，採取保守、謹慎、穩重的經營策略，圍繞自身優勢開發選題出版。集中有限資源，運用自己所擁有的實力，全力經營自己

認為能經營得最好的書種，創造發揮別人無法企及的特色，且絕不輕易跨入任何其他不同性質的書籍，因而成為此一領域的專家，這是走傳統穩健的經營路線。

林海音說：「純文學出版的書，並非很純，也不很學術，原則上偏於知識性、文學性。適合高中以上程度，一般家庭能閱讀的書，是我出書的大概標準。」（註14）文學書籍的出版屬保守出版路線，不觸及政治敏感話題，且文學人口一定存在，只是數量多寡。文學更具歷史意義，不隨流行風潮起伏，甚至可歷久彌新，具長期經營價值。王乾任說：「文學可以說是出版之根基，也是推廣思想與生命態度的基礎。而且文學不僅只如此，還可以讓文字的美學，得到前所未有的解放。是以說文學是出版種類之后，也不為過。」（註15）更為反應1960年代通路需求。

1960年代社會日趨安定，經濟日益繁榮，教育事業更形普及。教育水準的提高創造了廣大讀者群，因而帶動台灣出版事業。加以1960年代台灣在政治上並非完全開放，許多人不敢碰觸政治、社會問題，然而對社會、人生的迷疑，無法問、不能提，因此只能沉浸在文學國度中，尋求慰藉。

隱地說：「那是文學的年代，整個社會以文學書為主，政治書少，非文學書也少。文學書與非文學書比例約為7：3」（註16）人人愛文學書，不僅家庭主婦喜愛文學、甚至軍中，文學書也受到熱烈歡迎，青年學子更對文學熱衷，因此銷售量極佳。南方朔說：「從1964—1973的這十年，台灣的經濟和教育持續擴大……而人們的閱讀需求也增加，所謂的文藝青年也從社會和軍中大舉浮現。」（註17）人們對作家更有種崇拜心理，也尊重作家。許多文學出版人及前輩作家在訪談或回憶文章當中，「提及5、60年代，甚至是70年代，文學圖書都是當時出版，甚至是休閑娛樂的主流。那時的出

版社，不需要太多的廣告或其他行銷方式，一般來說，只要是好書，就可以賣得不錯。」（註 18）

隱地回憶往日說：「在貧困的年代，克難的年代，文藝和文學曾經是我們長久的精神食糧和心靈潤滑劑。」（註 19）孫子兵法曰：「勢者，因利而制權也」。「勢」是　種資源組合的最佳時機，時機的掌握與控制，能創造不可思議的奇蹟，林海音以高人的智慧、長遠的眼光、及時的行動配合，有遠見地看到知識產業、文學圖書的發展空間，把既有的資源調配到最有力的時空交會點上。以小型出版社深耕專業的模式，專心經營其所擅長的文學領域，突顯其專屬特色。在文星書店結束後，純文學出版社一躍成為當時「純文學」出版的主流，一支獨秀。

第二節　差異特性作市場區隔

文人出版社雖走的路線不盡相同，卻也十分相似，如果和競爭者沒有差異化，競爭只會日趨激烈，最後大家獲得的利潤只會日趨微薄，造成「策略同質化」（strategic convergence）的現象。

因此如何建立「差異性」，是相當重要的前提。林海音以優勢地位──擔任過《聯副》主編及編輯出版《純文學》月刊期間，認識許多翻譯人才，因此純文學出版社採取「避強定位」：「不與強手正面競爭，而是另闢蹊徑。……在市場上樹立耳目一新的形象，以吸引和轉移讀者對競爭者的注意力，以求獲得一定的市場份額。」（註 20）大量翻譯外文作品，不僅文學類更囊括知識性書籍。

純文學出版社翻譯出版的書籍，除一般出版社翻譯的對象美國、日本作品外，更具世界觀地囊括了少人翻譯的法國、俄國、西班牙、瑞典、捷克、波蘭、阿根廷、義大利、丹麥等其他國家的作

品，在台灣建立各國作品並陳的閱讀光環。如（英）毛姆（Somerset
W. Maugham）撰，徐鍾珮翻譯／《世界十大小說家及其代表作》、
（法）波特萊爾（C. Baudelaire）撰，杜國清翻譯／《惡之華》、（法）
傅良圃（Frederic Joseph Foley）撰，張劍鳴譯／《文學史上的大騙
子》、（俄）索忍尼辛（Alexander Isayevich Solzhenitsyn）著，沉櫻
翻譯／《瑪娜的房子》、（西）鄔納諾（Unamuno, Miguel de）撰，
王安博譯／《阿貝桑傑士：一個沈痛的故事》、（西）赫美內斯（Juan
Ramon Jimnez）著，王安博譯／《遙遠的海：黃拉孟·赫美內斯詩
選》、（美）史坦貝克（Steinbeck, John）撰，喬志高譯／《金山夜
話》、（英）維金妮亞·吳爾芙（Virginia Woolf）著，張秀亞翻譯／
《自己的屋子》等。在書籍編排前後，更添加一些相關資料，讓讀
者對書本相關背景多所了解，助於他們喜愛此書。

　　翻譯文學是觀摩他人文化思想的方法之一，純文學出版社藉翻
譯書籍，讓讀者在知識消費中，與世界各國做了隱然的聯結，也產
生不同的知識品味。這顯然是林海音的商業眼光與文化人的睿智表
現。林海音說：

> 我們創作的作品，有時因為傳統的觀念去不掉，不免容易流
> 於四維八德、母慈子孝的框框裡，如果多方參考些各國各民
> 族不同的價值觀念、親情觀念、生活趣味……是可以增進我
> 們寫作的理念，有什麼不好？所以我不反對翻譯外國作品，
> 更願意藉此鼓勵兒童讀物的寫作者放開手寫。（註21）

基於此，純文學出版社翻譯多國兒童文學作品。如（俄）《虎王》、
（瑞典）《少年偵探》、（英）《爸爸真棒》、《世界少年童話故
事》等。讀者更因對這塊領域的陌生，而充滿好奇。此舉亦為純文
學出版社帶來較高的市場佔有率及獲利能力。並在書市的競爭中，
找到屬於自己的天空。

　　純文學出版社亦是台灣第一家，出版大陸 1920、1930 年代作家作品的出版社。其中蘇雪林著《中國二三十年代作家》，內容介紹五四以後到抗戰前新文學作家，如徐志摩、聞一多、魯迅、林語堂等人的活動情形及其作品。林海音編《中國近代作家與作品》則收錄了許地山、朱湘、老舍等人的作品。因為林海音的謹慎篩選，較具爭議性、鮮明左翼政治色彩的人物如巴金、蕭紅、蕭軍皆沒選入。鍾鼎文、菱子、洪炎秋合編的《我底記憶》，內容包括對戴望舒、周作人、沈從文三人作品的分析與批評，及部分作品刊載。當時 1920、1930 年代的作家大多還在大陸，因而出版與他們相關的書籍仍是禁忌。然而林海音認為 1920、1930 年代的作家有必要介紹給台灣讀者認識，因此她還是大膽地出版了。這些書在當時的書市中顯得獨特，別具吸引力。

第三節　個人作風的營銷管理

　　1960 年代，文學圖書的營銷，多為零售系統的傳統書店。即使有銷售組織，也是粗糙不成型的。由於出版社小，難以有效地自配營銷，而產地又非常分散，所以多運用經銷商來代理。以「出版社→總經銷→中盤商→零售商→讀者」的基本方式。從營銷學來看，這是一種最規範的商品流通渠道，出版社不用耗費大量人力於鋪貨上面，亦不必花費過多精力在分銷工作中。可以集中資源進行圖書產品生產。

　　林海音對於營銷管理，頗有自己的一番見解。「『純文學』堅持『三絕』經營方式──絕對現批、絕不收遠期支票、絕不退書。因而有『出版界硬漢』之稱。」（註 22）日本出版界「產銷分離」的

觀念，林海音亦移植台灣使用。陳銘磻解釋所謂的「產銷分離制
度」為：

> 產銷分離制度，簡單的說，就是出版社把發行部門抽離出來，
> 交給發行專門機構；出版社專心從事書籍出版、品質研究的工
> 作，發行機構則專司市場、分銷、處理、調查工作。（註23）

　　純文學出版社在有限資金與規模下，將人力全心投入出書企劃
和編輯出版流程上。將行銷工作交由世界文物供應社負責，使產銷
工作雙軌進行。世界文物供應社銷售發行網很健全，書籍交給他們
可以很放心。然而後來世界文物供應社，自己也成立出版社。出版
了許多書籍，因此世界文物供應社不再為純文學出版社總經銷。

　　1978 年，純文學出版社收回自己發行。林海音必須面臨自己
面對中盤商鋪書、退書等瑣碎問題。因此林海音定下「不退書」的
規定，除非裝訂錯誤或因陳列日久而破損時，才接受換書。

　　純文學出版社不接受退書，這在當時可謂創舉。因為「當時的
退書率極低，約 7%，不似今日退書率高達 50-60%」（註24）許多
出版社通常為了多賣書，都會給書店方便，允許退書。所以林海音
的舉動震驚出版界。林海音敢於提出不退書的方式，其實不外因其
經營績效良好，又身為文學五小的龍頭身分，林海音想藉「不退書」
的方式避免出版業中長期存在的風險——退書、倒閉。雖然此舉使
部分出版社也起而仿效，如皇冠出版社、遠景出版社，但畢竟只有
少數，此方式在台灣的文學出版業中躓礙難行，反使純文學出版社
自己陷入困境當中，這是林海音當初始料未及的。

　　因為書商賺的錢，來自他們從出版者手裡買書時，支付的錢。
與販售顧客實收金額間的差價。「不接受退書」的策略，讓書商有
時好不容易賣得不錯的利潤，可能被過量、無法退回的書給消蝕殆
盡。在文學書市逐漸不景氣的 1980 年代中期，書商漸漸地不敢多

拿純文學出版社的書，除非他覺得一定會賣得掉。因此一但要拿純文學出版社的書籍，書商便須斟酌再三。

時至今日，時移事變，出版社多如牛毛，優勢不再，沒有一家出版社敢提出「不接受退書」的規定。因為現今供過於求，目前退書率高達五成。大量的書從出版社到書店，可能沒幾天，又大量的書原封不動退回出版社。有些作品來不及消費即被埋沒。讀者或許還來不及記下書貌容顏，書已消失露臉平台的機會了！

此外，林海音認為結帳時的遠期支票，帶給出版社很大的困擾。所以擬出一個新的發行辦法：除了中盤批發商外，其他批發書一律以定價八折收現，她和書店約定開半個月內的即期支票，以免影響彼此業務。她個人付給印刷廠、裝訂廠與紙廠的費用，一律付現金或給即期支票。這種發行辦法，簡單且清楚，減少許多不必要的麻煩和糾紛，亦可節省人力和時間，避免倒帳風險。

「平時『純文學出版社』的書堅持不打折，因為林海音不願破壞了規矩，使書店及中盤商吃虧，只有新書出版時，預約價為八折。另外在書展、特展期間，書籍方略有折扣，且『純文學出版社』從不賣風漬書。」（註25）林海音對書商重情義，講信用，使書商樂於與其合作。「曾經有一位批發純文學書籍的中盤書商說過：『我們對純文學的書很尊敬，不努力就覺得慚愧。』」（註26）

因林海音有穩固銷售事實，堅持給書商的折扣為八折。反觀當時五小除純文學出版社外幾乎都給予七折，且可退書，因為畢竟是新出版社不敢如純文學出版社如此強勢作風。

因純文學出版社給的折扣少，所以沒多久爾雅出版社的出書量，即大大超越純文學出版社。而五小中的其他四小，也漸漸瓜分了純文學出版社的市場。這不可不歸咎於林海音的強人作風。

第四節　顧客高忠誠度的建立

　　顧客關係是出版社長期的資產。以關係為基礎的行銷，擴大了行銷的視野，同時也涵蓋一切會影響顧客感覺的潛在因素；就這層意義上而言，讓顧客長期滿意及建立長期顧客關係是很重要的。

　　文人出版社經營方式，大多與文人性格有關。文人往往好交友，擅長營造以關係為主的行銷手法——以真誠態度與顧客建立關係，將顧客單純的購買行為轉化為一種情誼存在，並以此爭取顧客的信心與友誼。使顧客對出版社有一定忠誠度，進而口耳相傳，建立品牌口碑。形成一支穩定的顧客隊伍。畢竟「受眾選擇某種媒體形式很有可能是因為他們對這些類型的熟悉程度，而不是完全依照他們的『需要』來選擇。」（註27）讀者購買書籍除功能性、實用性動機外，更有出於心理感情動機。讀者對品牌的認定，才是出版社長久存在的保證。誠如蕭富峯所說：

> 品牌本身能夠在消費者的心目中佔有一席之地，以便消費者在選購該類商品的時候，這個鮮明的品牌印象能夠浮現心頭，進而購買該品牌。（註28）

「品牌」這種無形的資產，能創造無形的價值。使消費者由理性消費走向感性訴求。

　　純文學出版社以與讀者關係建立為紐帶，非以書籍流通速度為標竿。林海音使純文學出版社散發她專有的風格，這風格形成極強的內聚力。其認真謹慎態度，為她的純文學出版社奠下品質保證，樹立良好形象。純文學出版社書後皆註明「本書如有破損或裝訂錯誤，請寄回本社調換。」表明其對產品負責任的態度。好的售後的服務，使購買者對此產品產生信心。

　　純文學出版社在林海音的用心經營下，成為可辨識的符號，使群眾擁有消費認同。讀者習慣了出版社的品味，即便他們不知出版社出的書籍為何？也能猜出其風格，而不斷回到熟悉的場域。隱地說：「只要書的封面印上純文學出版，讀者總是爭相閱讀。」（註29）甚至許多在國外的讀者更將錢寄存在出版社，請林海音直接代為購書。（註30）因為讀者對純文學出版社出版的書籍有信心。

　　純文學出版社亦提供讀者預約享八折優惠的折扣。預約制度不僅有預告作用，也能引起讀者注意。最重要的是資金方面可有效控管運用。其實民眾在預約期間，純文學出版社才進行印製工作。林海音說：

> 辦預約是一件有趣的工作，讀者的熱情可感，事情的本身利己利人，因之家裡的孩子都樂於助一臂之力。把讀者和作者直接聯繫起來，使雙方都感到親近，在出版衰落的時候，不失為一劑增強精力的口服液。（註31）

凡預約過的人，純文學出版社也會做成目錄，將顧客資料建檔，完成顧客管理手續。一但新書將出版，即先寄預約單給這些老顧客。

　　純文學出版社在重慶南路三段三十號成立一營業部門「純文學書屋」，此地靠近牯嶺街。牯嶺街為 1950 年代文人出版社群集中心，旁至廈門街、福州街、寧波西街及南海路等相鄰道路，都是舊書店集中地，這些舊書攤能產生群聚效益。純文學出版社得地利之便，逛舊書店的買者，通常也會順便逛逛純文學書屋。

第五節　媒體宣傳配合行銷

　　出版業屬傳統手工業，除出版物內容、外觀外，更需結合各方資源，推介給讀者。如何運用一切手段，將作家和作品慎重推出，

引起公眾消費，是出版商必不可少的策略。由於圖書促銷（註32）直接影響銷售量，是出版很重要的一個階段。

埃斯卡皮說：「出版商面前存在著一個困難的問題：在現實中找到、接觸到那個理論上存在的讀者大眾，也就是他最初設想或培養起來的那些讀者。為此，出版商就得運用一些廣告手段。」（註33）出版者為找出其所設定的讀者群，必須運用各式促銷手法。使作家與書籍如同商品般深入人心，引起閱讀者購書慾望，留住消費者眼光。於是重視包裝、行銷的出版方式，儼然成為出版社必須面對的課題。

文人出版社促銷手法一般較為單調，以舉辦與讀者交流的活動來拉近作者與讀者間距離，並深耕所屬分眾閱讀社群。如書展活動、新書發表會、舉辦作家照片展等，活絡地與讀者接觸，並讓作家表達創作理念，從而獲知新書推出後的市場反應。

台灣1970年代後期，在書市競爭激烈下，「促銷」的概念才廣為重視，1980年代更成為顯學。而1960年代促銷概念並不成型，純文學出版社卻已擅用廣告手法與促銷活動，推動圖書的市場銷售，隱然已具初步促銷概念！儘管今天看來覺得其促銷方式為原始落後，但在當時確已屬先進。其中也有不少可借鑒之處，因有其原始手法的奠基，而後才有今日多元化的促銷模式，故其在歷史中實有其意義。

文學圖書的出版，離不開媒體宣傳手段。好的廣告效果能為出版社帶來可貴的經濟效益，使其產品在市場的定位備受肯定。在1960年代書市競爭較不激烈，純文學出版社圖書促銷方式亦不花俏，大體而言以平面廣告及電子媒介為常規手段。

一、刊登廣告

　　1960 年代文學圖書的廣告，主要以小幅報紙和雜誌刊登為主。由於報紙具發佈廣的優勢。且當時只要是閱讀人，幾乎家家戶戶都訂報、讀報。隱地說：「當年報紙的廣告效力驚人，回饋率往往至少四倍至七倍。」（註 34）如文星書店每出版一批新書一定登報廣告，甚至以三全批的廣告大肆宣傳。

　　純文學出版社亦與報紙副刊結合，於中央日報、中國時報、聯合報、國語日報、新生報刊登廣告，並提供簡單出版訊息，以簡潔文案與吸引人的標語抓住消費者眼光，輔以親切語氣爭取讀者劃撥訂閱。亦在《新書月刊》、《書評書目》二大書評刊物刊登大幅廣告（圖 8‧1）、（圖 8‧2）。出版的書籍後頁並附上出版書籍目錄，供讀者參考購買，其中已具市場行銷概念。

　　時至今日，報紙的廣告仍是促銷書籍的一種重要方式。廣告內容更加豐富，有新書出版消息、新書促銷活動提醒、折扣開跑預告，甚至在報頭或報眉為新書打廣告。

　　「書訊」服務是出版社主動出擊，以文化中介者的身分介入，提供讀者購書的選擇參考，並藉此和讀者建立良性溝通與互動。1981 年 4 月 1 日起純文學出版社發行了書訊性質的《純文學》季刊，並用心為其編輯成三十二開本的小書（圖 8‧3），發行人為夏祖麗。

　　內容除作者動態報導、新書消息、購書優惠訊息外，也刊登即將出版書籍的部分內容或針對圖書內容主要特點進行簡短描述，甚至刊登宣傳性書評，更會直接印上廣告話語，以誘人的詞語，鼓舞買主。並將劃撥單直接附於書訊上。《純文學》季刊撰稿作家不少是以前《純文學》月刊的作者如余光中、潘人木、何凡等。

　　純文學出版社帶動書訊的宣傳方式，但其他繼起的出版社所出版的書訊多為報紙型式，以介紹出版社的系列圖書為主。此書訊方式，直至今日仍有許多出版社續用。如洪範書店的《洪範雜誌》、爾雅出版社的《爾雅書目》、九歌出版社的《九歌雜誌》、誠品書店的《誠品好讀》金石堂書店的《出版情報》、二魚文化的《二魚讀書會》等，刊物名也幾乎都用出版社的名稱。然《書訊》的功能在進入 1980 年代網路衝擊下已大為減低，今非昔比。難怪隱地感傷地說：「眼前是新而酷的電子媒體時代，新起的一代和文字漸行漸遠，書訊的魅力盡失，劃撥購書的時代即將結束，書訊眼看就要絕跡了。」（註 35）

圖 8·1：純文學出版社於《新書月刊》的廣告之一

圖 8·2：純文學出版社於《新書月刊》的廣告之二

圖 8‧3：《純文學》季刊書影

二、書評推薦

　　蔡源煌指出「書評」的效用：

　　　書評的意見固然不會影響到文學的專業研究，可是別忘了：書評家可以直接向讀者喊話！但話說回來，出版商拱出來的書評多半是宣傳，對作家無傷；若說有什麼影響，那大抵也只是「加強」（reinforce）了作家多向大眾文化格調的意念。（註36）

　　文學評論在市場化的運作下，成為消費者的消費指南。「出版品要行銷，自須向讀者訴求，而訴求又須透過意見緩衝者（buffer）的介紹。」（註37）書評不啻為最佳意見緩衝者，須文蔚也提到：「作

家學者對書評刊物的選書標準與評書方式產生了重要的影響力，在
規範讀者的閱讀活動方面，豎立了排行榜之外獨有的標準」（註 38）
由評論雜誌對純文學出版物的肯定即是最好的背書方式。由當年頗
具代表性的兩本評論性雜誌——《書評書目》、《新書月刊》中可
見論者對純文學出版物的肯定。

表 8 · 1：《書評書目》評論純文學出版社出版品篇章目錄

作者	篇名	評論作品	期數	頁數	日期
簡宛	「小太陽」裡愛的世界	小太陽	9	102-105	1974.1.1
項青	「織錦」談子敏的散文	小太陽、在月光下織錦	18	52-54	1974.10.1
袁則難	山窮水盡疑無路——評安部公房的「砂丘之女」	砂丘之女	27	80-86	1975.7.1
鄭鳳珠	影響我一生的書	人生的光明面	33	14-16	1976.1.1
曾文明	因「張我軍文集」的出版而想起	張我軍文集	33	117-121	1976.1.1
李家萍	讀夏祖麗的「年輕」	年輕	39	27-28	1976.7.1
子敏	充實的材料·不羈的想像——讀「追憶西班牙」	追憶西班牙	41	106-109	1976.9.1
林煥彰	火浴的鳳凰	火浴的鳳凰	78	59-61	1979.10.1
丘秀芷	新·舊與永恆——讀「中國近代作家與作品」	中國近代作家與作品	87	85-89	1980.7.1
小民	好書耐千讀	小太陽、在月光下織錦、和諧的人生、陌生的引力	97	86-87	1981.6.1
若華	試泛「詞人之舟」	詞人之舟	100	172-173	1981.9.1

　　開評書之風的《書評書目》發刊辭中提到：「名為書評雜誌，
絕對少不了的是客觀、公正的批評稿件，我們歡迎透過判斷、分析、
比較、欣賞而後寫出的評論稿，我們希望它能幫助讀者逐漸提高文

藝鑑賞力。」（註 39）《書評書目》自 1972 年 9 月創刊至 1981 年 9 月停刊共出了 100 期。此刊物廣獲大眾的肯定，對其推舉品評的書籍皆有高度評價。《書評書目》中針對純文學出版物的實際作品進行評論的篇章共 11 篇，如（表 8‧1）。

　　而在二十家大書局與出版社贊助下，以全國出版業為對象，不代表某一個人或某一出版單位，更不以營利為目的。秉持客觀普遍、公正無我、服務至上、讀書第一的信念。並以報導、評介新書為主要宗旨的《新書月刊》中，純文學出版物曾被評介的篇數亦多達 9 篇，如（表 8‧2）。

表 8‧2：《新書月刊》評論純文學出版社出版品篇章目錄

作者	篇名	評論作品	期數	頁數	日期
林文月	人書之間——鄭清茂和他的「中國文學在日本」	中國文學在日本	4	41-43	1984.1
孫小英	啓蒙書：冬青樹	冬青樹	5	64-66	1984.2
尹生	書中人語——「滾滾遼河」的一頁內幕	滾滾遼河	7	44-45	1984.4
沈萌華	評林海音著「城南舊事」	城南舊事	10	68	1984.7
朱白水	評王藍著「長夜」	長夜	12	70	1984.9
郭明福	兵尖下的人生真相——試談「最後的紳士」	最後的紳士	13	47-49	1984.10
紀剛	長夜情長——我讀王藍的「長夜」	長夜	16	52-53	1985.1
應鳳凰	我讀王信攝影集——「蘭嶼‧再見」	蘭嶼‧再見	20	49	1985.5
郭明福	拓展心靈的空間——由「風簷展書讀」談起	風簷展書讀	23	48-49	1985.8

　　這些書評的論述也推展了純文學出版社書籍的曝光率。

三、廣電媒體的再傳播

以作品跨藝術互文方式，運用視覺媒體組合效果，如廣播、電視、電影等現代科技加強文學展示形式，將文學作品帶入大眾日常生活中，此種方式對小出版社而言是很好的促銷方式。誠如路況所言：

> 文學重獲生機的唯一可能，就是拚命寄生於電子傳播媒介主導的文化工業，成為其他媒介的輔助裝飾工具，呈捨離本源式的散布游離（dissemination）。典型的例子就是小說一旦改編成電視電影，立刻水漲船高，身價百倍。（註40）

文學作品經不同藝術媒介，使文學文本變裝重出。往往能拓展傳播範圍，引起民眾對此書的關注力。許多人正是從影視欣賞中，產生了閱讀原著的慾望。

純文學出版社出版的書籍內容精采，因此多次獲廣播、電視、電影公司青睞改編。1960 年代電視台少（1962 年台灣電視公司開播、1969 年中國電視公司開播），電視亦不普及，廣播成了重要的娛樂方式之一。當時盛行運用廣播界的力量與特色，將書與廣播結為一氣。以語言、背景音樂搭配，利用音調變化所增加的價值，帶來聽覺效果。

純文學出版社出版的作品，大多具有讀來順暢的特色，所以相當適合廣播。如《滾滾遼河》曾由中廣公司製作為全國小說聯播。「接著（1970 年）復興廣播電台再製為廣播小說，由全省十三個台巡迴播出。六十六（1977）年又由中視公司改編為連續劇，每晚於黃金時間放映。」（註41）林海音的廣播劇本《週記本》改成廣播劇，題名為《薇薇的週記》，由崔小萍製作。當時每年的兒童節，中廣一定重播此劇。還有《城南舊事》、《曉雲》、《孟珠的旅程》（註

42）等，皆曾以廣播形式出現。可惜聽廣播劇習慣的聽眾漸淪為小眾，此種行銷方式現今已不流行了。

電視具有傳播廣泛、迅速的特點。純文學出版社出版的《午後之戀》、《父親》、《海的悲泣》、《鄰居的草坪》在日本都曾改編為連續劇或單元劇。《午後之戀》「曾拍成電視連續劇在富士電視台播映，是當時所有電視台的連續劇裡收視率最高的。」亦曾在「日本公明新聞連載。」（註43）轟動一時。在台灣，台視文化公司亦根據《午後之戀》內容改編為合乎台灣國情的連續劇於 1980 年 11 月開始於台視播出。《父親》亦由台視文化公司改編為連續劇〈幾番風雨燕歸來〉搬上螢光幕。1983 年 9 月的前二個週日晚間的華視劇展將《父親》更名為〈父與女〉推出。《鄰居的草坪》1983 年 9 月後一個週日晚間的華視劇展將其更名為〈兩個女人的戰爭〉播出。

《海的悲泣》「曾經被改編為電視連續劇，在日本 TBS 及 MBS 系統全國二十六台電視聯播網播映，深受好評。」（註 44）《折翼之鳥——克里斯蒂推理小說集》。克里斯蒂的推理小說，英國國家廣播公司早已將其作品編成廣播劇及拍成電視劇。

電影使文學能藉助傳媒進行文化資本簡單再生產，使文學能橫跨時空，歷久彌新。純文學出版社出版的多本書籍皆被改為電影上映，如《城南舊事》被上海電影製片廠拍成同名電影，因而引起人們對《城南舊事》原著的好奇，甚而帶動閱讀此書的熱潮。《薇薇的週記》中影公司於 1963 年改編為電影、《滾滾遼河》亦由蒙太奇電影公司改拍為電影。

四、活動推廣

　　活動推廣能將書籍的促銷，從無聲方式改為積極主動有聲的方式，提供讀者與作者雙向溝通的機會。「金石堂文化圖書公司」（註45）常會邀請一些口碑佳的出版社，讓其於金石堂書店展示出版品，並藉此展覽活動促銷書籍。純文學出版社即曾多次受邀於金石堂舉行書展。配合書展活動，純文學出版社也邀請純文學出版社出版書籍之作家進行演講，如紀剛、鄧禹平、琦君、夏祖麗、潘人木、梁丹丰等。純文學出版社亦曾多次參與國際學社的書展。

　　純文學出版社也會與學生合作進行短期產品促銷，更常在校園舉行名家講演（註46），甚至舉行「新書發表會」使書籍的介紹由平面而立體，單向轉多面，作者、讀者、出版社有了交接的機會，作者也有了再次詮釋作品的機會。

小結

　　由本章的探討可知，出版產業離不開管理的框架，唯有有效的經營管理才能保證出版社穩定發展。林海音創立純文學出版社，在其中協調書籍的生產和銷售需要。不僅掌管出版方向、內容事務，統籌所有出版社業務，更以智慧、誠意與相關人員建立互信原則。

　　出版業的顯著特點，在於它是文化傳播與物質生產的統一。它一方面具有符合人類精神需求的文化品格，另一方面又以實物形式滿足市場需求。這樣就給出版管理帶來了文化上和商業上的雙重要求。而這也符合出版產業特殊市場運動規律的要求。純文學出版社不僅在傳播方面考慮文化性，亦不忽略經濟方面的銷售量。牟利而不忘文化，在商業和文學間找到平衡點。

　　林海音從承認商業的必要性——商業是完成文化理想的手段與方式，畢竟「存在，夢想才有實現的一天！」因而不只熟悉商業運作，運用觀念創造財富、利用有限資源創造效用。甚至改變商業運作提出新觀點、新經營方式。儘管在 1960 年代許多出版社並沒有商業概念，僅將出版社以實驗性的方式經營，然「純文學出版社」已開始展現商業手法的端倪。

　　林海音因緣際會成為一代編輯出版大家，除外部有利因素外，最重要的是她本人內在學識及對文學出版事業不懈地追求。她擁有規劃能力，選稿功力，顯示不凡的出版視角。以差異化及自身競爭優勢的選擇，將作品以慧心巧思的編輯設計，再運用有效廣告、促銷增加書籍曝光率。注重主動行銷精神，利用傳媒間相互滲透，文本相互轉換的方式宣傳圖書。把出版社的形象動態地傳遞給廣大消費者和社會公眾。由純文學出版社的經營模式，我們看到了在素樸年代裏文人出版的清晰脈絡，也了解純文學出版社能持續經營 27 年的要素！

【附註】

1. 筆者於 2005 年 4 月 21 日訪隱地所言。
2. 何凡：〈後記〉,《包可華專欄》(第三集)(台北：純文學出版社,1972年 8 月),頁 167。
3. 參鄧禹平：《我存在,因為歌,因為愛》(台北：純文學出版社,1983年 7 月),版權頁(1983 年 3 月初版,1983 年 7 月 3 版)。
4. 根據夏祖麗所提供之「純文學出版社帳冊」。
5. 彭歌：〈心之火(代序)〉,皮爾博士著,彭歌譯：《熱心人》(台北：純文學出版社,1980 年 8 月),頁 2。
6. 參皮爾博士著,彭歌譯：《人生的光明面》(台北：純文學出版社,1978年 6 月)版權頁。
7. 筆者於 2005 年 3 月 24 日訪隱地所言。
8. 徐開塵：〈定靜如榕的姿勢——爾雅出版社的故事〉,《文訊》第 258 期(2007 年 4 月),頁 118。
9. 林岡：〈林先生與純文學〉,《新生報》書香版,1974 年 12 月 3 日。
10. 黃盛璘(遠流出版公司副總編輯):〈傳統手工業——編輯〉,《佛教圖書館館訊》第 20 期(1999 年 12 月),頁 28。
11. 李秀金：〈試談文學場域中的現代傳播媒介因素〉,《理論學刊》第 2 期(2004 年 2 月),頁 107。
12. 吳麗娟：〈營銷管理〉,《台灣文人出版社的經營模式》(嘉義：南華大學出版學研究所碩士論文,2003 年),頁 63。
13. 蕭富峯：〈三項要素,五個步驟〉,《行銷實戰讀本》(台北：遠流出版公司,1988 年 10 月),頁 177。
14. 程榕寧：〈林海音談寫作與出版〉,《大華晚報》,1979 年 10 月 7 日。
15. 王乾任：〈台灣文學典藏工程概況〉,《台灣出版產業大未來》(台北：生活人文出版公司,2004 年 10 月),頁 198。
16. 筆者於 2005 年 3 月 24 日訪隱地所言。
17. 南方朔：〈世代的閱讀故事〉,《預約下一輪出版盛世》(台北：皇冠文化出版公司,2004 年 4 月),頁 169。

18.封德屏：〈暢銷之外──1995 年文學圖書出版觀察〉，《出版情報》（1996 年），頁 55。

19.隱地：〈翻轉的年代──70 年代的文藝風（1970-1979）〉，《漲潮日》（台北：爾雅出版社，2000 年 12 月 10 日），頁 165-166。

20.聞詰：〈選題策劃：出版企業的核心競爭力〉，趙勁主編：《中國出版理論與實務》（北京：中國書籍出版社，2000 年），頁 11。

21.林海音：〈我的床頭書（五）〉，《生活者林海音》（台北：純文學出版社，1994 年 12 月），頁 179。

22.鐘麗慧、應鳳凰：〈出版社〉，《書香社會》（台北：行政院文化建設委員會，1984 年 6 月），頁 75。

23.陳銘磻：〈出版創意與行銷掛帥的年代〉，《掌燈人》（台北：行政院文化建設委員會，1987 年 6 月），頁 68。

24.筆者於 2005 年 4 月 21 日訪隱地所言。

25.夏祖麗於 2005 年 5 月 14 日來信所言。

26.張典婉：〈綠樹繁花—林海音與「純文學出版社」〉，《新月書刊》第 5 期，1984 年 2 月，頁 89。

27.（英）利薩・泰勒、安德魯・威利斯著，吳靖、黃佩譯：〈媒介對受眾群的影響效果研究〉，《媒介研究：文本、機構與受眾》（北京：北京大學出版社，2005 年 4 月），頁 144。

28.蕭富峯：〈不要成為行銷文盲〉，《行銷實戰讀本》（台北：遠流出版公司，1988 年 10 月），頁 29。

29.隱地：〈到林先生家作客〉，《漲潮日》（台北：爾雅出版社，2000 年 12 月 10 日），頁 174。

30.「很多寄款存交本社，告訴我們，有新書出版就代為預約購買，並不需要再加選擇。」林海音：〈讀者・作者・編者〉，《純文學》月刊第 6 卷第 2 期（1969 年 8 月），頁 191。

31.林海音：〈後記〉，何凡：《一心集》（台北：純文學出版社，1982 年），頁 110-111。

32.《圖書營銷管理》一書中說明圖書促銷的定義為：「圖書促銷是圖書企業運用人員或非人員方式，向讀者提供出版發行信息，幫助讀者了解圖書產品，以引起讀者對於某種圖書產品或圖書企業有關服務的關注

和興趣，激發其購買慾望，繼而產生購買行為的一種圖書經營管理活動。」參方卿編：〈圖書促銷管理〉，《圖書營銷管理》（上海：復旦大學出版社，2004 年 4 月），頁 233。

33. （法）羅貝爾·埃斯卡皮著；于沛選編：〈文學的發表與發行〉，《文學社會學——羅·埃斯卡皮文論選》（杭州：浙江人民出版社，1987 年 8 月），頁 47。

34. 筆者於 2005 年 4 月 21 日訪隱地所言。

35. 隱地：〈十年流金——我的 80 年代文學出版生涯（1980-1989）〉，《漲潮日》（台北：爾雅出版社，2000 年 12 月 10 日），頁 183。

36. 蔡源煌：〈從台北人到撒哈拉的故事〉，《海峽兩岸小說的風貌——文化研究的方法》（台北：雅典出版社，1989 年 4 月），頁 66。

37. 蔡源煌：〈從台北人到撒哈拉的故事〉，《海峽兩岸小說的風貌——文化研究的方法》（台北：雅典出版社，1989 年 4 月），頁 66。

38. 須文蔚：〈60-70 年代文學評論、傳播與社會〉，《苦悶與蛻變——60、70 年代台灣文學與社會國際學術研討會》（2006 年 11 月 11-12 日），頁 102。

39. 本社：〈發刊辭〉，《書評書目》第 1 期（1972 年 9 月 1 日），頁 4。

40. 路況：〈從當前傳播媒體的發展看文學的困境〉，中國古典文學研究會主編：《文學與傳播的關係》（台北：台灣學生書局，1995 年 6 月），頁 263。

41. 林海音：〈英雄出少年——為重排「滾滾遼河」而寫〉，《芸窗夜讀》（台北：純文學出版社，1982 年），頁 213。

42. 筆者於 2005 年 1 月 19 日訪夏祖麗所言。

43. 嶺月：〈「午後之戀」譯序〉，（日）平岩弓枝著，嶺月譯：《午後之戀》（台北：純文學出版社，1980 年 6 月），頁 2-3。

44. 嶺月：〈假使植物人說話〉，（日）北泉優子著，嶺月譯：《海的悲泣》（台北：純文學出版社，1982 年 7 月），頁 3。

45. 1983 年，由高砂紡織公司投資的「金石堂文化廣場」開幕。它是國內第一家以文學圖書出版品為主的專業連鎖店，除店面陳設上明顯有別於傳統小型書店外，「金石堂的經營給台灣社會的閱讀文化帶來兩項重大變革：首先是強調書籍的宣傳與行銷，其次是把書納入整體日常生

活的消費活動之中。」參林芳玫：〈文化工業的崛起〉，《解讀瓊瑤愛情王國》（台北：時報文化出版公司，1994 年 8 月），頁 191。

46.筆者於 2005 年 1 月 19 日訪夏祖麗所言。

第九章　林海音的媒介表現

　　林海音除個人文學成就外，則是她以出版人角色創辦《純文學》月刊（1967.1-1971.6）、成立純文學出版社（1968.12-1995.12）對台灣文壇所產生的影響。《純文學》月刊，不僅大力推廣小說文類、刊載質樸淡雅的詩作，更由學者執筆撰寫論評，期間規劃多個特殊專欄，刊載作品皆有一定水準。純文學出版社則是林海音以文人身份，憑自身力量經營的出版社。不同於 1950 年代，有來自政治方面資金挹注的文人出版社。

　　圖書商品有一突出特性，即精神文化屬性。事實上國家機器在文化生產領域的種種運作，本來不是在作「文化投資」而是為其政治上的考量。1950 年代，許多文人也以出版社配合國家反共文藝政策出書，而獲國家資金贊助。如張道藩領導的文藝創作出版社，乃與其主持的「中華文藝獎金委員會」配合。在該委員會獲獎的作品，即由文藝創作出版社出版。如張雲家《為著祖國》、郭嗣汾《黑暗邊緣》、潘壘《歸魂》等。穆中南的文壇社，出版鍾雷《偉大的舵手》、上官予《自由之歌》、王琰如《長相憶》、朱白水《熱血忠魂──江山》等。陳紀瀅的重光文藝出版社，出版鍾雷《生命的火花》、朱西甯《大火炬的愛》、陳紀瀅《文藝運動二十五年》，文壇出版社甚至一連推出「戰鬥文藝叢書」10 種。

　　純文學出版社亦不同於 1950 年代，單純為幫朋友出書，而無任何經營理念的文人出版社。因為根據規定，文友們即使自己有錢出書，也需透過出版社的名義才能對外發行，因而當時許多文人自

創出版社，如王藍的紅藍出版社、梅遜的大江出版社、楓紅的水晶出版社等。

《純文學》月刊、純文學出版社不斷刊載／出版一系列有內容，具品味的好作品（註 1）。提供 望求知的青年學子，豐富精神食糧，拓展文化視野，帶領群眾進入文學國度。《純文學》月刊、純文學出版社至今雖已結束營業，但仍為人們所懷念。

林海音藉由《純文學》月刊、純文學出版社，展現其身為傳媒守門人的表現／影響，實值得一探。

純文學出版社屬出版業一支，與台灣圖書出版業必將有所關聯。而純文學出版社、《純文學》月刊其屬性為文學類出版，故必牽引文學界。準此，本章將從文學社會學角度，將林海音的媒介表現，放在出版業、文學界作考量。

第一節　出版業——引領文學人經營出版風潮

林海音於 1968 年成立純文學出版社，極力結合出版業力量，將台灣的文學出版，推向蓬勃發展。更扮演一個出版人該有的襟度與堅持，使台灣出版界吹襲陣陣文雅清風。

一、凝聚出版業力量

林海音以領導者風範，帶領其它文學出版社。彼此相助成為盟友，團聚出版界力量，讓彼此約定透明化，不在大環境中形成惡性競爭。辛廣偉說：

> 也許是受林海音的影響，1970 年代由作家創辦的，走純文學之路的出版社又多了起來，這些出版社的創辦人都是文人，

規模都不大，出版路線也基本相同，彼此之間且多聯絡。……
形成了台灣文學出版中的又一類風格。……在競爭激烈、嘈
雜緊張的台灣出版界，它們卻如一股清泉或幾泓潺潺溪流，
為人們平添了許多雅靜與溫馨。（註2）

純文學出版社（1968 年）創設後，大地（1972 年）、爾雅（1975
年）、洪範（1976 年）、九歌（1978 年）出版社相繼成立，彼此以
純文學為號召，共同營造出版業的文學氣息。

　　1968 年休閒活動欠缺，閱讀文學圖書為當時主要休閒活動之
一。「純文學」不易觸犯政治禁忌，使民眾心理得以鬆懈，作家得
以一抒其情，並易在廣大市民間找到對話行伍。林海音的純文學出
版社，大量出版知識性、文學性書籍，因書籍內容佳、品質好廣獲
大眾喜愛。

　　純文學出版社的出版物，不僅深獲名家喜愛，群眾對純文學出
版物也表現出熱烈的支持。通過書評媒體，我們可看出純文學出版
物的社會回饋（註3）反映。《書評書目》自 1975 年 2 月第 22 期
起，發起推選好書書單，一張由讀者推薦，即「我所喜愛的好書」，
另一張則由《書評書目》邀請「第三隻眼」執筆人每月推選之，各
選出 10 本書。直至 1975 年 8 月 1 日（28 期）為止。純文學出版
物入榜情形粲然可觀：

表 9‧1：純文學出版品入選《書評書目》「我所喜愛的好書」推薦書單

名次	22 期（1975.2.1）	
	書名	作（譯）者
5	聽聽那冷雨	余光中
7	改變歷史的書	彭歌
8	人生的光明面	彭歌
10	小太陽	子敏
	23 期（1975.3.1）	

名次	書名	作（譯）者
2	小太陽	子敏
7	人生的光明面	彭歌
	24 期（1975.4.1）	
名次	書名	作（譯）者
5	聽聽那冷雨	余光中
8	小太陽	子敏
	25 期（1975.5.1）	
名次	書名	作（譯）者
5	小太陽	子敏
8	聽聽那冷雨	余光中
10	人生的光明面	彭歌
	26 期（1975.6.1）	
名次	書名	作（譯）者
7	人生的光明面	彭歌
	27 期（1975.7.1）	
名次	書名	作（譯）者
3	聽聽那冷雨	余光中
9	中國竹	林海音
	28 期（1975.8.1）	
名次	書名	作（譯）者
2	聽聽那冷雨	余光中
9	中國竹	林海音

表 9・2：純文學出版品入選《書評書目》「第三隻眼」推薦書單

22 期（1975.2.1）	
書名	作（譯）者
文學的前途	夏志清
23 期（1975.3.1）	
金山夜話	喬志高
24 期（1975.4.1）	
中國竹	林海音

　　由「我所喜愛的好書」推薦中，可見群眾對純文學出版物的擁護，每一期純文學出版物皆榜上有名。《新書月刊》（註4）於第16期（1985.1）票選十本〈最具影響力的書〉，《剪影話文壇》一書欣然入榜。

　　《新書月刊》「暢銷書年度排行榜100」，分別由台北「金石堂書店」（註5）及台南「南一書局」全年度銷售數量，統計而成。由《新書月刊》所提供金石堂暢銷書年度排行榜與《新書月刊》提供南一書局暢銷書100年度排行榜，可看出純文學出版社的成績亦斐然可觀。

表9‧3：純文學出版物入選金石堂書店「暢銷書年度排行榜」書單

（1983.1.1－1983.12.31）

	5期（1984.2）	
名次	書名	作（譯）者
3	我存在‧因為歌‧因為愛	鄧禹平
56	城南舊事	林海音
58	小太陽	子敏
59	滾滾遼河	紀剛

（1984.1.1～1984.12.31）

	17期（1985.2）	
名次	書名	作（譯）者
18	長夜	王藍
37	我存在‧因為歌‧因為愛	鄧禹平
96	吾　‧他鄉	梁丹丰

表9‧4：純文學出版物入選南一書局「暢銷書100年度排行榜」書單
（1983.1.1～1983.12.31）

文學類	6期（1984.3）	
名次	書名	作（譯）者
1	小太陽	子敏
17	余光中詩集	余光中
18	城南舊事	林海音
23	和諧人生	子敏
31	滾滾遼河	紀剛
非文學類		
名次	書名	作（譯）者
21	美語新詮	喬志高

（1984.1.1～1984.12.31）

	17期（1985.2）	
名次	書名	作（譯）者
13	小太陽	子敏
45	餘音	徐鍾珮
86	和諧人生	子敏
96	美語新詮	喬志高

　　《新書月刊》列出歷年來部分重要出版社十本暢銷書目，「純文學出版社」的暢銷書為彭歌譯《改變歷史的書》、紀剛《滾滾遼河》、子敏《小太陽》、彭歌譯《人生的光明面》、子敏《和諧人生》、余光中《聽聽那冷雨》、林海音編《純文學散文選》、王藍《藍與黑》、琦君《詞人之舟》、鄧禹平《我存在‧因為歌‧因為愛》。（註6）

　　由純文學出版社書籍的銷售數字，亦可看出受眾的回饋反映：如《包可華專欄》「第一集出版於59年9月，到61年4月印行了6版，平均每3個多月一版。第二集出版於60年10月，到了61

年 3 月印行了 4 版，平均每一個半月一版。」（註 7）《我存在，因為歌，因為愛》在短短四個月即印刷三版（註 8），《滾滾遼河》重印達五十餘次，銷售達五萬七千本。「《蓮漪表妹》純文學版重新問世後，短短兩年已經印行七版。」（註 9）《小太陽》由 1972 年 5 月至 1995 年 5 月共銷售二十一萬五千本；《和諧人生》由 1973 年 12 月至 1994 年 8 月共銷售十二萬七千本。（註 10）彭歌說：「《人生的光明面》在三年之間印行了四十餘版。」（註 11）自 1972 年 10 月初版至 1994 年 8 月共印 93 次。（註 12）《改變歷史的書》「中譯本自 1968 年出版以來，增印約 60 次，為歷來暢銷書之一；曾有大專院校歷史系所指定為參考書。」（註 13）紀剛說：

> 海音先生主持「純文學」出版社，對純文學作品做了卓越的發掘與發揚。「純文學」出版品自然以文學價值為標準，但其出版的作品卻都叫好亦叫座。（註 14）

純文學出版社的出版物得到銷售佳績，表示群眾對此類圖書的接受度高。出版社為迎合讀者口味，也大量生產文學性書籍。純文學出版社間接帶動文學書市的起飛，使文學類出版蔚然成風。

在 1970-1980 年代短短十年間，風起雲湧地成立了許多文學性出版社，如希代出版社（1973）、遠景出版社（1975）、遠流出版社（1975）、武陵出版社（1975）、號角出版社（1975）、聯經出版社（1975）、書林出版社（1978）、前衛出版社（1982）、業強出版社（1984）、圓神出版社（1984）、漢藝色研出版社（1985）、方智出版社（1988）、宇宙光出版社（1988）等。

林海音眼中對「出版」的意義不僅是金錢數字，歷史上的責任更勝於利潤的獲取。她能超越商業限制，對整個出版環境有所影響，甚而反饋。為促使出版界更為團結，謀求文學出版的發達與鞏固。在其一聲令下，1984 年起洪範、大地、九歌、遠流、爾雅出

版社的負責人,定期文會互換心得,磋商學理,暢言文藝並商討出版事宜。

1985 年,他們由零散的一對一聯繫,演變成由林海音號召定期舉行早餐會。在餐會中,交換出版近況與情報。「偶而也請來書店經理、採訪出版業新聞的記者當特別來賓,交換意見。此外,五小也共同編成五家書目,展現成果。」(註 15)增強團體力量,共同為台灣出版界打拼。甚至「五小與遠流、經濟與生活(即天下文化)、戶外生活等八家出版社,共赴香港開發大陸與海外市場,成立八大公司。」(註 16)成為親密盟友。即使文學市場式微後,彼此也互相鼓勵、打氣。

二、建立出版人風範

林海音在戒嚴體制下的 1950 年代擔任《聯副》主編。因「主編」此一頭銜所帶來的文壇勢力／權力,加上 1968 年創辦並主導《純文學》月刊、純文學出版社,使其在文學場中營建了自己的地位,擁有象徵資本。布爾迪厄說象徵資本為:「看不見、是被知覺的,舉凡個人的魅力、聲望、社會地位,以及權威與信譽,與日常生活的言行舉止等皆可視為行動者的象徵資本。」(註 17)

林海音人際關係一向良好,受人們敬重、信賴。她身兼編輯、發行人等媒介身分,對文學知識進行歸納、整合、散佈的作用,透過《純文學》月刊、純文學出版社的出版品,散佈文學觀念、記載歷史脈動。不但銷售成績好,其個人語言、思維及行為本身亦成一種文化傳遞,成為出版人學習、仿傚對象。

「文學」經商業網絡流通,速度快,出版者往往為求快而忽視品質、濫竽充數。林海音在圖書生產與傳播體系中擔起有力守門人

的角色。無論經營《純文學》月刊，還是主持純文學出版社，皆要求出版物品質良好、精益求精。

彭歌說：「她（林海音）對我的書，比我自己用心得多了。」（註 18）更說：「她（林海音）辦出版社，事事躬親，一絲不苟。」（註 19）此外林海音講究品質，因而書版若過舊，純文學出版社也會重新再版。彭歌指出：

> 《改變歷史的書》中譯本，原有紙型，因歷年澆版加印，已漸模糊。純文學出版社的主持人林海音女士，不惜斥重資全部重排；新的版本較前者又有改進。凡師友讀者們所指正之處，此次都已悉心改正。原來的小標題未盡統一，就重排之便，也多重新作過。新版除改為穿線裝定外並承莊尚嚴先生賜題封面。（註 20）

彭歌《小小說的寫作與欣賞》原於 1967 年 6 月由純文學出版社出版，為 40 開本的形式。後來第三次再版則改為 32 開本，新版加進新譯的一些片段。內容較前擴充約四分之一。增添了〈破除有關小小說的一些迷信〉、〈花邊小小說〉、〈小小說寫作技巧探討〉、〈小小說基本構想舉隅〉、〈傻玩意〉等篇。

《美語新詮》本在 1974 年出版，再版時，喬志高將每篇文章加上補注，並增添新稿，以比較完整的面貌和讀者相見。吉錚《海那邊》第三次印刷時，吉錚已經過世，因此增加了林海音、羅蘭、范思綺的紀念文章。重排時，又增加了孟絲的文章。林文月的《京都一年》在三版時，又加上林文月後來發表的〈湯屋趣談〉，原插於文中的圖，也改為彩色集中在正文之前，以另一風貌與讀者見面。

子敏的《小太陽》、林海音的《城南舊事》也因再版多次，紙型印出來效果較差，因此重新排版。《城南舊事》更設計新的封面，並配了近 20 幅圖。圖旁更以書中主角英子回憶語氣說明，且在重

印後，林海音會詳細交代此乃幾刷或幾版。相當具版本學概念。如此大費周章，僅為使出版之書籍有良好品管。

林海音在出版品製作態度上的用心、慎重，不僅讓作家們樂於與其合作，也影響了出版家，對出版品質有所要求。

商業之第一目標本在謀取利潤，因而不免有部分出版人印行有利可圖，但水準低劣，甚至內容不良之讀物。但林海音經營純文學出版社 27 年來，絕不粗製濫造，每一本書都是精挑細選的佳作。林海音喜歡大象，大象笨重，步步卻是腳踏實地，這正象徵了林海音謹慎踏實的態度。夏祖麗說：

> 即使在前兩年出版界最蓬勃，在營利上說，幾乎只要出書就可以賺錢的時期，我們仍是維持一定的出書限量，這也表示了我們選書的嚴謹及重質不重量的原則。我們可以很驕傲的說，純文學每一本書都是經過精心編印的。（註 21）

有一次琦君稱讚季季刊載在《聯副》（當時林海音為主編）〈木瓜樹〉一文寫得好，季季謙稱說：「哎呀！那是混稿費的啦」「林先生在旁立即用她的大眼睛看了我（季季）一眼：『不許說那字』她正色說到：『我最討厭人家說『混』那個字！我是看你文筆好才約你寫稿，妳怎能說是混稿費呢？那不是侮辱我也侮辱妳自己嗎』」（註 22）由此對話可看出林海音對於刊選文章的慎重態度，相對在出版事業經營上，她也是以同樣一絲不苟的認真態度從事。

作家以書由純文學出版社出版為榮，讀者以購買純文學出版社書籍為安。多年來，彭歌總將作品交給純文學出版社出版，彭歌說：

> 這出版社和月刊都像海音那個人，腳踏實地，一步一個腳印。她做事全神投入，從選稿、編輯、設計乃至於校對等細節，

　　無不親自督理。純文學出版社聲譽甚高，招牌甚硬，規矩甚
　　嚴，而處世甚公。（註23）

　　因林海音嚴謹、求完美的態度，「純文學」三個字在廣大讀者
群中，烙下了金字招牌的印象。平雲說：

　　也許一本書能夠靠吸引人的文案、美麗的插圖、精美的印刷
　　促進銷路，一本書也能夠靠爭議的話題、行銷宣傳造勢吸引
　　觀注，但讀者的眼睛永遠是雪亮的，一本書想要暢銷到突破
　　某個界限，甚至晉身成為既「暢銷」又「長銷」的經典之作，
　　便非得具備好的「產品力」不可。（註24）

　　書籍的產品力是需要通過市場檢驗和觀眾認可的。純文學出版
社以整體形象，保證提供優質圖書和服務，建立整體品牌，增強讀
者對出版社向心力。純文學出版社的出版物，更追求完整藝術結構
與永恆真理相結合。所以作品具不被時效淘汰的恆久價值。

　　在文學接受方向，接受美學理論倡導者姚斯，強調文學的接受
包括共時與歷時性兩個層面。好的作品是經得起時空焠鍊，它不會
在讀者記憶中消褪。純文學出版社出版的書籍，在林海音嚴格品管
下，皆有良好的「產品力」。不僅當年出版具可觀銷售量，即使純
文學出版社結束營業，其出版的書，旋由他家出版社出版。如《愛
莎岡的女孩》（1996年，前衛）、《小太陽》（1997年，麥田）、《和
諧人生》（1997年，麥田）、《和泉式部日記》（1997年，三民）《蓮
漪表妹》（2001年，爾雅）、《莊因詩畫》（2001年，三民）、《權力
的滋味》（2003年，先覺）等，由此更可印證純文學出版社出版品
是備受肯定，禁得起讀者考驗和歷史檢驗，值得持續進行投資的
書籍。

　　林海音對出版的嚴正態度，成了其他出版人仿效對象。使部份出版人對文學出版有了執著態度，不會為了利益而枉顧圖書文學性。反而有時為傳達其文化理想，忽視了銷售利潤，高舉「文學使命」旗幟，出版全憑良知。即如傅月庵所言：「文壇上人人唯她（林海音）馬首是瞻，而她也親身示範演出了一家好出版社的精神所在。」（註25）

　　早年在《純文學》月刊工作的隱地說：「我在民國56年到57年跟著林海音一起做事，接馬各先生編的《純文學》月刊，大概所有出版社想得到必須作的事，甚至小到月刊社寫封套、包紮，林先生都跟大家一起做。如果我的爾雅出版社做得還不錯，應該說是林先生幫我打的基礎。」（註26）隱地在林海音身上看到出版人認真做事態度，也進而學習其態度。

　　林海音對作家的敬重，更使隱地深受影響，隱地有感而發說：「從林先生那兒一點一滴學她的勤奮，學她的幹練，今天的事，絕不拖到明天，勤於和作家通信，用了作品，永遠要記得立即寄雜誌給作家，儘快將稿費寄出，這種作家第一，永遠為作家服務的觀念。」（註27）日後隱地效法純文學出版社對作家的尊重，一定先將書籍送交作者手中，才出版面市。此外隱地固定為資深作家出版新書，堅持每年只出版二十本純文學創作，定期出版《年度短篇小說選》、《年度詩選》、《年度評論選》，為台灣文壇成果留下歷史記錄。隱地對作品與作者的重視更遠在銷售數字之上。隱地說：

　　　經常會有人問我：「有沒有什麼新的出書計畫？出版社未來
　　　可能會有什麼改變？」我總是說：「還是一樣，繼續出版文
　　　學書籍。」（註28）

　　　到底是四十歲的人了……不再為名利而苦，尤其去過一次歐
　　　洲之後，更把人生看得淡泊……在這樣的心境之下，辦爾雅

> 出版社的目標，就愈發顯得擇善固執，這也是為什麼爾雅只
> 肯出好書，而對於那僅只是賺錢的書，卻興趣缺缺的原因了。
> （註29）

> 社會急遽變化，商業運作壟罩出版文化，讓爾雅這幾年不換
> 文學跑道的堅持倍感壓力，也走得辛苦，但文學是我的信仰。
> （註30）

相信這些理念，不無受到林海音的行事作風濡染下所產生的。

　　出版屬報酬率低的行業，若無強烈使命感，很難不迎合資本社
會市場化的趨勢。然而林海音基於自己對文藝的愛好與對文化的使
命，經營上堅持把社會效益放在首要原則，絕不為了單純追求經濟
利益，而讓危害社會的圖書進入文化市場。這樣的堅持成了出版界
良好的示範。

　　在今日功利掛帥環境下，仍有許多出版人以理想和熱情填補與
現實的差距。洪範出版社堅持文學尊嚴，絕不與商業合流。大地出
版社的姚宜瑛說：「好書總是要出版，讓更多人看。」（註31）1974
年3月由沈登恩、鄭維楨與王榮文共同創辦的遠景出版社。遠景創
設，正值譯作風行台灣之際，然沈登恩仍堅持每出版兩本書，必有
一本是中國作家的作品，絕不讓西書淹沒中國作家的書籍作品。而
前衛出版社的林文欽說：「我辦『前衛』的目的，是想藉出版品肯
定文學的真正價值，並進而教育讀者，因此除了學生這一群讀者之
外，還希望開發社會大眾的讀書市場，讓社會大眾能從書中有所
得，以致養成讀書的習慣。」（註32）

　　出版人對社會傳承、提昇，不斷努力，文學出版之路坎坷難行，
仍有人願意踽踽彳亍獨行，令人感佩！

第二節　文學界——培養寫作人才

　　文學生態的維持與文化延續一樣，須以民間草根力量依靠自身成長。當政治嚴重干擾或過度消費造成文學、文化斷層，我們除了批評譴責外，正面扎根、努力創作才是最重要的。但如何讓創作者有心從事寫作？出版人對作家的敬重，創作生存空間的維持是必需的。

　　林海音無論昔日擔任《聯副》主編十年期間，甚至後來經營《純文學》月刊、純文學出版社時期，她對作者態度上的熱情誠懇，表達了內心對作者艱辛勞動的理解和尊崇。她不僅尊重並保護作者的著作權（註 33），更不斷多面拓展文學呈展空間，使作家對「創作」能有活泉動力。

一、敬重作家創作尊嚴

　　林海音藉由擔任《聯副》主編的機會，以作品為選擇標準。讓見解不同的作家，抒發不被束縛的文學理念。當年七等生充滿銳氣的作品林海音一樣刊登。鄭清文在〈尋找自己與人生的途徑〉演講中也說明自己從事小說創作的源起乃因林海音的邀約，並讓其自由發揮，使其對小說創作有了更大的動力。他說：「至於小說則始於 1958 年，在林海音先生邀約之下投稿發表，與現在之企劃編題邀大家去寫的模式不同，如果是現在或許我根本不會一直寫下去；寫了也不會登出來。」（註 34）

　　林海音更盡力幫助作者協調思維想法與物質形体（文字）結合融洽，以增加稿件有序信息量，使文意暢達。在陳之藩給林海音的信中提及林海音幫陳之藩潤飾文稿的情形，信中說：「海音先生，

謝謝您給我加標點及改錯，我費了好些天，也不愛看自己的東西。
我天生不愛改自己作的東西。這些麻煩事，都弄到您身上了，可見
交朋友即是添麻煩，謝謝您。」（註35）林海音亦曾為文述說：

> 有一位筆名「莊妻」作者，常常寄來雋永的散文，數百字一
> 篇，似是信手拈來，有時是哲理的意味，有時是鄉土的氣息，
> 文字也是從日文跳過來的，尚不能達到流暢的地步，但是我
> 很喜歡，總是細心的把文字整理好給他發表。（註36）

尤其針對日據以後停筆的老作家，林海音鼓勵他們重拾彩筆。而她
則耐心修改她們不太順暢的文字，予以刊登。

　　編者對作者的尊重，是一種職業道德的表現，也是與作者建立
真誠合作的起點。張積玉在〈編輯規範綜論〉一文中提及編者應有
之修養為：

> 尊重作者，真誠待人。編輯與作者之間的關係是互相合作的
> 同志關係。編輯在同作者的交往中，必須充分尊重作者及其
> 作品，做到準確地評價稿件，中肯地提出意見或建議，不主
> 觀武斷，充分尊重並盡量保持作品原稿的思想、風格和特色。
> 要謙虛謹慎，以平等、民主的態度對待作者，處理來稿，不
> 把自己的觀點強加於人。（註37）

　　林海音在尊重作者思想觀點，和作品基本架構前提下。力圖透
析作者之心，了解寫作宗旨、判定其義理、明瞭其理念，而後進行
審稿加工動作。即如陸機在《文賦》說：「余每觀才士之所作，竊
有以得其用心。」相同的心態。林海音曾為文記載其修改七等生文
章時的情形：

> 我拿起紅筆，重頭再看，要操生殺之權了，才注意到開頭第
> 一句⋯⋯竟是一口氣三十八個字沒有逗的長句！我想年輕人

有時馬虎我把這句話斷開好了，但我再讀兩遍，卻發現不是
作者馬虎，而是它的思路和他腦中排列要寫的現象就是這
樣。……應該就隨它這樣表現。（註38）

由文中可知林海音修改文章並不一意孤行，而是「再讀兩遍」，臨
文察心，體察作者細微創作之情。從而產生了與作者同調的思想，
領略其文內理。充分展現尊重作家的態度。但相對地不免令人質疑
她的編輯修改功力，或許不似夏濟安深厚，夏濟安能將撰者文稿大
肆刪改，使文章完全改頭換面，甚至攀升至另一境界。（註39）而
林海音卻是以亦步亦趨，循序漸進的方式修飾文稿，帶領創作者一
步步自己體會前進，孰優孰劣乃見人見志。

在編者擁有刪改權很大的年代，林海音原則上仍尊重作家的原
創性。遇有作品其認為文句不順，或內容篇名有疑問時，她會與作
家充分溝通後尊重作家，必要時做適當修正（註40）。如當年仍是
文學新手的黃春明，在人生徬徨無依時寫了其處女作〈城仔落日〉
投至《聯副》。林海音覺得此文內容充滿鄉土氣息，有刊載價值。
然當時正值台灣大力推動國語運動的時刻，以方言所定的標題，在
當時刊載似乎不妥。然黃春明堅持惟有以此篇名，方能表現其創作
內容。林海音還是尊重其想法，並不斷寫信鼓勵黃春明持續創作。

此外黃春明一連九篇隱含反叛性格的文章如〈把瓶子升上
去〉、〈二萬年的歷史〉等，林海音皆一一刊載，即使為了這些篇章
使她輾轉難眠。黃春明也因為有了林海音的鼓勵，終於在人生的歧
途中找到方向。無怪乎，黃春明總感恩的說：「林海音是我的大貴
人，如果沒有她給我的信，還有刊登我文章對我的肯定，這些在我
身上產生的力量，我不會走上文學這條路。」（註41）相對若台灣
文壇沒有產生黃春明，我們文壇將是另一番面貌了。林海音的編輯

行為很具母性，她將每個投稿人皆視為自己子女。對投稿人總是極盡鼓勵指導愛護。

　　一般認為 1950、60 年代政治意識型態往往透過媒介及守門人，對文學內容進行干涉，如林淇瀁曾說：

> 1950、1960 年代的荒蕪，顯然受到政治機器的嚴重干擾，導致媒介守門人的自我束縛，並對提供內容訊息的作家造成制約。這使得文學傳播整合族群認同及社會衝突的功能無以附著。（註42）

然林海音擔任編者時並不會「自我束縛，並對提供內容訊息的作家造成制約。」而是採多元開放的編輯取向，儘量維持原創獨特風格。

二、維護作家著作權益

　　「作者」乃「文學」產生的根源。文學創作不僅賴於作家生活積累、創作靈感和技巧，更賴於作家的經濟情況、人際關係等物質材料的有機融合。出版人對作家禮遇，重視作者著作權，是對文學尊重、文化重視，更是出版家胸襟與風範的表現。

　　宋人洪邁《容齋隨筆》提到：「作文受謝，自晉宋以來有之，至唐始盛。」龔自珍也說過：「避席畏聞文字獄，著書皆為稻粱謀。」晚清開始，文人即以「創作」換取金錢。李瑞騰說：「傳媒隨著政經社會之進展，在諸多新興都會裡產業化，一些文人成為媒體人，文學成為可資創造利潤的產品，以稿費維生的作家出現，傳統文人蛻變成為現代意義的作家。」（註 43）「創作」時至今日已不僅是抒情而已，亦是經濟面的考量。所以版稅不啻可視為出版者對作者的肯定與尊重。

經營純文學出版社時，林海音一向尊重作者權益，給予合理稿酬。林海音認為作家若有充裕的經濟，則「不至於因為稻粱謀而急急拿稿子換錢買米，也不會把很好的題材浪費掉，反而可以從從容容的寫作。」（註 44）她不願剝削創作者能量，反藉稿費激勵創作者。

張讓說：「《爸爸真棒》出版了，我不但拿到二十本新得發亮的書，還有稿費。那疊鈔票是我生平賺到的第一大筆錢，信封裡厚鼓鼓的好像可以買下全世界。」（註 45）彭歌說：林海音的純文學出版社「對於作家的禮遇，應該算是最厚的。」（註 46）且會隨著印刷版次而大量提高，如彭歌譯《改變歷史的書》一開始即給予 4800元，第 5 版時即給予 7000 元，至 43 版時給予 22500 元；子敏的《小太陽》一開始即給予 4000 元，第四版時即給予 5600 元至 89 版時給予 45000 元；王安博譯的《金山夜話》一開始即給予 4000 元，第三版時即給予 6750 元。（註 47）彭歌甚至戲稱自己的房子為純文學所提供的「版稅屋」。彭歌說：

> 我搬家到光復南路新居，請他們（何凡與林海音）來坐坐。海音進門就說，「客廳是『改變世界的書』」，走進書房，他又說：「這間是『人生的光明面』。」我大為開懷，憑一隻筆寫出房子來，也是為書生吐氣揚眉。（註 48）

林海音對作者版稅給予上從不小氣，「純文學一向是預付版稅，每一再版就把該版全部版稅結清，即便還未銷出。」（註 49）甚至還有讓作者先預支稿酬的情況呢！這與林海音爽直的個性有關，凡事不喜歡拖泥帶水，也不喜歡佔人便宜。

作家收入一般並不豐裕，版稅的收入對作家而言，相當重要。版稅預先支付，使作家生活無虞而能安心創作，盡情展現創作活力，耕耘文學園地。

　　在早期著作權法尚未完全建立的情形下，作家們對著作權也不
甚了解，然而林海音的一些做法至今仍為人們所稱道。林海音說：

> 現在的出版社大抵對這方面都不差，但在早期，作家們在別
> 的出版社出書，往往不清楚自己的書賣了多少，版稅也不一
> 定拿得到。我出書從不做假，對作家倒也沒有別的，只是很
> 尊重他們。當書籍出版一開始銷售時，不管暢銷與否，版稅
> 都會預先給他們。既然在我們這兒出書，就是兩廂情願的事。
> 如果雙方獲利，不也令人高興嗎？所以像這樣的口碑會自動
> 傳出去的……我不曾與作家鬧過不愉快的事。（註50）

「所以像這樣的口碑會自動傳出去的」也因此作家們樂意與純文學
出版社合作。加上林海音非常重視作家的著作權，為保障作者權益，
她極力抨擊盜版。彭歌追憶林海音勇於打擊盜版的行徑：

> 海音有次告訴我，她發現有人盜印「純文學」的書，她親自
> 趕到板橋，會同鄰長和警察，到盜印者的倉庫中去抓賊。她
> 告訴我，「光是你譯的那幾本書就佔了半間屋」。她是乘夜
> 間前往，以達「突擊」之效，過程相當驚險。搞盜印的人都
> 是黑道中剽悍角色，儼然要和公權力對抗。我聽了大為不安，
> 勸她以後千萬別再去冒這份險，以防意外。林海音說：「再
> 找到盜印的，你告訴我，我去。」（註51）

　　「再找到盜印的，你告訴我，我去。」多麼堅定的語氣。表達
了林海音捍衛純文學出版社商譽與作者權益的堅定決心。
　　1974年符兆祥欲成立「中華民國著作人協會」，然依法須召集
藝術家、作詞人、作曲人、出版家、文學家等共31位，方能依法
成立。符兆祥找了當時人面廣的林海音協助，林海音二話不說，積

極聯絡尋找，促使「中華民國著作人協會」於 1976 年 10 月 23 日
終於正式成立。文藝工作者的著作權也受到真正的保護。

　　林海音胸襟大，氣度寬。在純文學出版社結束時，林海音更將
這股豪情表現在版權無條件歸還作者的舉動上。使作者的心血結晶
不因純文學出版社的結束，逐漸消失市面，反而可另覓出版社，再
次重生。林海音亦通知曾在純文學出版社出書的作者們，前往社址
搬回自己的書（註 52）。許多作家覺得免費得到這些書，實在是受
之有愧。根據夏祖麗的說法，當純文學出版社結束營業時林海音表
示：「既然是結束，就不再營業。我只送，不賣。」（註 53）林海
音將賬務、稅務處理清楚，並付清所有的印刷、紙張、裝訂廠等費
用，不讓作家、廠商有任何損失。

　　純文學出版社結束營業時，甚至有人建議，把「純文學」這塊
金字招牌轉讓或出售。林海音擔憂續辦者難以堅持原來風格，不一
定能善終，毅然決定停業。

三、維繫文學生存空間

　　「作家的寫作只有物化為媒介，才能轉化為社會的人際傳播過
程，否則就只能算是內心的潛在文學傳播行為。」（註 54）作家若
不想作品僅止孤芳自賞，就必須經過市場機制運作，使作品出版面
市。透過「出版」，作者的心靈圖像方得以映現，讀者亦有機會明
瞭作者用心所在。「出版」也為自由文人提供了聚合的生存空間。
如程光煒指陳：

> 報紙和書局在近代的大量湧現，為中國現代文學的創作、出
> 版和傳播，提供了一個天然的歷史平台。……在網絡和電視
> 缺席的時代，雜誌和報紙副刊顯然是傳播文學作品、改變一

個寫作者文化「身份」的重要媒介形式。雜誌和報紙副刊，將作家從小作坊式的、自產自銷的歷史寫作狀態下解放出來，使他本人和其作品進入到哈貝馬斯所說的「公共空間」之中。（註55）

「出版」更以傳媒的身分，使作家們獲得令人羨慕的社會影響力。然而無論何種寫作方式都與媒體需求相關。林海音積極倡導「文學」，無論主編《聯副》、領導《純文學》月刊、純文學出版社，皆廣泛向社會開放，為各種文學創作實踐提供園地。激發作者創作的熱情，極力孕育文學的氛圍。

1950-1960年代，文學生態遭政府強力介入，文化制約具普通人皆習以為常、不甚察覺的滲透性。在官方主導下，文學淪為政治附庸，無意識地向政治靠攏，成為政府行動規章、政治教條的宣揚者。鄭明娳說：

50年代以降，台灣制定的文藝政策，影響四十年來的文藝發展，它出現的最大問題是過於偏向把文藝引導為為政治服務，或者為實踐某種政治目的而創作，使得許多愛好文藝的作家對文藝的「藝術價值」認識不清，難以創作出好的作品，甚至對文藝的基本觀念亦因而產生偏差。（註56）

然而林海音主編的《聯副》、創設的月刊、成立的出版社並不迎合文藝政策，而是揭著文學為主的旌旗，引導創作者，保留文學本真，為文學留下發展空間。

基於雜誌能以專題為訴求，善於討論讀者面窄、專門性較強的問題，較不受時效限制，易於保存，便於重覆閱讀與查閱等特質。林海音以《純文學》月刊承載了以菁英階級作為主導的文學傳播。維持文人的閱讀趣味，吸引文人雅士匯聚於此刊物，共同創作。

　　台灣進入資本社會之林後，物質生活富足，多媒體充斥。人們不再對文學有那麼高的熱忱，文學生存空間逐漸縮小、文學出版日漸窄仄，出版市場消費化性格顯現，文學精純性格日益削弱。純文學主流地位也告危及，部份出版家為了適應新的市場經濟要求，也進行自身調整，文學色彩日漸褪去，經營者之企業主身份色彩日漸清晰。研究生吳佩娟說：

> 文學出版在台灣曾有段美好的時代，在報紙只有三大張的時代，就有一張是文學副刊，1980 年代的五小出版社，如今只剩爾雅、洪範和九歌了，而仍然堅持純文學出版的僅有爾雅和洪範出版社。九歌出版社雖然還是出版文學作品，但創辦人蔡文甫已積極把出版版圖從台灣純文學領域擴展出去。（註 57）

林白出版社亦以大眾、實用的叢書來養冷僻有價值的文學創作和詩刊。

　　純文學出版社以「文人圈趣味為重」（註 58）也岌岌可危。體制外環境將文壇的空間逐漸壓縮。文學生存亦受到排擠萎縮，一些不利的條件，弱化了人們對文壇投入的熱情。然林海音一向對文學熱情滿溢。縱然文學潮流不斷改變，她卻始終如一，對市場導向不輕言妥協，對文學永不放棄，堅持文學尊嚴，默默走著它文學的路線。

　　林海音曾說：「以前文學書籍流行，純文學一個月可出版二、三種書，現在文學沒落了，純文學一年才出二、三種書。對於現況，她感到惋惜，但也不願改變方向，一切只有聽其自然。」（註 59）因其理想性與獨我性，雖漸淪處小眾邊緣境地。仍堅持在出版擾攘聲中維持一塊文學淨地，提供給讀者與創作者。傅光明讚許林海音：

> 她始終堅守純文學的編輯和出版理念，豎立起了與商業化的
> 大眾文學卓爾不群的獨立品格。這在全球經濟不斷一體化和
> 人們的頭腦不斷被市場所異化的今天，尤顯出彌足珍貴的精
> 神情懷和文學操守。（註60）

在林海音的堅持下，許多作家也熱心參與積極投入，使文壇呈現多
種題材、不同風格的作品並陳，豐富、擴張文學表現能力。

小結

　　林海音以出版者的身分帶領文學出版，其對出版慎重的態度也
成為許多出版人學習的樣範，進而也鼓舞許多文學出版人團結共織
文學出版園圃。

　　林海音對文字熱情、對作者體貼、對讀者關懷。以編者與出版
者身分，藉著《聯副》、《純文學》月刊、純文學出版社，尊重作家、
注重版權、謹慎書籍出版，推動文學創作。更藉由各種媒介經營過
程，形塑特有氛圍，極力醞釀與開發文學氣氛。對台灣文壇而言，
林海音開拓了文學寬廣展演場，使文學昂揚的生命力持續不墜。

【附註】

1. 如彭歌譯的《改變歷史的書》，子敏的《小太陽》、《和諧人生》，王藍的《藍與黑》、紀剛的《滾滾遼河》、夏志清的《文學的前途》、喬志高《美語新詮》、《聽其言也──美語新詮續集》等。

2. 辛廣偉：〈文學出版──耀眼的星空〉，《台灣出版史》（石家庄：河北教育出版社，2001 年 5 月），頁 87。

3. 鄭貞銘指出群眾回饋的意義：「受播者對訊息的反應，我們稱之為回饋（feed-back），回饋也可說是傳播的效果……回饋（feed-back）是由施蘭姆博士首先啟用，有些學者將之譯為反饋或回輸作用，施蘭姆認為大眾傳播工作是在求其回饋。回饋是大眾傳播中一個很重要的部門；因為從回饋中，我們可以看出傳播出去的內容是怎樣的被闡釋，人們或表示首肯，或表示搖頭，或曰「不錯」、或曰「不對」，不管怎樣的一種表示，都代表傳播的效果。」參鄭貞銘：〈傳播任務如何達成〉，《新聞與傳播》（台北：正中書局，1976 年 10 月），頁 88。

4. 《新書月刊》創刊詞：「《新書月刊》由二十家大書局與出版社贊助下，是以全國出版業為對象，絕不代表某一個人或某一出版單位，更不以營利為目的。客觀普遍、公正無我、服務至上、讀書第一，是創辦這本刊物的基本態度。本著這樣的信念，加上出版界朋友的支持，《新書月刊》必然成為一種有益於知識界、出版界、圖書館界以及社會家庭的大眾讀物。」參劉紹唐：〈橋樑・管道・櫥窗──創刊的幾句話〉，《新書月刊》第 1 期（1983 年 10 月），頁 1。

5. 1983 年金石堂連鎖書店正式成軍，金石堂書店開創了電腦統計「暢銷書排行榜」，排行榜不僅作者在乎、出版者在乎，甚至讀者購書、新書店開張，可能都會受到該店那張統計表所影響。

6. 本社輯：〈歷年來部分重要出版社十本暢銷書目〉，《新書月刊》第 8 期（1984 年 5 月），頁 73。

7. 何凡：〈後記〉，《包可華專欄》（第三集）（台北：純文學出版社，1972 年 8 月），頁 167。

8. 參鄧禹平：《我存在，因為歌，因為愛》（台北：純文學出版社，1983 年 7 月），版權頁（1983 年 3 月初版，1983 年 7 月 3 版）。

9. 齊邦媛：〈烽火邊緣的青春〉，《聯合報》副刊，1988 年 7 月 7 日。

10.根據夏祖麗所提供之「純文學出版社帳冊」。

11.彭歌：〈心之火（代序）〉，皮爾博士著，彭歌譯：《熱心人》（台北：純文學出版社，1980 年 8 月），頁 2。

12.參皮爾博士著，彭歌譯：《人生的光明面》（台北：純文學出版社，1978 年 6 月）版權頁。

13.彭歌：〈聯經新版前記〉，皮爾博士著，彭歌譯：《改變歷史的書》（台北：聯經出版社，1998 年 8 月），頁 2。

14.紀剛：〈蒼天有眼〉，《蒼天悠悠》（台北：純文學出版社，1988 年 4 月），頁 8。

15.祝勤：〈文學出版的痕跡〉，《精湛》第 10 期（1989 年 10 月 30 日），頁 19。

16.祝勤：〈文學出版的痕跡〉，《精湛》第 10 期（1989 年 10 月 30 日），頁 16。

17.周新富：〈布爾迪厄再製理論的基本概念〉，《布爾迪厄論學校教育與文化再製》（台北：心理出版公司，2005 年 6 月），頁 94。

18.夏祖麗：〈實踐純文學〉，《從城南走來—林海音傳》（台北：天下遠見出版社，2000 年 10 月），頁 288。

19.彭歌：〈深情永不舊——林海音與何凡〉，《文訊》第 257 期（2007 年 3 月），頁 52。

20.彭歌：〈新版前記〉，唐斯博士著，彭歌譯：《改變歷史的書》（台北：純文學出版社，1975 年 5 月），頁 2。

21.夏祖麗：〈譯者的話〉，夏祖麗編：《風簷展書讀》（台北：純文學出版社，1985 年 7 月），頁 1。

22.季季：〈林先生罵我的那句話〉，《寫給你的故事》（台北：印刻出版社，2005 年 9 月），頁 61。

23.夏祖麗：〈實踐純文學〉，《從城南走來—林海音傳》（台北：天下遠見出版社，2000 年 10 月），頁 288。

24.平雲：〈努力的天才〉，Thomas Woll 著，鄭永生譯：《誰說出版不賺錢》（台北：高寶國際出版社，2005 年 1 月），頁 7。

25.傅月庵:〈純文學出版社〉,《蠹魚頭的舊書店地圖》(台北:遠流出版公司,2004 年 1 月 15 日),頁 179。

26.隱地所言,引自魏可風記錄:〈從城南走來—林海音先生座談會〉,《聯合報》37 版,2000 年 10 月 29 日。

27.隱地:〈文學追夢五十年——全國大專院校巡迴演講記錄〉,《漲潮日》(台北:爾雅出版社,2000 年 12 月 10 日),頁 231-232。

28.隱地:〈出版人與拳擊手〉,《愛喝咖啡的人》(台北:爾雅出版社,1992 年 2 月),頁 119。

29.隱地:〈獨有書癖不可醫〉,《作家與書的故事》(台北:爾雅出版社,1985 年 11 月 10 日),頁 233。

30.隱地:〈黃河的孩子〉,《身體一艘船》(台北:爾雅出版社,2005 年 2 月),頁 244。

31.祝勤:〈文學出版的痕跡〉,《精湛》第 10 期(1989 年 10 月 30 日),頁 19。

32.鐘麗慧、應鳳凰:〈出版社〉,《書香社會》(台北:行政院文化建設委員會,1984 年 6 月),頁 72。

33.「林海音曾為中華民國著作權人協會圖書委員會主任委員」參編者:〈讀者·作者·編者〉,《純文學季刊》第 6 期(1982 年秋季號),頁 2。

34.提昇中文能力計劃作家講座:〈尋找自己與人生的途徑—小說創作經驗談〉2006 年 3 月 15 日晚間 7 點至 9 點,地點:中央大學文學院大講堂。

35.陳之藩於 1962 年 8 月 2 日給林海音的信中所言。(夏祖麗提供)

36.林海音:〈流水十年間——主編聯副雜回憶〉,編輯委員會:《聯副三十年文學大系——史料卷》(台北:聯合報社,1982 年 6 月),頁 96。

37.張積玉:〈編輯規範綜論〉,《編輯學論稿》(北京:中國社會科學出版社,2004 年 12 月),頁 95。

38.林海音:〈七等生/居於良知,忠於性靈〉,《剪影話文壇》(台北:純文學出版社,1984 年 12 月),頁 127。

39.夏志清主編《文學雜誌》時曾經將好幾篇小說徹頭至尾重寫。林海音的〈瓊君〉一文,甚至將其中一個腳色給硬生生取消了。

40.根據鍾理和自述〈假黎婆〉原題為〈我與假黎婆〉,後為林海音改為〈假黎婆〉。

41.黃春明於 2007 年 3 月 7 日「林海音何凡文物捐贈儀式」中所言，地點：台北行政院文化建設委員會一樓藝文空間。

42.林淇瀁：〈副刊學的理論建構基礎〉，《書寫與拼圖》（台北：麥田出版社，2001 年 10 月），頁 32。

43.李瑞騰：〈大眾傳媒與台灣文學發展〉，《台灣文學傳播全國學術研討會》（台中：國立中興大學台灣文學所），頁 1。

44.林海音：〈認真誠懇的鄭清文〉，《純文學季刊》第 10 期（1983 年冬季號），頁 21。

45.張讓：〈您不認識我……從《爸爸真棒》回憶林海音先生〉，《中央日報》第 18 版，2002 年 1 月 29 日。

46.夏祖麗：〈實踐純文學〉，《從城南走來—林海音傳》（台北：天下遠見出版社，2000 年 10 月），頁 288。

47 根據夏祖麗所提供之「純文學出版社帳冊」。

48 彭歌：〈深情永不舊——林海音與何凡〉，《文訊》第 257 期（2007 年 3 月），頁 52。

49.夏祖麗：〈文格與風格〉，《從城南走來—林海音傳》（台北：天下遠見出版社，2000 年 10 月），頁 411-412。

50.陳姿夙：〈純文學出版社的概況〉，《林海音及其作品研究》（台北：政治大學中文系碩士論文，1991 年 6 月），頁 95。

51.彭歌：〈深情永不舊——林海音與何凡〉，《文訊》第 257 期（2007 年 3 月），頁 52。

52.林文月說：「純文學」結束之前，我和其他曾經在那裡出版過書籍的作者，都接到主持人林海音的邀請，前往社址搬回許多自己的書。……那一天，她不僅讓我拿回 3 種書的全部庫存。「你可以送送人啊！」她說。同時叮嚀我隨便看看週遭，「有什麼喜歡的書，儘管拿吧！」參林文月：〈兩代友情〉，傅光明、舒乙編：《林海音研究論文集》（北京：台海出版社，2001 年 5 月），頁 24。

53.夏祖麗：〈文格與風格〉，《從城南走來—林海音傳》（台北：天下遠見出版社，2000 年 10 月），頁 412、414。

54.王一川：〈論媒介在文學中的作用〉，《廣東社會科學》2003 年 3 期（2003 年 3 月），頁 24。

55.程光煒:〈文化研究:中國現當代文學史的多樣觀察(代序)〉,程光煒主編:《大眾媒介與中國現當代文學》(北京:人民文學出版社,2005年11月),頁3。

56.鄭明娳:〈當代台灣文藝政策的發展、影響與檢討〉,鄭明娳主編:《當代台灣政治文學論》(台北:時報文化事業公司,1994年7月),頁57。

57.引自吳佩娟:〈台灣當前文學出版的困境〉,《台灣的文學編輯與作者之互動關係研究》(南華大學出版學研究所碩士論文,2002年7月),頁79。

58.向陽:〈「五小」的崛起──特約討論〉,《台灣文學出版──五十年來台灣文學研討會論文集(三)》(台北:行政院文化建設委員會,1996年6月),頁191-192。

59.徐開塵:〈文學書籍尋找第二個春天〉,《文訊》第105期(1994年7月),頁31。

60.傅光明:〈試論林海音的文學編輯與出版理念〉,李瑞騰主編:《霜後的燦爛──林海音及其同輩女作家學術研討會論文集》(台北:國立文化資產保存研究中心籌備處,2003年5月),頁81。

第十章　結論

　　林海音以文人身分擔任月刊／出版社負責人，秉持開放胸襟，欣賞多元價值；領略西方文藝優點，借鑒世界文學精髓，融會其個人孤詣卓絕，自我超越的責任感。恰如其分地扮演知識分子和文化傳遞者雙重身份。

　　純文學出版社出版富文學、社會價值，並具獨創性審美藝術的出版品，在整個文化結構中，微妙地扮演承續、發揚文化的角色。

　　林海音利用其豐富的社會資源，經營純文學出版社，乘槎鼓枻於文學之海。特殊經營理念，持超然客觀精神，超越台灣政治、社會種種困局，使其出版事業在台灣出版史中發光。

　　林海音更藉由經營媒介的過程，對作家照顧養成盡心盡力。其提攜後進的寬廣格局、氣度使作家聰明才智得以發揮。往後歷史驗證，林海音對戰後現代文學的推展極有貢獻。

　　正因為有《純文學》月刊、純文學出版社的存在，才能鑑照林海音對文學推動的重要。「出版事業」的經營，鋪演出林海音的人生圖像。林海音及其出版事業所展現的精神風格，無論從他週遭同時代的人或由後世回顧眼光看，都具難以望其項背的獨特魅力。純文學出版社與《純文學》月刊也為林海音的文學生命，做了最佳注解。

　　本章總結前文，敘說林海音及其出版事業對台灣文壇培育、推展、繁榮文學上的重要貢獻，及出版所代表的時代意義、論文可進一步拓展之方向。

第一節　本論文綜述

本論文嘗試由文學而進入文化（註 1），希望能深化文學與傳播的關聯性。對林海音及其出版事業作一整體觀察探討。本論文不僅論及林海音傳播行為本身，也關注到傳播主體所衍生出來的相關項目，包括純文學出版社的發展歷程、出版物特質、編輯製作、經營策略等。

傳媒是一種工具，它必須仰賴正確文化導向、豐富內涵，才能產生耀人光彩，發揮教育功能。林海音作為純文學出版社主持人，具高瞻遠矚的國際視野、洞察時機的敏銳力。出版物優良，影響之廣，此亦使林海音之名與純文學出版社之名，同入人們腦海，印象深刻。

經營文學出版社並不容易，從林海音純文學出版社的成績看，純文學出版社在我國文學出版史上，曾經扮演重要的角色。它在知識傳播和學術增益方面的建樹、在推動出版事業文化、帶動文學書市普及上的努力是值得肯定的。

林海音堅持文人尊嚴與文學格調。營造了一個曾經昂揚的純文學時代，陪伴無數大眾走過文學的年代，也完成了它的歷史任務。儘管因時代、自身等原因，純文學出版社結束營業。但其所塑造的專屬特質，給當時乃至當今的出版界、文學界都留下了寶貴的記憶。在出版日趨平面同一化的時刻，獨具文化秉性的純文學出版社更令人思念。

本論文通過林海音出版事業（《純文學》月刊／純文學出版社）個案具體考察，了解林海音及其出版事業在文學傳播及文壇構成中所起的重要性，極富時代意義，以下析論之：

一、批評方式的示範

　　林海音主編《純文學》月刊時大量刊載各式評論篇章。綜觀《純文學》月刊所刊登的文學評論，有譯介，也有原創。此部分主要撰者以學者為主，畢竟來自學院的知識份子，在理論方面有較扎實的基礎、較嚴謹的治學精神。在批評方面會較冷靜客觀剖析，對問題相對能較深入研探。因而不僅具感性的心得，更有知性見解。

　　新批評（The New Criticism）的手法在 1950 年代開始引進入台灣，顏元叔可說是新批評在台灣最主要／重要的推廣者（註2）。新批評排除作者，強調作品本體論的理性客觀批評方式與中國批評偏向直覺，注重作者與作品對應關係有所不同。

　　顏元叔（註3）與夏志清（註4）兩人曾在 1970 年代中期，對於文學批評的方式展開激烈的論戰。兩人皆專攻「西洋文學」皆以「新批評」起家，但應用手法卻迥然相異──夏志清重「人生的文學批評」，顏元叔強調「形式的文學批評」。夏志清重「文學」輕「技巧」反對文學批評科學化、系統化。重挖掘作品中的人性意韻、人道精神。顏元叔，倡「理論先行」，並將此理念用於當代文學分析中，他極力強調文學作品本體的有機結構，探究文本結構的細讀分析。

　　「在夏志清看來，『文學』是主，『批評』是賓，現在卻是喧賓奪主。顏元叔卻對這樣的說法不以為然，他認為文學批評本來即是以理智去探究文學……『文學』和『文學批評』原本就是兩碼子的事，又如何會喧『賓』奪『主』」？（註5）

　　《純文學》月刊刊載了顏元叔與夏志清的批評文論，提供讀者比較二者的差異也進而體認新批評的手法。〈余光中的現代中國意識〉一文中，顏元叔以西方文學理論為用，進行現代詩的批評，他說：

> 依我的想法，像〈敲打樂〉這種詩，在結構上應該使用重覆
> 變化法。即是說，以詩節為單位，每單位用或多或少變化的
> 字句，表達似或同一的思想情感。……我以為〈敲打樂〉若
> 不以詩段為結構單元，而以詩節為結構單元，則全篇的組織
> 必定會嚴謹些，不相干的思想情感所形成的句子，則會比較
> 容易暴露其不相干的身分。（註6）

此外顏元叔之〈現代英美短篇小說的特質〉、〈文學與文學批評〉
等篇章也具體實踐其所強調以作品結構為分析主體的批評手法。

夏志清的評論篇章則體現其所強調的「人生的文學批評」如
〈「老殘遊記」新論〉探討《老殘遊記》的藝術成就與政治意涵、〈湯
顯祖筆下的時間與人生〉討論文藝思想、〈現代中國文學感時憂國
的精神〉在晚清至民初的文學作品中，探析創作者如何在作品中藉
不同的人物、情節表達其對國家荏弱的憂思之情。〈熊式一英譯「西
廂記」新序〉、〈中國舊白話短篇小說裡的社會與自我〉等，對中國
文學發微之思。二人所倡導及運用的新批評提供了前人未曾清晰意
識到的批評思想與方法。

《純文學》月刊中兼容二人的評論文章，並刊登許多以新批評
手法評論古典文學的篇章如葉維廉〈王維與純粹經驗美學〉、周誠
真〈李賀的閨情詩〉、〈李賀的長吉體〉等提供讀者對於文論的不同
鑑賞角度、思維模式。嗣後純文學出版社更為夏志清出版其在台灣
的第一本文學評論集《愛情·社會·小說》。

除對新批評的介紹示範外，林海音為負起散播學術文化種子的
任務，因此不偏廢中國批評的介紹與展示。在《純文學》月刊中亦
選刊古典文學的論評，帶領讀者穿梭今昔，重返歷史現場，並體會
中國的批評方式。使讀者在閱讀撰者以不同視角／手法對中國古典
文學進行評析過程中，亦傳遞了古典文學超越時空的悠久價值與功

能。如葉珊以服飾的角度賞析之作〈服飾的象徵及追求「離騷」及「仙后」的比較研究〉、臺靜農之〈夜宴圖與韓熙載〉論述中國圖畫藝術與文學的關聯性、鄭騫〈兩首顏色鮮明的宋詩〉以色彩解讀詩。葉慶炳〈評元好問論詩絕句一首〉、張芸〈談一首舊詞「幾日行雲何處去」〉、鄭騫〈讀詞絕句二十首〉、溫任平〈論詩的音樂性及其侷限〉、林文月〈梁簡文帝與宮體詩〉、葉嘉瑩〈李義山燕台四首〉、〈從人間詞話看溫韋馮李四家詞的風格〉、〈拆碎七寶樓臺——談夢窗詞之現代觀〉、郭惠卿〈遊仙文學的淵源及其精神背景〉。

此外水晶〈又清又濁的蘇打水〉乃針對愚露，描寫香港男女於舞廳交換舞伴的小說〈我們跳舞去！〉一文的評述。文中分析其敘述者語調的作用、隱喻的效果、意象的營造。陳祖文〈李爾王一段戲詞中的三種中譯〉、韓迪厚〈一詩四譯的商榷〉二文皆針對「譯詩」做出評論。葉珊〈梁譯莎劇的印象〉檢閱梁實秋中譯本的特色。魏闕〈談中譯的卡夫卡作品及文獻〉。周誠真〈讀余光中著「中西文學之比較」〉、張系國〈奔月之後——兼論科學幻想小說〉這些論評篇章，皆有助於提高文學賞析能力，自然也提高了創作水準。

《純文學》月刊中亦選刊外文論評，讓國人一窺外國人士對作品的評論觀點，供國人觀摩相善。如霍夫曼作，顏元叔譯〈評介福克納的「熊」〉、（菲）貝納德作，顏良淵譯〈莎士比亞與東方人的思想——論莎氏劇本的比較研究〉等。《純文學》月刊既刊譯文也刊譯述，提供互證互讀。

林海音經營出版社時亦出版了多本中外批評文論，供國人借鑑參考如：張健／《中國現代詩論評》（1968）、葉嘉瑩／《迦陵談詞》（1969）、夏志清《愛情・社會・小說》（1970）、《文學的前途》（1974）、《人的文學》（1977）、程抱一／《和亞丁談里爾克》（1972）、林文月／《山水與古典》（1976）、艾略特（T. S. Eliot）著／杜國清

譯《詩的效用與批評的效用》（1976）、樂蘅軍／《古典小說散論》
（1976）。琦君／《詞人之舟》（1981）、黃維樑／《火浴的鳳凰》
（1979）等。林海音藉由不同傳媒畛域，提供中西批評方式的文
學實踐，也讓讀者開啟中西融合的新視野進而為批評能力紮根。

二、文學人才的凝聚

　　林海音懂得掌握不同文化生產機制，藉《聯副》、《純文學》月
刊與純文學出版社對創作人口進行凝聚結合，使文學社群組織結構
落實。

　　在網絡和電視不發達的時代，雜誌和報紙副刊、書籍，顯然是
傳播文學作品、改變寫作者文化身份的重要媒介形式。

　　林海音運用其領導能力，搏得眾人對她的服從信賴，根據不同
載體的專業性質和內容特色，注意發現並團結作者隊伍，與之建立
經常性的聯繫和深厚友誼。同時吸納其他層次的資源，以強化文學
載體的本質。在主編《聯副》時期對各路作家接納拔擢，主持《純
文學》月刊亦不忘提拔新秀，經營純文學出版社時，則以 1900-1929
年出生者的老壯年為純文學出版社主力軍。並以碩博士高學歷者為
核心力量。作為一種傳播媒體，純文學出版社實踐了知識群體們的
匯聚。這種結合使學院資源社會化，也提升了出版的文化品味。

　　此舉雖不同於林海音主編《聯副》／《純文學》月刊時大量舉
用新人的行徑。或許因為載體不同，林海音希望書籍呈現一定水
準，故號召名家寫作為本，實驗性青澀作品的出版反不多見，這也
是對讀者負責的表現。

　　由純文學出版社所形成的社群之創作實踐，可發現其創作文
學，展示出創作者生命流程中的經歷，對人生／文學的執著。雖然

結構鬆散自由，但內在文化精神的規範性是統一的。他們願意進入此團體文化形式的認同程序，具共同理想但又傾向自由表述，群體本身為寬泛的，有大致路向，無具體目標。他們各自以其創作主體的生命形態輝映著文學群體的活力。

林海音透過沒有嚴格組織的意識結盟，藉刊登／出版作為文人間交際手段之一，屢屢號召國內外文壇菁英投入純文學創作陣營，以無形的輻輳，結集許多創作者齊聚於其散發的光圈中。藉著《聯合報》副刊、《純文學》月刊、純文學出版社三個園地，進行一種集團的整合、傳播。凝聚文化認同，聯繫文壇族群，累積社群能量，形成了純文學的小場域，在作者群的共同寫作及編者篩選下，形成某種具特定指向的知識系統，營構某種相近風格，製造了自己的公共空間，並整合個別作家、文壇和不確定的實際讀者群，共構一文化圖景，譜織一幅台灣戰後文學場域圖。為台灣現代文學的生產／發展提供了不少動力。

三、省籍作家的拔擢

林海音早年特殊生活經歷，加上台籍籍貫，使其擁有開闊心胸與寬廣格局。經營媒介期間，她無所謂省籍情結，而能超越省籍、地域藩籬，著重文本的藝術價值。甚至刻意拔擢省籍作家。

林海音主編《聯副》的時期（1953-1963），恰巧是台灣一個相當特殊的年代──戒嚴時期國家主導文化的時代。台灣自1949年起實施戒嚴令（註7），政府以各種方式對文化活動進行干涉，所以文章發表管道，很大一部分籠罩在政府權力場域之下。布爾迪厄認為，國家是空間範圍中最高中心點的位置。如果說作家是「有形作品」的生產者，那麼政府的文藝政策執行者，則生產無形的文學

價值，這個位置比作家更有可能主導一個時期的文學風潮，影響文學發展的方向。

　　從作家創作選擇題材和經營主題上看，1950 年代文學出版品偏重在反共，一時「反共」、「戰鬥」之聲四起。誠如陳芳明所言：「文學為政治服務，作家為政治吶喊，是 1950 年代文壇的主要特色。」（註 8）儘管如此，在多變文化現象中，仍不免參入歷史、個人因素和複雜機制運作。主編擇稿的標準，正代表其欲引領的文學形態、刊物風格。林海音在主編《聯副》時，不僅廣闢各種文學專欄，大量刊載文學作品，以開放自由的作風與思想，積極提供馳騁創作的園圃，讓名家、新手在此相互輝映。也為本土文學的建構立下功績。

　　1950 年代反共論調的高唱，無形中建立了一道台籍作家難以進入的圍籬。陳芳明指出：

> 台籍作家的處境極為尷尬困窘。有過豐富文學遺產的本地作
> 家，已輪到必須等待發掘的地步，更淪落到必須等待提供發
> 表園地的地步。（註9）

沒有反共的經歷，不解高談反共的必要，沒有戰鬥昂揚的情感，缺乏書寫戰鬥的激情，加上語言能力的不足，使本省作家被放逐於文壇外成為邊緣化。

　　林海音的台籍身分，使其對於本省作家有一份特殊情感，能深入領略本省作家作品中，汨汨而流的真情實感。感同身受文中的寫實鄉土味、真摯貼切的土地情懷及人道主義關懷，而非反共的憤怒與仇恨。因此有意識地刊登本省作家作品。鍾肇政說：

> 1950 年代，台灣的文壇很熱鬧，有戰鬥文藝啦，反共文學啦，
> 但這些似乎與我們這批本省寫作者格格不入，我們沒有這種

經驗。後來大概是 1957 年，文心有一個兩三萬字的小說〈千
歲檜〉突然在林海音先生主編的《聯副》上出現，對我們這
批本省作家是很大的衝擊、刺激。我們這批人也可能有東西
在副刊上連載嗎？（註 10）

有了文心的前例，本省作家受到極大鼓勵，有著「『抱其璞而哭於
楚山之下』的和氏的哀感！」（註 11）勇敢努力地將其所感所想書
寫出來，藉由《聯副》發表。鍾肇政說：

《聯副》篇幅是那麼小，除了一個方塊與一寫一譯的兩個連
載之外，一篇小說只能有三千來字長，……我們相約拼命地
向她（林海音）投稿，收穫還算很豐碩，與編者也建立了深
厚的友誼，書信往返，經常不斷。（註 12）

林海音「刊登」的舉動，讓許多本省作家重拾生花妙筆揮寫燦
爛篇章。如鄭清文〈小星星〉、黃春明的〈借個火〉、鍾鐵民的〈山
谷〉、〈帳內人〉、鄭煥〈快樂農夫〉、〈空轎仔〉、林鍾隆〈遲歸〉、〈舅
舅〉等。還有《文友通訊》的成員們如陳火泉的〈人情〉、廖清秀
的〈採花蜜〉、〈中等人〉、鍾理和的〈雨〉、〈笠山農場〉、〈蒼蠅〉、
〈做田〉、〈挖〉、文心的〈歸宿〉、施翠峰〈關於菊田一夫〉、〈寫在
「祖國與同胞」前面〉、鍾理和〈假黎婆〉等。

1950 年代政府對文學傳播的控制，除依嚴格檢查制度直接干
涉或禁止外，更用一種微妙而不明顯的方式，形成自由開放的假
象。因此文壇到處風聲鶴唳，人人戒慎恐懼，動則得咎，許多編者
恐言論賈禍，儘量刊登無爭議性篇章以明哲保身。林海音在如此環
境下，卻怡然啟用最易觸碰政治禁忌的領域──台籍作家的作品，
游走危險邊界。僅因林海音堅持回歸文學純然本體、獨立特性，不
願文學受政治糾葛纏繞，不因政治網羅鋪設，而忽視省籍作家獨具

韻味的佳篇。藉著發表的態度，剔除政治對文學作品的干擾。以自由主義為意識形態，在《聯副》提供了不同於主導文化的視野，在晦暗中為文學爭取一片園地。雖然林海音說：

> 在《聯副》的日子，我去年說過，時時感到職業的疲倦。好文章越來越多，我雖然謹慎小心，卻常常夜半驚醒，想起白天發的稿子，有何不妥嗎？錯字改了嗎？敏感感染了我，時常感煩躁。（註13）

如此的心境下，她仍堅持刊登他認為的佳篇，不因政治氛圍而輕易更改理念，終因刊登了一篇觸犯禁忌的〈故事〉（註14）一詩，而告別了她一手領導的《聯副》。

林海音成立純文學出版社的時代（1968年），當時因從日據時期跨越到國民黨時期的台灣知識份子日據時期努力學習的日語，在戰後隨即又面臨日語禁用、語碼轉換困難的窘境。相對地，外省籍作家「在中文剛成為創作語言的台灣文壇，甫由大陸來台的青壯年知識份子掌握了語言的優勢，輕易成為文化界中間份子。」（註15）就出身地域特性而言即如呂正惠所言：

> 大致說來，外省籍的青年大多在都市長大，並出生於軍公教家庭，而本省籍的青年，除了少數是出身於都市中公務員或商人家庭外，大多在比較封閉的鄉鎮農業社會中長大。（註16）

因此外省籍青年擁有的文化資本與書寫能力亦高於省籍作家，省籍作家自然成為瘖啞的一群。

且1960年代的政治情況仍為緊張，出版者，編輯者，使用本省籍的稿件相對將面臨的壓力大過使用外省籍作家作品，因而當時出版的對象清一色以外省籍作家為主。如十月出版社（1963）、文

星書店（1963）、平原出版社（1965）。本省籍作家作品想露個臉都須經過出版者一番掙扎，方能取得呼吸空間，透氣平台。

林海音注意外省籍作家的同時，並無忽視本省籍作家。除不斷鼓勵本土作家創作，更出版本省作家作品如：朱佩蘭（嘉義縣）、李永熾（台中縣）、李佳純（台南縣）、杜國清（台中縣）、張光直（台北縣）、張我軍（台北縣）、黃娟（新竹市）、葉石濤（台南市）、劉慕沙（苗栗縣）、嶺月（彰化縣）、鍾肇政（桃園縣）、簡宛（台北市）等人。

純文學出版社收攏不同省籍作家，他們共同知識理念早已凌駕其身分省籍。

林海音不遺餘力提攜本省籍作家。多位省籍作家早期透過林海音主編的《聯合報》副刊從事發表或翻譯作品而在文壇初綻光芒，而後經由純文學出版社出書站穩文壇步伐。林海音 1957 至 1961 年擔任《文星》雜誌文藝篇幅編輯及校對時，於 1959 年 12 月 1 日（第 5 卷 2 期）亦發表了〈台籍作家的寫作生活〉介紹本省作家，提高本省作家的知名度。甚至「將台籍作家的作品交給美新處翻譯。」（註 17）

本土文學在 1970 年代由潛流一躍而成為主流，在文壇取得一席之地，相信林海音在其間亦盡了推手之力。葉石濤對林海音於台灣鄉土建構過程的努力予以肯定，他指出：

> 今天，本省作家的才華和業績在自由中國的文壇上佔有一席之地，都是有遠見的作家和出版者孜孜不倦地發覺培育的結果，而在這眾多的有善意的人們之中，林海音由於她本身的遭遇較能知悉本土特異的風土，人物，習俗和悽愴的一段歷史，她的觀點和作為較少偏見，因此，他的業績也較為突出。（註 18）

　　林海音在文學史中「本土文學位置」的建構過程，扮演了極重要的角色。

四、集體記憶的建樹

　　「集體記憶賴某種媒介，如實質文物（artifact）及圖象（iconography）、文獻，或各種集體活動來保存、強化或重溫」（註19）文學作品是作家思想、情感在具體物質材料上的展現。每一時代的文學創作，都以其特殊的元素和方式，記錄下該時代人們的思想、感情。不同時代的文學作品是不同時代精神的藝術體現。

　　純文學出版社創造了出版品的整體面貌、插圖配置、印刷格式、封面包裝和歷史藏書的客觀價值，及其中所蘊含的文化品味、人文意蘊。它的存在見証了一個時代的情感、記憶與社會文化異變。

　　王斑說：「植根於記憶的社群提供『記憶的氛圍環境』。這種記憶環境瀰漫著一種氣息或情感氛圍。」（註20）昔日的出版，是以情感為鏈結的社會關係，如今都市化的社會使人情轉淡、情感疏離，出版成了商業功利的算計關係。純文學出版社的存在，記錄了以情感為結合點的出版事業，也寫下早年愛書人的閱讀生態，能喚起讀者共同的審美體驗，逃離今日物化的世界。「物化的觀念告訴我們，物化的過程剝奪了商品生產中，長期積累的人文價值和意義。這些人文品質，應在外物有投影和延伸。然而，被剝離人文價值的物品，除了面對市場，實現其銷售、交換價值，別無其他價值，它完全侷限在銷售和消費的迴圈軌道中。」（註21）王斑指出：「人們使用物件或生活用品可能注入的文化記憶和歷史意義。」（註22）純文學出版社的存在，象徵許多人對文學的信念，給消費者留下深刻印象。

　　「記憶保證文化傳統，能夠在個體和群體經驗相融合的基礎上代代相傳。」（註23）由於《純文學》月刊與純文學出版社，曾經散發如此蓬勃昂揚的生命力。它所展現的是由編者、創作者甚至讀者共同構築而成的文化生命、群體記憶標誌。純文學出版社它曾燭照過多少人的青春童年、慘綠少年，成為許多讀者成長過程中不可磨滅的時代記憶，對讀者深具意義。

　　雖然現在文學傳播規模、速度、題材等外延變化仍不斷進行著。然出版社其實有三分之一以上的價值是由無形資產所創造的。純文學出版社無形資產，如品牌、商譽這些關鍵資產，不會隨歲月流失而消逝，在讀者心中將永保良好形象，為人們所難忘。

　　林海音與她的純文學出版社雖已成為不可復尋的歷史名詞，星流雲散，但她的出版事業與台灣出版業、文學界關係異常緊密，為台灣文化事業發展貢獻良多。將在台灣文學史保有專屬一頁版圖，留下璀璨光影，得到人們永遠的記憶和尊重。

五、建構文學傳播之文化

　　林海音的思想情操與人格特質，深深地影響她與人交往情形及文學事業經營格調。林海音高於政治層面上，堅持文化之道是她的理想。以對文學的熱情和信念為基石，被時代激擾的生命，以自己認定的方式，經零散的理念變成一種自覺的文化活動，重新喚醒文學真實生命。以不同文學生產機制，堅持文學本位：《聯副》而起，《純文學》月刊以繼，「純文學出版社」承之。

　　出版是以知識為載體，出版者不僅要實現文化商品的交換價值，更要作為文化策劃者，文化選擇者、文化傳播者，對社會承擔相應責任。書籍容量大，能以較全面、系統、深刻的方式傳遞圖書

內容。呈現出較為龐大的定型結構。更有傳播範圍大、受眾多、時效長、空間廣、易於保存，便於重覆閱讀與查閱的特點。對於群眾而言接受知識訊息，圖書仍是主要渠道。書籍在沉澱、傳播、積累人類文明和文化方面，還是能發揮其無可取代的地位。

　　智識、文化傳承是身為出版人責無旁貸的志業，林海音敢於拋棄經濟包袱，一開始即鎖定目標市場，以出版文學性、知識性書籍為主。出版了許多當時認為不具市場利潤的知識性書籍。更講究文學的倫理教化，出版品中隱括了作家們的個人情感、知識追求、社會使命，豐富了台灣的閱讀文化樣貌。傅月庵說：

> 「純文學」代表台灣某種確實曾被實踐的出版夢想，林海音先生則為這一夢想的傳奇人物。台灣出版界至今還沒被商業利益完全擊敗，尚且殘存些許文化念想跟不成文的厚道，或者跟這一夢想的實踐與傳奇人物的感召，有些關係吧！（註24）

　　許多出版人投身文化傳播行列，極力捍衛其主體人格與文化，並以媒介內容，協助國人價值觀改變，以產生新文化價值，帶動社會崇尚文學向高處提升。

　　書既是一種物質文化，也是一種精神文化。它負載的信息作用到人的身上，對人的行為產生影響，從語言方式到思想方式。哥本納亦強調媒介的效果是長期、間接的，思想的啟發與改造都需要長時間。

　　由讀者對純文學出版物的反饋——直接的、間接的、延時的反饋皆可見眾人對其出版物的支持。張良澤在給林海音的信中說：「想起25年前，我的南師學生時代，每週六晚上自由時間，必到街上的書店站讀您、馬各等人的書，不知積了多久的伙食餘款（月底不加菜則退款，公費），才買下了您的《冬青樹》和後來的《綠藻與鹹蛋》，這些書對我影響之大，不可言喻，迄今念念不忘。」（註

25）讀者寫信給純文學出版社表達其感受：「從此書（《人生的光明面》），我似乎體會了些人生意義，了解對自己、對他人應負些什麼責任。最重要的是我知道了什麼是『奉獻』，懂得如何『奉獻』——為家人、朋友、社會、國家，甚至全人類。」（註26）

純文學出版社建構了一個公共領域，讓作者和讀者通過書籍，形成了共同交往空間，由交往行動構成了一個「共同體」。潛移默化地培養了一種共同的、普遍的文學趣味。

純文學出版社以書籍形式將文學、知識普遍流佈於廣大民眾日常生活之中，帶給社會大眾精神層次的充實，間接協助人們文化接觸、成長，讓人們經由文學書的滋潤，使心中渴望得到滿足。將人們心靈提昇，進行以文學改造社會，培養文化知識與價值觀。重塑國人對文化的觀念，增進群眾對文化、文學的認知。引導讀者閱讀趣味，培養難以數計的文學人口。對台灣閱讀文化演變有顯著影響。

林海音以出版社推波助瀾，使文學生命本真，耀動字裡行間。將經濟資本轉換為文化資本，發揮出版社潛在價值，以無形卻強大的影響力，經由出版運作與出版環境長期互動中，反過頭來影響出版環境。藉著傳媒廣大的影響力，灌溉滋養了出版產業。

第二節 未來論題開展

本論文針對林海音及其出版事業，探討文學傳播相關議題。所累積散發出來的成效，應有助於新議題的開拓。包括與純文學出版社直接相關之論題如〈閱聽人實踐分析與詮釋〉、〈純文學出版物的死亡與再生〉甚而延伸性的研究：〈文人經營出版社的分析比較〉、〈文學出版在台灣的發展歷程〉、〈文學出版歷史形塑的作家群〉。

一、〈閱聽人實踐分析與詮釋〉考察文學事實,應把作家、作品、讀者,及構成種種社會文化間關係予以觀照。而不是把文學活動,視為可以游離於社會文化活動之外的純粹藝術活動。波爾多學派以實證社會學方法,研究社會中的文學事實。他們所關注的對象是一些「事實」,一些「現象」。

要促使文學生產發展,不容忽視文學的接受、消費狀況。文學研究長期以來忽略文學的接受過程及讀者的重要性。接受美學理論倡導者姚斯指出,傳統研究將作品意義視為不變,忽略讀者的做法是錯誤的。他認為:

> 作品的意義與價值不是給定的,對它的建立來說,讀者也是一種能動因素,文學作品的歷史性不能離開接受者的能動參與。他認為,讀者對作品的接受是一個作品代表的傳統,即它的背景與讀者代表的「期待視域」(註27)之間的交流,兩個視域之間的距離姚斯稱為「審美距離」,在此距離的空間中,「審美經驗」存在著。當然,視域交流的最後結果不是分裂,而是「視域融合」,產生「審美愉悅」。這種融合,使「歷史」得以激活與恢復。(註28)

受眾是龐大而複雜的群體,由於受眾的動機、文化、信仰和地域等因素的不同,對媒介的反應也必然有所差異。即使同一個人,在不同的條件、環境下,對同一本書,也可能產生不同的反應與感受。正如魯迅曾談到《紅樓夢》時所說的:「經學家看見《易》,道學家看見淫,才子看見纏綿,革命家看見排滿,流言家看見宮闈秘事。」這說明了受眾對同一媒介的反應是根本不同的。

1970 年代,讀者從被動的接受者,變成了主動的消費者。文學圖書出版者,面對更大的群眾壓力。已不能僅從傳播者的角度,單向地強調媒介內容,更須將讀者、市場需求納入出版內容選擇過

程中。于友先在〈論出版產業的兩重屬性與宏觀管理〉一文中，強
調讀者對出版的重要性，他說：

> 人的閱讀行為是一種特殊的行為，是一種富有創造性的、不
> 可替代的和不可模仿的特有探索行為。因此，出版商所要把
> 握和研究的就是讀者特殊的閱讀行為。出版產業的確是將文
> 化與市場融於一體的複雜勞作行業。出版商拿文化產品尋找
> 讀者，而具有閱讀行為的讀者就是潛在的市場，這樣又使文
> 化性和商業性高度統一起來。（註29）

畢竟文學作品的價值，賴於讀者閱讀方能實現。傳播非單向而是雙
向的。傳媒具有間接和長期的影響，此種效果取決於一定境遇內傳
授雙方互動關係。作家、作品和接受者，它們雖然各有其相對的獨
立性，但彼此間存著內在有機聯系，是相互制約、影響、作用的。
「一部文學作品，並不是一個自身獨立向每一個時代的每一讀者均
提供同樣觀點的客體。它並不是一尊紀念碑，形而上學地展示其超
時代的本質。它更多地像一部管絃樂譜，在其演奏中不斷獲得讀者
新的反響，使本文從詞的物質型態中解放出來，成為一種當代的存
在。」（註30）

　　未來可由接受美學為切入點，即作品被閱讀、被接受、被消費
的情形上。亦可從社會學角度，對傳播於社會生活，尤其是施於個
人的影響所做的應用社會或社會心理學分析，探究純文學出版社出
版物讀者的閱讀心理與閱讀後產生的影響。

　　二、〈純文學出版社出版品的死亡與再生〉書籍的出版需仰賴
出版社的存在，一旦出版社結束營業。許多書籍將面臨死亡的命
運。而某些書籍在不同的時空下，再度獲得他家出版社的青睞而重
生，甚而改頭換面（重編或增加新內容）。書籍的死亡與再生，可
見不同階段書籍生命現象的展現。也提供新世代讀者／創作者可供

閱讀參照的文本。亦可在這些過往年歲出版品中見到台灣文學史發展的足跡。

　　當年林海音經營純文學出版社時，即是不忍許多好書因出版社的結束而消失。「舊書重出」也成為純文學出版社一項重要的手法。相對的，當純文學出版社結束營業時，純文學出版社的哪些圖書能再度獲得其他出版社的喜愛，「舊書重印」再現世人眼前？而為何是這些書？出版人的考量為何？這種重印的手法隱涵了什麼樣的意義？相信值得探究。

　　三、〈文人經營出版社的分析比較〉台灣在 1950 至 1970 年代成立許多文人出版社。文人經營模式的傳播方式也成為台灣出版史中一道特殊景觀。1950 年代的文人出版無形中受政治牽引，甚至許多文人出版家即具政治背景。

　　1960、1970 年代獨資的文人出版家漸多，這些文人出版者大多具傳媒背景，如林海音當過記者、擔任過《聯合報》副刊主編、瘂弦曾任《聯合報》副刊主編、蔡文甫為《中華副刊》主編；姚宜瑛、隱地畢業於新聞系。隱地更主編過《青溪》《書評書目》雜誌。自身亦能創作：林海音創作小說、散文、兒童文學；瘂弦、楊牧皆有詩集作品、姚宜瑛創作散文、隱地寫散文、小說與詩歌。因為獨資，所以可盡情發揮其情性理念。所謂的五小更始終以文學為出版主線。

　　1980 年代文人出版社締造文學書的銷售佳機，文學書市走向高峰，「五小」甚至佔領廣大文學市場，引領文學出版，在出版界頗具影響力。文壇曾經流傳兩句話「文章發表要上兩大（報），出書則要找五小。」然在 1980 年代後期文學書市也進入衰微。短短十年變化之劇令人瞠目結舌。

　　文人經營的出版社，往往帶給讀者許多夢想和獨特閱讀視野。對市場的活絡、作家的培育、作品質地篩選都有一定程度的影響。文人們的稟性風格殊異，經營出版社即是其個人風格的呈現。因此可藉由〈文人經營出版社的分析比較〉了解文人們的個人特質在出版經營的表現情況，分析其型態，比較其異同。亦可進行文人出版家的個別研究。

　　四、〈文學出版在台灣的發展歷程〉任何出版社的經營活動都是在特定環境中進行，在台灣出版史中，文學書籍的出版是一種顯型出版品。可藉由探究〈文學出版在台灣的發展歷程〉，而了解文學出版的經營管理、發展演變，甚而藉此檢視台灣政經社會對文學出版的影響。五、〈文學出版歷史形塑的作家群〉早期許多文人皆藉由出版社出書群聚，繼而形成一個個作家群體。我們可藉由文學出版歷史去回溯作家群聚產生的內緣與外因。提供文學研究不同的視角。

【附註】

1. 「文化研究首先要釐清研究對象是什麼？過去在以『純文學』研究為標榜的對象，是要研究文學的象徵、技巧、意義等。文化研究則改為注意產生這些東西的其他因素在哪？」參蔡源煌：〈文化批評——當前台灣的社會與文化〉，游喚編：《文學批評精讀》（台北：五南圖書公司，2003 年 8 月），頁 462。

2. 對新批評完整的介紹乃始於顏元叔〈新批評學派的文學理論與手法〉一文。此文於《幼獅文藝》1969 年 1 月至 3 月，分三期刊出該文。此文自新批評興起背景至個別學者理論特色皆一一闡述，可說對新批評做第一次全面性的引介。

3. 顏元叔：1933 年 7 月 3 日生於湖南省茶陵縣。台大外文系畢業，美國馬克大學英國文學碩士、威斯康辛大學英美文學博士，曾任教北密西根大學英文系，1963 年返台，任教台大外文系專任教授。著有文學評論《文學的玄思》、雜文《人間煙火》、《離台百日》、散文《時神漠漠》、短篇小說《夏樹是鳥的莊園》……等數十種。顏元叔主要在於文學批評與英美文學之研究。

4. 夏志清：1921 年 1 月生於上海浦東。畢業於滬江大學英文系，曾任北京大學助教。1947 年赴美國耶魯大學深造，四年後得英國文學博士學位。先後在美國多間大學教書。1962 年起在紐約哥倫比亞大學任中國文學副教授；1969 年升為正教授；至 1991 年 70 歲退休。參黃維樑：〈夏志清小評傳〉，《文學英雄拜會記——錢鍾書、夏志清、余光中的作品與生活》（台北：九歌出版社，2004 年 4 月），頁 64。

5. 蘇益芳：〈論夏志清在台灣文學批評界的經典化現象〉，封德屏主編：《第七屆青年文學會議論文集：台灣文學的比較研究》（台北：文訊雜誌社，2003 年 11 月），頁 44。

6. 顏元叔：〈余光中的現代中國意識〉，《純文學》月刊第 7 卷第 5 期（1970年 5 月），頁 132、134。

7. 1949 年 5 月 20 日，由台灣省主席兼警備司令陳誠宣告「台灣全省實施戒嚴」此「戒嚴法」直至 1987 年才正式解除，其影響台灣的出版將近40 年。

8. 陳芳明：〈反共文學的形成及其發展〉，《聯合文學》第 199 期（2001 年 5 月），頁 151-152。

9. 陳芳明：〈50 年代的文學侷限與突破〉，《聯合文學》第 200 期（2001 年 6 月），頁 166。

10.古繼堂：〈林海音——台灣女性文學開山人〉，《新文學史料季刊》2002 年第 2 期（2002 年），頁 10。

11.鍾理和於日記中所言。參鍾理和：〈日記——民國四十八年〉，張良澤 編《鍾理和日記》（台北：遠行出版社，1976 年 11 月），頁 225。

12.鍾肇政：〈令人懷念的歲月〉，林海音：《剪影話文壇》（台北：純文學 出版社，1984 年 12 月），頁 275-276。

13.林海音：〈流水十年間〉，《芸窗夜讀》（台北：純文學出版社，1984 年 10 月），頁 308。

14.1963 年 4 月 24 日林海音因在《聯副》上刊登一首題為〈船〉的風遲詩 作：「從前有一個愚昧的船長，因為他的無知以致於迷航海上，船隻漂 流到一個孤獨的小島；歲月悠悠一去就是十年時光。他在島上邂逅了 一位美麗的富孀，由於她的狐媚和謊言致使他迷惘，她說他要使他的 船更新，人更壯，然後啟航；而年復一年所得到的只是免於飢餓的口 糧。她曾經表示要與他結成同命鴛鴦，並給他大量的珍珠瑪瑙和寶藏， 而他的鬢髮已白，水手老去，他卻始終無知於寶藏就在他自己的故鄉。 可惜這故事是如此殘缺不全，以至於我無法告訴你那以後的情況。」 此詩被認為影射台灣當局，林海音因而辭職以示負責。作者王鳳池繫 獄三年。此事造成報紙副刊很長一段時間都不敢刊登詩作。

15.彭小妍：〈跨越兩岸的林海音（下）〉，《聯合報》第 37 版，2001 年 12 月 4 日。

16.呂正惠：〈現代主義在台灣〉，《戰後台灣文學經驗》（台北：新地文學 出版社，1995 年 7 月），頁 30。

17.參鍾肇政：〈你嚮往學院派，令我驚奇〉，張良澤編：《肝膽相照——鍾 肇政・張良澤往返書信集》（鍾肇政卷）（台北：前衛出版社，1999 年 11 月），頁 17。

18.葉石濤：〈林海音論〉，《台灣鄉土作家論集》（台北：遠景出版社，1979 年 3 月），頁 278-279。

19. 集體記憶研究者的主要論點為：（1）記憶是一種集體社會行為，人們從社會中得到記憶，也在社會中拾回、重組這些記憶。（2）每一種社會群體皆有其對應的集體記憶，藉此該群體得以凝聚及延續。（3）對於過去發生的事來說，記憶常常是選擇性的、扭曲的或是錯誤的，因為每個社會群體都有一些特別的心理傾向，或是心靈的社會歷史結構，回憶是基於此心理傾向上，使當前的經驗印象合理化的一種對過去的建構。（4）集體記憶賴某種媒介，如實質文物（artifact）及圖象（iconography）、文獻，或各種集體活動來保存、強化或重溫。參王明珂：〈記憶、歷史與族群本質〉，《華夏邊緣：歷史記憶與族群認同》（台北：允晨文化公司，1997 年 4 月），頁 50-51。「集體記憶」這個研究傳統有長久的、多元的發展歷史。對此有鉅大貢獻而最常被現代學者提及者，至少有法國社會學家涂爾幹（Emile Durkheim）的學生 Maurice Halbwachs，俄國心理學家 L. S. Vygotksy，與英國心理學家 Frederick Bartlett 等人。Maurice Halbwachs 被認為是集體記憶理論的開創者。他的主要貢獻在於告訴我們，記憶是一種集體社會行為，現實的社會組織或群體（如家庭、家族、國家、民族，或一個公司、機關）都有其對應的集體記憶。我們的許多社會活動，經常是為了強調某些集體記憶，以強化某一人群組合的凝聚。參王明珂：〈記憶、歷史與族群本質〉，《華夏邊緣——歷史記憶與族群認同》（台北：允晨文化公司，1997 年 4 月），頁 46。

20. 王斑：〈導言：歷史・記憶・現代性〉，《歷史與記憶——全球現代性的質疑》（英國：OXFORD 出版社，2004 年），頁 3。

21. 王斑：〈呼喚氣韻的歷史：朱天文的現代都市懷舊〉，《歷史與記憶——全球現代性的質疑》（英國：OXFORD 出版社，2004 年 7 月），頁 228。

22. 王斑：〈呼喚氣韻的歷史：朱天文的現代都市懷舊〉，《歷史與記憶——全球現代性的質疑》（英國：OXFORD 出版社，2004 年 7 月），頁 229。

23. 王斑：〈導言：歷史・記憶・現代性〉，《歷史與記憶——全球現代性的質疑》（英國：OXFORD 出版社，2004 年 7 月），頁 4。

24. 傅月庵：〈純文學出版社〉，《蠹魚頭的舊書店地圖》（台北：遠流出版公司，2004 年 1 月 15 日），頁 179。

25.張良澤：〈作家書信──張良澤的熱血奔騰歲月〉,《純文學》季刊第 5 期（1982 年夏季號）,頁 11。

26.蕭淑芬：〈讀者給作者〉,《純文學》季刊第 9 期（1983 年夏秋號）,頁 50。

27.姚斯（Reception Aesthetics）在伽達默爾基礎上,提出「期待視野」概念：「一部文學作品,即便它以嶄新面目出現,也不可能在信息真空中,以絕對新的姿態展示自身。但它卻可以通過預告、公開的或隱蔽的暗示,預先為讀者提示一種特殊的感受。它喚醒以往閱讀的記憶,將讀者帶入一種特定的情感態度中,隨之開始喚起『中間與終結』的期待,於是這種期待便在閱讀過程中,根據文本的流派和風格的特殊規則被完整地保持下去,或被改變、重新定向,或諷刺性地獲得實現。」參 H.R.姚斯、R.C.霍拉勃著,周寧、金元浦譯：《接受美學與接受理論》（瀋陽‧遼寧人民出版社,1987 年）,頁 29。

28.朱立元譯：〈姚斯〉,朱立元李鈞主編：《二十世紀西方文論選》（北京：高等教育出版社,2002 年 7 月）,頁 333。

29.于友先：〈論出版產業的兩重屬性與宏觀管理〉,《現代出版產業論集》（北京：中國書籍出版社,2004 年 5 月）,頁 28-29。

30.H.R.姚斯、R.C.霍拉勃著,周寧、金元浦譯：《接受美學與接受理論》（瀋陽：遼寧人民出版社,1987 年 3 月）,頁 5、26。

附錄

一、純文學出版社作家來源表

純文學出版社作者	純文學月刊撰者	《聯合報副刊》 （1953.11～1963.4）撰者
丁樹南	√	√
王安博	√	
工季慶	√	
工信		
王藍		√
古華		
古錚	√	
向明	√	
朱介凡	√	∨
朱佩蘭	√	
朱梅先		
何凡	√	√
何欣	√	√
余仲達		
余光中	√	√
李永熾		√
李佳純		
李春陽		√
李廉鳳	√	
杜國清	√	√
沉櫻	√	
孟瑤	√	√
季光容		
枝巢子		

純文學出版社作者	純文學月刊撰者	《聯合報副刊》（1953.11～1963.4）撰者
林太乙		
林文月	√	√
林良	√	√
林海音	√	√
侯榕生		√
保真		
洪兆鉞		
紀綱		
胡明		
夏元瑜		√
夏志清	√	√
夏烈	√	√
夏祖麗	√	
夏菁	√	√
孫成煜		
徐鍾珮		
馬瑞雪		√
張心漪		
張光直		
張安迪		
張至璋		
張我軍		
張秀亞	√	√
張系國	√	√
張凱文		
張健	√	√
張裝麗		
張劍鳴	√	
梁丹丰		
梁宗岱		
莊因		√

純文學出版社作者	純文學月刊撰者	《聯合報副刊》 （1953.11～1963.4）撰者
郭晉秀		√
章樂綺		
喜樂		
喬志高		
彭歌	√	√
揚華瑋		
曾子		
游復熙		
琦君	√	√
程抱一	√	
程振粵		
甯元方		
蕾娟	√	√
黃維樑		
楚戈		
楊喚		
楊孔鑫		
楊安祥	√	
楊明顯		
葉茂		
葉石濤		
葉嘉瑩	√	
路安俐		
廖峰香		
蓉子	√	√
趙淑俠		
劉慕沙	√	
樂蘅軍		
潘人木	√	
蔣鍾琇		
鄭清文	√	√

純文學出版社作者	純文學月刊撰者	《聯合報副刊》 （1953.11～1963.4）撰者
鄭清茂	√	√
鄧禹平		
敻虹	√	√
盧慧貞		
蕭乾		
嶺月		
鍾肇政	√	
簡宛	√	
豐子愷		
羅青	√	
羅蘭	√	
蘇雪林	√	√

參引文獻

一、專書

以下按年代順序排列

林海音：《兩地》（台北：三民書局，1973 年 3 月）

沈謙：《期待批評時代的來臨》（台北：時報出版社，1979 年）

張覺明：《現代雜誌編輯學》（台北：台灣商務印書館，1980 年 8 月）

游淑靜等：《出版社傳奇》（台北：爾雅出版社，1981 年 7 月）

編輯委員會：《聯副三十年文學大系—— 總目卷》（台北：聯合報社，1982 年 6 月）

編輯委員會：《聯副三十年文學大系　一史料卷》（台北：聯合報社，1982 年 6 月）

鐘麗慧、應鳳凰編：《書香社會》（台北：行政院文化建設委員會，1984 年 6 月）

夏祖麗編：《風簷展書讀》（台北：純文學出版社，1985 年 1 月）

隱地：《作家與書的故事》（台北：爾雅出版社，1985 年 11 月 10 日）

陳俊廷：《營銷與廣告戰略》（台北：國家出版社，1986 年 1 月）

馬之驌：《新聞界三老兵——曾虛白、成舍我、馬星野奮鬥歷程》（台北：經世書局，1986 年 10 月）

陳銘磻：《掌燈人》（台北：行政院文化建設委員會，1987 年 6 月）

（法）羅貝爾・埃斯卡皮著于沛選編：《文學社會學》（杭州：浙江人民出版社，1987 年 8 月）

呂正惠：《小說與社會》（台北：聯經出版社，1988 年 5 月）

鄭貞銘：《編輯與製作講義》（台北：中華函授學校，1988 年 6 月）

阿諾德・豪澤爾著，居延安譯：《藝術社會學》（上海：學林出版社，
　　1988 年 9 月）

蕭富峯：《行銷實戰讀本》（台北：遠流出版公司，1988 年 10 月）

方蘭生：《傳播原理》（台北：三民書局，1988 年 11 月）

蔡源煌：《海峽兩岸小說的風貌——文化研究的方法》（台北：雅典
　　出版社，1989 年 4 月）

詹宏志：《城市觀察》（台北：遠流出版公司，1989 年 4 月）

行政院新聞局編印：《中華民國出版事業概況》（台北：行政院新聞
　　局，1989 年 5 月）

花建、于沛：《文藝社會學》（上海：上海文藝出版社，1989 年 5 月）

何金蘭：《文學社會學》（台北：桂冠圖書公司，1989 年 8 月）

鄭貞銘、賴國洲等編：《傳播媒介與社會》（台北：國立空中大學，
　　1989 年 9 月）

瑪莉・伊凡絲原著；廖仁義譯：《郭德曼的文學社會學》（台北：桂
　　冠圖書公司，1990 年 3 月）

朱淑君、張守華、王悅南：《文化市場：結構、功能、管理》（瀋陽：
　　遼寧人民出版社，1990 年 7 月）

邱各容：《兒童文學史料初稿 1945-1989》（台北：富春文化公司，
　　1990 年 8 月）

Melvin L. Defleur，與 Sandra all-Rokeach 著；杜力平譯：《大眾傳
　　播學理論》（台北：五南出版公司，1991 年 12 月）

彭瑞金：《台灣新文學運動 40 年》（台北：自立晚報社，1992 年 2 月）

小赫伯特・S・貝利（Herbert S. Bailey, Jr）著；郭茂生、潘建國、
　　郭瑞紅譯：《書籍出版的藝術與技巧》（台北：淑馨出版社，1992
　　年 2 月）

翁秀琪：《大眾傳播理論與實證》（台北：三民書局，1992 年 3 月）

鄭興東主編：《報紙編輯學教程》（武昌：武漢大學出版社，1992
　　年 4 月）

馮建三：《資訊‧錢‧權──媒體文化的政經研究》（台北：時報文
　　化公司，1992 年 11 月）

呂正惠：《戰後台灣文學經驗》（台北：新地文學出版社，1992 年
　　12 月）

李建臣主編：《圖書編輯學》（北京：北京師範大學出版社，1993
　　年 8 月）

鄭貞銘：《新聞學與大眾傳播學》（台北：三民書局，1994 年 1 月）

鄭明娳編：《當代台灣政治文學論》（台北：時報文化出版公司，1994
　　年 7 月）

朱樺：《文學社會化的當代探索》（上海：學林出版社，1994 年 8 月）

林芳玫：《解讀瓊瑤愛情王國》（台北：時報文化出版公司，1994
　　年 8 月）

中國古典文學研究會主編：《文學與傳播的關係》（台北：台灣學生
　　書局，1995 年 6 月）

李瑞騰：《文化理想的追尋》（南投：南投縣立文化中心，1995
　　年 6 月）

高斯、洪帆主編：《圖書編輯學概論》（蘇州：江蘇教育出版社，1995
　　年 8 月）

Datus C. Smith, Jr.彭松建趙學范譯：《圖書出版的藝術與實務》（台
　　北：周知文化事業公司、佛光大學聯合出版，1995 年 9 月）

楊東平：《城市季風──北京和上海的文化精神》（北京：東方出版
　　社，1996 年 2 月）

文訊雜誌社編印：《台灣文學出版──五十年來台灣文學研討會論
　　文集（三）》（台北：行政院文化建設委員會，1996 年 6 月）。

包亞民譯:《布爾迪厄訪談錄──文化資本與社會煉金術》(上海:
　　上海人民出版社,1997 年 1 月)

孟樊:《台灣出版文化讀本》(台北:唐山出版社,1997 年 1 月)

王明珂:《華夏邊緣──歷史記憶與族群認同》(台北:允晨文化公
　　司,1997 年 4 月)

許俊雅:《台灣文學論──從現代到當代》(台北:國立編譯館,1997
　　年 10 月)

瘂弦、陳義芝主編:《世界報紙副刊學縱論》(台北:行政院文化建
　　設委員會,1997 年 11 月)

陳義芝主編:《台灣小說史綜論》(台北:聯經出版社,1998 年)

(德)阿爾方斯‧西爾伯曼著;魏育青、于汛譯:《文學社會學引
　　論》(合肥:安徽文藝出版社,1998 年 1 月)

鍾理和、鍾肇政著;錢鴻鈞編:《台灣文學兩鍾書》(台北:草根出
　　版公司,1998 年 2 月)

(法)皮埃爾‧布迪厄、(美)華康德著;李猛、李康譯:《實踐與
　　反思──反思社會學導引》(北京:中央編譯出版社,1998 年
　　2 月)

楊洪承:《文學社群文化形態論》(合肥:安徽文藝出版社,1998
　　年 4 月)

文訊雜誌社編:《1997 台灣文學年鑑》(台北:行政院文化建設委
　　員會,1998 年 6 月)

祁述裕:《市場經濟下的中國文學藝術》(北京:北京大學出版社,
　　1998 年 6 月)

高宣揚:《當代社會理論》(台北:五南圖書公司,1998 年 9 月)

蔣廣學:《編學原論》(南京:南京大學出版社,2000 年 4 月)

林海音：《林海音作品集》（1-12）（台北：遊目族文化事業公司，2000 年 5 月）

何寄澎主編：《文化、認同、社會變遷──戰後五十年台灣文學國際學術研討會論文集》（台北：行政院文化建設委員會，2000 年 6 月）

夏祖麗：《從城南走來── 林海音傳》（台北：天下文化出版社，2000 年 10 月）

包亞明主編《二十世紀西方美學經典文本》（上海：復旦大學出版社，2000 年 12 月）

隱地：《漲潮日》（台北：爾雅出版社，2000 年 12 月）

陳芸芸譯；Denis Mcquail 著：《最新大眾傳播理論》（台北：韋伯文化出版社，2001 年 1 月）

辛廣偉：《台灣出版史》（石家庄：河北教育出版社，2001 年 5 月）

傅光明、舒乙主編：《林海音研究論文集》（北京：台海出版社，2001 年 5 月）

林文寶等人合著：《台灣文學》（台北：萬卷樓圖書公司，2001 年 8 月）

丁曉原：《文化生態與報告文學》（上海：三聯書店，2001 年 8 月）。

林淇瀁：《書寫與拼圖──台灣文學傳播現象研究》（台北：麥田出版社，2001 年 10 月）

小林一博：《出版大崩壞》（台北：尖端出版公司，2001 年 10 月）

肖東發：《中國編輯出版史》（瀋陽：遼海出版社，2002 年 1 月）

麥可‧柯達（Michael Korda）著；陳皓譯：《因緣際會──出版風雲四十年，這些人，那些事》（台北：商智文化公司，2002 年 2 月）

邱天助：《布爾迪厄文化再製理論》（台北：桂冠圖書公司，2002
　　年2月）

高宣揚：《布爾迪厄》（台北：生智文化公司，2002年6月）

（法）布迪厄著；孫智綺譯：《防火牆——抵擋新自由主義的入侵》
　　（台北：麥田出版社，2002年8月）

Chris Jenks著；俞智敏、陳光達、王淑燕譯：《文化》（台北：巨流
　　圖書公司，2002年9月）

陳銘磻：《陳銘磻報導文學集》（台北：華成圖書公司，2002年9月）

李瑞騰、夏祖麗主編：《一座文學的橋——林海音先生紀念文集》
　　（台南：國立文化資產保存研究中心籌備處，2002年12月）

陳平原、山口守編：《大眾傳媒與現代文學》（北京：新世界出版社，
　　2003年1月）

李瑞騰主編：《霜後的燦爛——林海音及其同輩女作家學術研討會
　　論文集》（台南：國立文化資產保存研究中心籌備處，2003年
　　5月）

封德屏主編：《第七屆青年文學會議論文集：台灣文學的比較研究》
　　（台北：文訊雜誌社，2003年11月）

向陽：《浮世星空新故鄉——台灣文學傳播議題析論》（台北：三民
　　書局，2004年1月）

傅月庵：《蠹魚頭的舊書店地圖》（台北：遠流出版公司，2004年
　　1月）

潘怡中編：《預約下一輪出版盛世》（台北：皇冠文化出版公司，2004
　　年4月）

黃維樑：《文學英雄拜會記——錢鍾書、夏志清、余光中的作品與
　　生活》（台北：九歌出版社，2004年4月）

方卿編：《圖書營銷管理》（上海：復旦大學出版社，2004年4月）

黃維樑：《文學英雄拜會記──錢鍾書、夏志清、余光中的作品與生活》（台北：九歌出版社，2004 年 4 月）

于友先：《現代出版產業論集》（北京：中國書籍出版社，2004 年 5 月）

陳霖：《文學空間的裂變與轉型── 大眾傳播與 20 世紀 90 年代中國大陸文學》（合肥：安徽大學出版社，2004 年 5 月）

王斑：《歷史與記憶──全球現代性的質疑》（英國：OXFORD 出版社，2004 年 7 月）

梅家玲：《性別，還是家國？五０與八、九０年代台灣小說論》（台北：麥田出版社，2004 年 9 月）

黃書泉：《文學轉型與小說嬗變》（合肥：安徽教育出版社，2004 年 9 月）

王乾任：《台灣出版產業大未來》（台北：生活人文出版公司，2004 年 10 月）

林俊良：《視覺傳達設計概說》（台北：藝風堂出版社，2004 年 11 月）

張積玉：《編輯學論稿》（北京：中國社會科學出版社，2004 年 12 月）

東海大學中文系：《戰後初期台灣文學與思潮論文集》（台北：文津出版社，2005 年 1 月）

Thomas Woll 著，鄭永生譯：《誰說出版不賺錢》（台北：高寶國際出版社，2005 年 1 月）

隱地：《身體一艘船》（台北：爾雅出版社，2005 年 2 月）

翁翁：《書的容顏──封面設計的賞析與解構》（台北：黎明文化公司，2005 年 3 月）

李志銘:《半世紀舊書回味──從牯嶺街到光華商場》(台北:群學出版社,2005 年 4 月)

(英)利薩・泰勒、安德魯・威利斯著,吳靖、黃佩譯:《媒介研究:文本、機構與受眾》(北京:北京大學出版社,2005 年 4 月)

王志弘、張華蓀等合譯:《現代地理想像》(台北:群學出版公司,2005 年 4 月)

陳平原主講、梅家玲編訂:《晚清文學教室──從北大到台大》(台北:麥田出版社,2005 年 5 月)

陳平原、王德威編:《北京:都市想像與文化記憶》(北京:北京大學出版社,2005 年 5 月)

周新富:《布爾迪厄論學校教育與文化再製》(台北:心理出版公司,2005 年 6 月)

靜宜大學中文系編:《2004 台灣文學年鑑》(台南:國家台灣文學館,2005 年 7 月)

皮述民、邱燮友、馬森、楊昌年著:《二十世紀中國新文學史》(台北:駱駝出版社,2005 年 9 月)

季季:《寫給你的故事》(台北:印刻出版社,2005 年 9 月)

程光煒主編:《大眾媒介與中國現當代文學》(北京:人民文學出版社,2005 年 11 月)

周玉寧:《林海音評傳》(北京:作家出版社,2006 年 7 月)。

李瑞騰主編:《永恆的溫柔:琦君及其同輩女作家學術研討會》(中壢:國立中央大學中文系琦君研究中心,2006 年 7 月)

麥克魯漢著鄭明萱譯:《認識媒體──人的延伸》(台北:貓頭鷹出版社,2006 年 9 月)

東海大學中國文學系：《苦悶與蛻變——60、70 年代台灣文學與社
　　會國際學術研討會論文集》（台中：東海大學中國文學系，2006
　　年 11 月）

二、論文

以下按年代順序排列

（一）學位論文

陳姿夙：《林海音及其作品研究》（台北：政治大學中文所碩士論文，
　　1993 年）

莊麗莉：《文學出版事業產銷結構變遷之研究——文學商品化現象
　　觀察》（台北：政治大學新聞研究所碩士論文，1995 年）

丁希如：《出版企劃的角色與功能》（嘉義：南華大學出版學研究所
　　碩士論文，1999 年）

吳佩娟：《台灣的文學編輯與作者之互動關係研究》（嘉義：南華大
　　學出版學研究所碩士論文，2002 年）

施英美：《「聯合報」副刊時期（1953-1963）的林海音研究》（台中：
　　靜宜大學中國文學系碩士論文，2003 年）

吳麗娟：《台灣文人出版社的經營模式》（嘉義：南華大學出版學研
　　究所碩士論文，2003 年）

劉筱燕：《從出版趨勢看編輯角色的轉變》（嘉義：南華大學出版學
　　研究所碩士論文，2003 年）

（二）期刊論文

以下按年代順序排列

※若出版地區為台灣則不另行標記

林海音：〈婦女與文學——女作家空中座談會〉，《中央日報》第 6 版，1951 年 5 月 9 日。

林海音：〈談談兒童讀物〉，《文壇》第 43 期，1964 年 1 月，頁 36-37。

林岡：〈林先生與純文學〉，《新生報》書香版，1974 年 12 月 3 日。

程登懷記錄：〈五四運動的時代背景〉，《書評書目》第 61 期，1978 年 5 月 1 日，頁 4-8。

李利國：〈五四的信息〉，《書評書目》第 61 期，1978 年 5 月 1 日，頁 9-13。

茶陵：〈周著「五四運動史」述要〉，《書評書目》第 61 期，1978 年 5 月 1 日，頁 22-34。

季季：〈玻璃墊上的儷影——何凡、林海音美遊歸來〉，《聯合報》第 37 版，1978 年 10 月 21 日。

林淑蘭：〈林海音的文藝天地——寫作、編輯、出版三部曲〉《中央日報》第 11 版，1978 年 11 月 1 日。

彭瑞金記錄：〈從鄉土文學到三民主義文學——訪葉石濤先生談台灣文學的歷史〉，《台灣文藝》第 62 期，1979 年 3 月，頁 27。

亞菁：〈從「純文學」雜誌談到辦雜誌的辛酸〉，《幼獅文藝》第 31 期，1979 年 11 月，頁 149-157。

金兆：〈志同道合〉，《聯合報》副刊，1981 年 9 月 16 日。

平子：〈繁華落盡見真醇——高信疆道「人間」〉，《益世》第 2 卷第 12 期，1982 年 9 月 10 日，頁 14-16。

張力：〈關懷與薪傳——試論聯副〉，《益世》第 2 卷第 12 期，1982 年 9 月 10 日，頁 23-25。

張典婉：〈綠樹繁花──林海音與「純文學出版社」〉，《新月書刊》第 5 期，1984 年 2 月，頁 89-90。

吳榮斌：〈愛的種種──關於余阿勳和他的新書〉，《新書月刊》第 11 期，1984 年 8 月，頁 77。

林訓民：〈策略與趨勢〉，《新書月刊》第 18 期，1985 年 3 月，頁 85-90。

陳銘磻：〈四十年來台灣的出版史略（上）〉，《文訊》第 32 期，1987 年 10 月，頁 259-268。

陳銘磻：〈四十年來台灣的出版史略（下）〉，《文訊》第 33 期，1987 年 12 月，頁 243-250。

呂正惠：〈現代主義在台灣──從文藝社會學的角度來考察〉，《台灣社會研究季刊》第 1 卷第 4 期（1988 年冬季號），頁 181-209。

張柔慧、黃也瑜專訪：〈教科書中也有「女權運動？──從另一個角度談男女平等」〉，《國立編譯館通訊》第 1 期 2 期，1988 年 4 月，39 頁。

祝勤：〈文學出版的痕跡〉，《精湛》第 10 期，1989 年 10 月，頁 16-19。

潘人木：〈如銀河傾瀉而下的感覺──我的寫作歷程〉，《精湛》第 10 期，1989 年 10 月 30 日，頁 24-25。

林海音口述，碩石記錄整理：〈記「純文學」的誕生〉，《幼獅文藝》第 437 期，1990 年 5 月，頁 36-37。

本刊編輯小組：〈訪高信疆先生談文藝雜誌、報紙副刊和讀者的三角習題〉，《幼獅文藝》第 437 期，1990 年 5 月，頁 61。

鄭明娳：〈文藝環境與校園文學〉，《幼獅文藝》第 437 期，1990 年 5 月，頁 54。

瘂弦；夏士芬整理記錄：〈大眾傳播體系中的文學：從副刊說起〉，《自由青年》，1991 年 1 月，頁 34-39。

向陽：〈對當前台灣副刊走向的一個思考〉，《文訊》第 82 期，1992
　　年 8 月，頁 13-14。

潘知常：〈文化工業：美學面臨著新的挑戰──當代文化工業的美
　　學闡釋之一〉，《文藝評論》第 4 期，1994 年 4 月，頁 11-21。

吳浩：〈「叢書縱橫談」專題前言〉，《文訊》第 107 期，1994 年 9
　　月，頁 16。

李坤生：〈也談編輯的定義與起源〉，北京：《首都師範大學學報》
　　第 5 期，1995 年，頁 116-119。

林淇瀁：〈戰後台灣文學傳播困境初論：一個「文化研究」向度的
　　觀察〉，《新聞學研究》第 51 期，1995 年 7 月，頁 143-172。

林淇瀁：〈淺談當代台灣文學傳播問題〉，《傳播研究簡訊》第 4 期，
　　1995 年 12 月 15 日，頁 15。

王岫：〈近十年來出版事業的觀察〉，《文訊》第 138 期，1997 年 4
　　月，頁 26-29。

王崑義：〈解嚴以來編輯角色的重構〉，《目擊者雙月刊》第 3 期，
　　1998 年 1 月，頁 40-42。

孟樊：〈台灣出版業的世紀末〉，《出版界》第 53 期，1998 年 2 月，
　　頁 64-66。

黃盛璘：〈編輯學研究的一些情況〉，《出版界》第 56 期，1999 年 1
　　月，頁 23-28。

魏可風記錄：〈從城南走來──林海音先生座談會〉，《聯合報》37
　　版，2000 年 10 月 29 日。

陳芳明：〈反共文學的形成及其發展〉，《聯合文學》第 199 期，2001
　　年 5 月，頁 149-160。

陳芳明：〈50 年代的文學侷限與突破〉，《聯合文學》第 200 期，2001
　　年 6 月，頁 166。

潘人木：〈天空多了一顆星〉,《國語日報》(追思特刊),2001 年 12 月 21 日。

林良：〈林海音和小學國語課本〉,《國語日報》(追思特刊),2001 年 12 月 21 日。

鄭清文：〈懷念文壇奇女子〉,《聯合報》第 39 版,2001 年 12 月 3 日。

葉石濤：〈林海音的兩個故鄉〉,《聯合報》第 39 版,2001 年 12 月 3 日。

王琰如：〈痛失良朋——悼念老友林海音〉,《青年日報》第 10 版, 2001 年 12 月 21 日。

古繼堂：〈林海音——台灣女性文學開山人〉,北京：《新文學史料》 2002 年第 2 期,2002 年,頁 4-12。

古遠清：〈做為「自由派」作家的林海音〉,北京：《新文學史料》 2002 年第 2 期,2002 年,頁 13-17。

張讓：〈您不認識我……從《爸爸真棒》回憶林海音先生〉,《中央 日報》第 18 版,2002 年 1 月 29 日。

莊瑞琳：〈應用波笛爾〉,《當代》第 174 期,2002 年 2 月,頁 24-39。

陳瑞璧：〈追尋〉,《中華民國兒童文學學會會訊》第 18 卷 3 期,2002 年 5 月,頁 13-14。

麥莉：〈兒童文學界追思林海音先生感懷會側記〉,《中華民國兒童 文學學會會訊》第 18 卷第 3 期,2002 年 5 月,頁 7-10。

孟樊：〈合縱連橫抑或分裂繁殖〉,《文訊》第 203 期,2002 年 9 月, 頁 48-51。

應鳳凰：〈從林海音到文藝列車〉,《文訊》第 207 期,2003 年 1 月, 頁 8-9。

王一川:〈論媒介在文學中的作用〉,廣州:《廣東社會科學》2003
　　年 3 期,2003 年 3 月,頁 22-27。

夏祖焯:〈林海音的性格與作品背道而馳嗎?〉,《國立成功大學圖
　　書館館刊》第 11 期,2003 年 4 月,頁 80-82。

應鳳凰:〈閱讀林海音:林先生的編輯、寫作生涯與台灣文壇〉,《國
　　立成功大學圖書館館刊》第 11 期,2003 年 4 月,頁 89-93。

張邦衛、李勝清:〈直面文學的式微——現代傳播媒介與文學詩性
　　空間萎縮的內在關係之審視〉,武漢:《中國地質大學學報(社
　　會科學版)》第 3 卷第 3 期,2003 年 6 月,頁 82-85。

應鳳凰:〈50 年代文學圖書的生產與特色——兼談個人的蒐集經
　　驗〉,《文訊》第 214 期,2003 年 8 月,頁 39-41。

李秀金:〈試談文學場域中的現代傳播媒介因素〉,《理論學刊》第
　　2 期,2004 年 2 月,頁 107-108。

林舟:〈大眾傳播與當代文學批評的空間構成〉,南寧:《南方文壇》
　　2004 年第 48 期,2004 年 4 月,頁 26-33。

徐開塵:〈聯經三十年〉,《全國新書資訊月刊》第 66 期,2004 年 6
　　月,頁 4。

陳祁岩:〈現代廣告傳播模式探悉〉,武漢:《武漢大學學報(人文
　　科學版)》第 58 卷第 4 期,2005 年 7 月,頁 504-507。

黎湘萍:〈「理論」是否重要?〉,《文訊》第 243 期,2006 年 1 月,
　　頁 59。

雷叔雲:〈小而美的策略——獨立書店的求存之道〉,《全國新書資
　　訊月刊》第 87 期,2006 年 3 月,頁 14。

季季:〈走進林海音的第一個客廳(上)〉,《印刻文學生活誌》第
　　32 期,2006 年 4 月,頁 200-205。

羅蘭：〈塑造人物的重要性與樂趣〉，《文訊》第 247 期，2006 年 5
　　月，頁 35。

萬麗慧：〈用出版疼惜台灣──專訪龍文出版社發行人周崑陽〉，《全
　　國新書資訊月刊》第 89 期，2006 年 5 月，頁 35。

彭歌：〈溫柔敦厚，風華自蘊──琦君與李唐基〉，《文訊》第 257
　　期，2007 年 3 月，頁 56-58。

彭歌：〈深情永不舊──林海音與何凡〉，《文訊》第 257 期，2007
　　年 3 月，頁 51-55。

徐開塵：〈定靜如榕的姿勢──爾雅出版社的故事〉，《文訊》第 258
　　期，2007 年 4 月，頁 118。

國家圖書館出版品預行編目

文學引渡者：林海音及其出版事業 / 汪淑珍著.
-- 一版. -- 臺北市：秀威資訊科技, 2008.02
　面 ；　　公分. --(語言文學類 ；AC0007)
參考書目：面
ISBN 978-986-6732-68-3 (平裝)

1. 林海音　2. 臺灣傳記　3.出版業

783.3886　　　　　　　　　　　97000503

 史地傳記類　AC0007

文學引渡者
——林海音及其出版事業

作　　　者 / 汪淑珍
發 行 人 / 宋政坤
主　　編 / 蔡登山
執行編輯 / 賴敬暉
圖文排版 / 黃莉珊
封面設計 / 莊芯媚
數位轉譯 / 徐真玉　　沈裕閔
圖書銷售 / 林怡君
法律顧問 / 毛國樑　律師
出版印製 / 秀威資訊科技股份有限公司
　　　　　　台北市內湖區瑞光路 583 巷 25 號 1 樓
　　　　　　電話：02-2657-9211　　　傳真：02-2657-9106
　　　　　　E-mail：service@showwe.com.tw
經 銷 商 / 紅螞蟻圖書有限公司
　　　　　　台北市內湖區舊宗路二段 121 巷 28、32 號 4 樓
　　　　　　電話：02-2795-3656　　　傳真：02-2795-4100
　　　　　　http://www.e-redant.com
2008 年 2 月 BOD 一版
定價：410 元

讀　者　回　函　卡

感謝您購買本書，為提升服務品質，煩請填寫以下問卷，收到您的寶貴意見後，我們會仔細收藏記錄並回贈紀念品，謝謝！

1. 您購買的書名：_____

2. 您從何得知本書的消息？

　　□網路書店　□部落格　□資料庫搜尋　□書訊　□電子報　□書店

　　□平面媒體　□ 朋友推薦　□網站推薦　□其他_____

3. 您對本書的評價：(請填代號　1.非常滿意 2.滿意 3.尚可 4.再改進)

　　封面設計____　版面編排____　內容____　文/譯筆____　價格____

4. 讀完書後您覺得：

　　□很有收獲　□有收獲　□收獲不多　□沒收獲

5. 您會推薦本書給朋友嗎？

　　□會　□不會，為什麼？_____

6. 其他寶貴的意見：_____

_____

_____

_____

讀者基本資料

姓名：_____　年齡：_____　性別：□女 □男

聯絡電話：_____　E-mail：_____

地址：_____

學歷：□高中(含)以下　　□高中　　□專科學校　　□大學

　　　□研究所(含)以上 □其他_____

職業：□製造業 □金融業 □資訊業 □軍警 □傳播業 □自由業

　　　□服務業 □公務員 □教職　□學生 □其他_____

To：114

台北市內湖區瑞光路 583 巷 25 號 1 樓

秀威資訊科技股份有限公司　　收

寄件人姓名：

寄件人地址：□□□

- -

（請沿線對摺寄回,謝謝!）

秀威與 BOD

BOD（Books On Demand）是數位出版的大趨勢，秀威資訊率先運用 POD 數位印刷設備來生產書籍，並提供作者全程數位出版服務，致使書籍產銷零庫存，知識傳承不絕版，目前已開闢以下書系：

一、BOD 學術著作—專業論述的閱讀延伸
二、BOD 個人著作—分享生命的心路歷程
三、BOD 旅遊著作—個人深度旅遊文學創作
四、BOD 大陸學者—大陸專業學者學術出版
五、POD 獨家經銷—數位產製的代發行書籍

BOD 秀威網路書店：www.showwe.com.tw
政府出版品網路書店：www.govbooks.com.tw

永不絕版的故事・自己寫・永不休止的音符・自己唱